冯汉骥全集 ❷

考古学和历史学卷

冯汉骥 著　张勋燎　白 彬 主编

巴蜀书社

考古论文

关于"资阳人"头骨化石出土的地层问题

　　资阳人头骨的发现，到现在已有三年多，并引起了各方面的重视。的确，这是一个极重要的发现，值得我们仔细研究的。诚如翦伯赞先生所说："资阳人的发现，不仅对中国旧石器时代人类分布提出了新问题，对旧石器时代人类体质的研究也提出了新的问题。在人类的发展过程中，资阳人应该安排在甚么地方？这就是向人类学家提出的新问题。"[1]当资阳人发现之初，我个人曾予以密切的注意，头骨也曾在前西南博物馆展览过一段时期。因为当时缺乏研究仪器，除作了一些初步的形态学上的观察而外，未曾予以研究。不过我觉得关于此一重要发现的出土具体情况和地层问题，对于以后的研究工作是至关重要的，所以想提出来以供研究者的参考。

　　一种化石的年代，主要的是靠它所出的地层和其本身的形态，

---

① 翦伯赞：《考古发现与历史研究》，《文物参考资料》1954 年 9 期。

再加与其伴出的其他生物化石来决定。因为我没有参加关于资阳人的采集及后来的发掘工作，所以只能根据各方面的材料加以推断。

前西南文教部文物调查征集工作小组关于成渝铁路筑路时出土文物的调查报告中，对于黄鳝溪古生物化石、人类遗骨的报告说：

"（一）资阳黄鳝溪龙骨化石——第一批化石是西南铁路工程总局资阳工段于1951年3月17日至21日在资阳县城西门外挖掘黄鳝溪大桥（铁路里程K148+395）至地面下8米（吴淞海拔352米）黑泥层内所发现。计牙骨三件、脊椎骨六件、肢骨二十三件、尻骨一件、膝骨一件、爪骨一件、骨片二十三件，共五十八件，已由资阳工务段长谭其芬亲身带往重庆西南铁路工程总局。第二批龙骨化石是从3月21日下午起到29日止，我组所收集的化石，计牙骨三十四件、角骨四件、脊椎骨二十二件，较大不明的骨类、化石三十五件，碎骨片六百五十九件，已由我组装箱运部。上述两批化石皆发现于黑土层中，仅有两颗白色牙化石，系在黄鳝溪桥另一桥墩基下所发现，其地无黑土层。……（二）人类遗骨——在黄鳝溪发现龙骨之地点，同时掘出头盖骨，此项骨类已变成土黄色，但尚未形成化石。已由谭段长带回重庆。"①资阳发掘后，在裴文中先生参加的西南博物院座谈会上，原重庆大学教授张圣奘先生介绍了资阳人头骨化石的发现经过："当挖掘黄鳝溪一号桥基的过程中，在桥东不远的8米深处，发现了一些象齿，即特别加以注意，16日在铁路工程K148+395处发现一个人骨化

---

① 西南文教部文物调查征集工作小组：《成渝铁路筑路当中出土文物调查报告》，《文物参考资料》第2卷第11期。

石，只头盖骨及上颚骨两块，后来破为大小五块。我们当时悬赏数百元到一千元征求一个化石，其较大者赏格随之增加，并以一万元的赏格寻找下颚骨。附近化石收集了很多，但无人的颚骨。以后数日，继续注意收购，除部分动物化石外，再无其他人类化石发现。……总计在此处发现的化石共大小六百余件，内人类化石一个。还拾得两个半核桃和一包古树叶，作为参考的旁证。"① 由此可知，调查小组的报告并未注明头骨化石确切发现地点，而张圣奘先生则认为在一号桥墩之东，以后《资阳人》发掘报告即采此说。不过据当时参加征集工作的原西南文教部王德云同志谈，"人头骨漂在水中，由工人拾起，不能确定其是在什么地点掘出来的。拾起后，因工人互相争夺观看，致被扯成数片"。这也就是说，当时在场人所说的情况，各有不同，这种情形，我觉得值得发表，以供研究者参考。又发现资阳人头骨的时间，张圣奘先生云在1951年3月16日，而据调查报告则应在3月17日至21日之间，不知孰是？

至于资阳人头骨发现的地层，则情况更为复杂。据当时采集的人员说，头盖骨是在资阳黄鳝溪大桥第一号桥墩基下靠东约8米以下的地层中发现的。这不过是一种约略的估计，而实际是仅仅8米深的地层，以西南靠近河床冲积地带而言，并不能代表时代的久暂。是后，又经过裴文中先生的试掘，地层的情况是比较明确了，但头盖骨是在何层中发现的，现在还是不能明确的决定。

据裴文中先生的试掘简报，黄鳝溪发现人骨附近的地层，约可

---

① 见《资阳发掘工作结论座谈会记录》，原西南博物院档案。

分为四层：

第一层（最上层亦即时代最近的一层）为红黄色粘土，平均约6米厚，大约相当于华北区的"黄土"。这一层内无化石或文化遗物。

第二层为深灰色粘土，其中也含有少量成层的细砂粒。此层厚约1米。此中含有大量的已经腐烂了的有机物，所以颜色变成深灰或褐黑。

第三层为黄沙泥层，此层又可分上下两部。上部沙多，小砾石少，颜色深黄，里面保存有完好的树叶和大树干。据裴文中先生的推测，"人类头骨化石，可能是由这部掘出来的"。下部分砂愈少而粗，小砾石愈多，无大树干和树叶。此两部分均出骨化石碎段，几全为零星破碎者，且有为流水冲磨的痕迹。

第四层为砾石层，愈向下砾石愈大而砂愈少。此层内未发现骨化石或大树干。再下因未再向下掘，不得而知。①

现在我要提出的问题是：到底人头骨是在哪一层出土的？以现有事实来推断，蕴藏人骨化石的地层，不外第二层（深灰粘土层）和第三层（深黄砂砾层），因为只有这两层里面才出化石。据裴文中先生的推测，人骨化石是出在第三层的上部，即黄砂砾石层。不过据我个人的意见来看，这是与资阳人头骨化石的颜色不相合的。按黄鳝溪所出的化石的颜色，大概可分为两种，一种是白色或浅黄色的，再一种是深灰色或褐黑色的。这两种化石显然是两种地层所出的，因为骨骼本身作白色，它带上的颜色，都是受土质颜色的影响而来的。

---

① 裴文中、吴汝康：《资阳人》，科学出版社，1957年。

今资阳人头骨化石的颜色是褐黑色（亦可称之为深灰色），就黄鳝溪地层土质颜色而论，应该或可能是出土在第二层（即深灰粘土层）。因为它与第三层（深黄砂砾层）的土质颜色是显然不合的。我不过只提出这一问题，但它的解决，还须要进一步的发掘和研究。再者，若人头骨化石是出在第二层，那末，对于它的时代的推断，则需要另行考虑。

黄鳝溪河谷的第一层，裴文中先生以为"大约相当于华北区域的黄土"，这当然是有所根据的。然而第二层与第三层又与他处的已知道的地层如何相牵合呢？裴先生以为第三层上部出资阳人头骨是属于在更新统晚期。因其中出有猛犸象（Mammonteus primigenius Blumenbach），而猛犸象在中国其他各地均出在更新统晚期地层中。但同时出土的又有东方剑齿象（Stegodon orientalis），而剑齿象与猛犸象是不同时期的。剑齿象较早而猛犸象较晚，前者生长于温暖气候，而后者为寒冷气候。裴先生为了解决这一矛盾，谓剑齿象的一短节臼齿是由上游冲流下来而沉淀于此的，猛犸象的一节臼齿则系原来埋在此一地层的，所以二者共存于同一地层中。不过我个人的看法，二者均系由上游冲流下来而沉淀于此的，所以都很零碎，而且亦无他部分的骨骼发现（又此两种象齿，是否同一地层出土，它们的颜色是很重要的，现在已记忆不清了）。据我个人的臆测，不只此两种象齿是由上游冲流而来，而此层中所有的其他化石，均系由上游冲流而来。所以采集的化石虽有五六百件之多，但皆极为"零星破碎"，不可辨识，且多有流水冲磨的痕迹。在这种混杂的情况下，要凭一两种动物来决定地层的时期，问题是很多的。所以我觉得黄鳝溪的上游一带，是值得调查的。至于此地层中所出的大树干，1951年曾运回西南博物馆两卡车，现已干透，皆冰裂甚深，有的甚至裂开成为多瓣。虽皆有不同程度的碳化，有石化程度是很浅的。

至于资阳人头骨，看情况也是从上游漂流至此的。无论如何可以断定，并不是一个有意的埋葬（若是属于旧石器时代后期，则人类已经知道埋葬），这是可以肯定的。而当时埋葬，亦不会埋于如此低洼处的河心。又除了此一很残的头盖骨而外，亦无其他骨骼发现，益可信其为漂流而至。不过头盖骨已成为化石，而分量亦相当重，所以其年代还是相当久远的。

若是我们认为所有这些化石，包括人头骨在内，都是由上游因大水冲流而来沉淀于此的；那末，问题就更加复杂，决不能凭一两种化石就定它为更新统。其中可能包含有比较早及比较晚的动物化石，亦只能由存在到最近的动物定其时代的下限。尚有鹿、牛、猪、犀牛、马、虎，啮齿类及龟类等骨骼碎片，因其过于破碎，尚不能全部定其种类。

根据考古学的研究方法，出土遗物只要离开了它的原始地层，则断代时只能考虑它本身的特质而不能再联系其共存物。这一点，恐怕也是我们今后研究资阳人头骨化石所应当注意的。

（童恩正根据1954年手稿整理，原载《冯汉骥考古学论文集》，文物出版社，1985年，第3—6页）

关于资阳人头骨化石问题

　　资阳人头骨化石是解放后四川境内首次发现的古人类化石，具有十分重要的科学价值。因系修筑铁路工程中偶然出土，未经科学发掘，情况复杂，问题很多。有关地层问题，我已另撰专文发表，今就头骨化石本身的体质特征及相关情况进行考察，谈谈个人的看法。

　　资阳人化石本身是很残缺的，但古代人类的化石极为稀少，虽然很残缺，亦是弥足珍贵的。而从资阳人的头骨本身现存的部分，尚可看出若干特征。这一头骨，严格地说，只剩了头骨盖（cranialvault），包括额骨、左右颅顶骨、枕骨和左右颞骨及蝶骨（sphenoid）的右翼间一部分，头骨的底骨和面部的骨骼等，均全部失去。另外尚有硬腭骨（hard palate）一块，但牙齿全部脱去，只剩有齿槽。此硬腭骨从其化石的程度和颜色（褐黑色）与其大小的比例上来看，与头骨盖是同一地层出土，而且可能是属于同一个人的。

头骨在地层中，大概因受土层的压力，致左颅骨和颞鳞骨略向内曲，特别是颞颥（temples）的部分内曲尤甚，楔骨与额骨相接处略为向内破折，故致使额骨向左偏斜。此种变形乃系在土层中徐徐受压力所致，绝非生前即是如此。困难的是，现在已无法推知它在地层中的位置，所以亦无法知道土层压力的方向。以现在偏斜的情况推测，似乎是颅顶骨向下，因左鳞状骨（squamosal）尚存，因此受到上面土层向下的压力，致额向左偏斜。

我们观察这一头骨所得的第一个印象，就是它的体积比较的及绝对的均小。根据裴文中先生所发表的测量材料，头骨的绝对长为16.72厘米，宽为11.7厘米，依此计算，其头部指数（cephalic index）在70以下左右，为长型头（dolichocephalic）。虽然其眉间（glabella）部分尚存在，可以准确测量长度，不过因其左部偏斜，可能改变其宽度，但影响其指数是不大的，可能为中型头。因其枕骨甚突出，故绝对不能变为圆形。

颞肌附丽线不甚显著，足见颞肌不会强大，所以下颌骨也不会厚大。枕骨突出，项肌附丽部分区域虽小，但颇为显著而有棱角，乳状骨发达中等，足见项肌是相当发达的。眉弓平顺而不甚突出，额骨饱满。此均为女性现象。整个颅骨平滑圆润，绝无旧石器时代人类颅骨棱角粗粝的形态。

头骨缝极简单，此为蒙古利亚人种之特征。

颅顶骨后部凸出部分（partial bosses）颇显著。

颅骨颇薄，此亦为近代真人的特征。

自整个头盖骨的形态看来，其为女子的头骨，大概是没有问题的。

个人的识别，主要的在于面部，进化及种族上的特征的识别，亦是如此。资阳人头骨的面部，已完全失去，只剩下硬腭骨和其上的齿槽（alveolar process）部分。这一部分从其化石的程度和颜色来看，可以认为与头骨是属于一个人的，再者齿槽上的牙齿已全部脱落，只余齿孔，且并不完全，所以从它所能得到的也是很少的。

右第二大臼齿的保存最为完整，第二上臼齿通常应有三个根孔，唇边两小孔，舌边一比较大的一个，但是此齿上只有两个，唇边的一个比舌边的一个大，大概唇边两根已合而为一个，故有此现象。

右上第三臼齿的根孔保存得颇为完整，在齿槽的正中，上第三臼齿齿根通常分为三，但往往因过于紧密，故只有一孔。因为这种现象，若谓最后的一孔（现所称为第三臼齿孔的）是属第二臼齿的，则在人类中实没有这样大的牙齿，何况从此上颌的全齿槽的齿孔来看，全部的牙齿都是绝对的小的。这是因为整个头骨小之故。所以我认为此颌骨上右边的最后一个齿孔，除了为第三臼齿之外，实无其他的解释。以右第三臼齿的大齿根孔而论，第三臼齿是完全长出来了的。在人类的臼齿中，以第三臼齿最小，其出生期为自十五六岁至二十岁左右，在现代人中往往有三十岁左右尚未出生的，有的根本就不出生第三臼齿。再者在现代人中大半的第三臼齿因其位置不正或过小而不发生作用。所以，以第三臼齿的有无，不看其他牙齿的磨损情状，来决定一个人的年龄，问题是很多的。再者从这一硬颚骨上所保存的齿根孔来看，决不能说他是一个未成年的幼童，至少是一个成年人。至于年龄有多大，因为牙齿不存，就无法推测了。这与头盖骨的骨缝的结合情况也是相合的。按头骨缝的开始结合，要在脑髓停止生长以后才开始，女子至早须在十八九岁或二十岁以后，若要各缝完全结合为一整块，至早须在四十或五十岁以后了。再看资阳人头骨缝，虽然很简单，缝痕宛然存在，但各缝都是结合得很紧密的，所以虽经漂流冲刷和地层压力，至今还保存原来的形状，足见其结合的紧密了。若是一个未成年的幼童的头骨，则头骨缝松弛，一经流水冲激，早已互相分离而不知各飘流于何处去了。

上颌的臼齿，其根通常分而为三，所以在齿槽上，每一臼齿的根往往分而为二，中间有一层薄薄的骨片隔开。不过第一及第二臼齿的唇边两个齿根，往往生得很紧密，故在齿槽上只有一孔。又第三臼齿的齿根亦为三个根，而这三个根往往合得很拢，故在齿槽上往往只有一个大孔，中间无骨片间隔，这也证明资阳人的现代现象。

此一小块颌骨上，尚保存鼻下凹（subnasal fassae）部分。鼻下凹颇深并且相当的阔，但鼻棘（nasal spine）已脱落，无由知其关系。不过由鼻下凹的此种形状看，其鼻形是相当阔而扁平的。这种鼻下凹的形状，在现代四川人的颌骨上亦为常见的现象。

总起来说，我从这一头骨上，实在看不出它的任何原始性和年代关系，这块头骨虽小，但并不代表它是一个未成年的幼童或者种族的不同，因为颅骨的大小与身体的大小是成正比例的。身体高大者头骨大，身体矮小者头骨小。像资阳人这样大小的头骨，在现代的四川和西南一带的女子中尚是很多的。

从资阳人头骨所表现的形态看，完全是属于现代真人（Homo sapiens），不带有何种显著的原始的形态。现在重要的问题，即是它的年代的问题，头盖骨已成为化石，而分量亦相当重，所以还是具有相当年代的。

附图目录及部分说明：

第一图　头骨顶部。冠状（coconal）合缝与矢状（sagittal）合缝，均很清楚，矢状缝虽甚简单，但接合紧密。

第二图　头骨底部。可见头骨的偏斜形状。

第三图　头骨正面。

第四图　头骨左侧面。

第五图　头骨后面。

第六图　上颌骨（一部分）。

因缺乏体质人类学之测量工具，所根据的材料，大部为目察所得，这是需要加以说明的。

　　整理者说明：此系冯先生于1954年前后撰写的《关于资阳人的几个问题》手稿，稿中有关地层及动植物化石部分，已由童恩正教授整理成《关于"资阳人"头骨化石出土的地层问题》，收入所编《冯汉骥考古学论文集》。本文系根据稿中研究头骨化石部分整理，另加标题如此。因原稿用毛笔手写，时有涂改增删，至有部分文字另纸书写附于稿后者，未加清抄，或与先生原意有所出入。又附图部分，仅见标目及部分说明，原图缺失。读者可配合收入先生文集之有关文章，一并观览，以便参考。

张勋燎

2000年8月10日

（原载四川大学历史文化学院考古学系编：《四川大学考古专业创建四十周年暨冯汉骥教授百年诞辰纪念年文集》，四川大学出版社，2001年，第1—3页）

成都平原之大石文化遗迹

成都平原之大石遗迹，在地方志及繁多著作中，屡见记载。然迄今为止，尚未对其进行系统之研究。毫无疑问，此乃四川最重要的考古遗迹之一。大石遗迹之起源虽久已被人们遗忘，但却成为无知者迷信崇拜之对象，故得以保存至今，否则不少之大石想必已被毁或被移作他用。其数目虽不甚多[①]，但吾等应知成都为冲积平原，无可供开采之石层。而今所见之大石，乃古代蜀人千辛万苦，在几十以至几百公里外之山麓开采，而后移运至竖立之处者。再则，在漫长的历史时期之中，被毁大石必定不少。盖平原地区石块乃稀罕之物，移作其它建筑之用的事时有发生，直至数年前仍然如此。今仅存之大石，盖因迷信而禁毁、禁移之故。吾等实应庆幸此间尚有少数实物作研究古

[①] 例如，据马迪勒1901年统计，法国有大石六千一百九十二柱。成都辖区内今仅存大石四，它们相距不足1.6公里，以此推之，古之大石比今为多。

代文化之用。下简述几处大石遗迹之情况。

支机石 支机石在成都西城城墙内侧，面对支机石街西端。石呈灰色，乃粗沙岩石，高约2米，围于一小庙院内。支机石之来源及名称，民间传说颇多。所有传说均涉及西汉探险家张骞及神秘星相家严君平。严氏乃四川人，常在成都为他人占卜。某次张骞乘木筏探索黄河源头，竟至银河，因当时人们相信此两者是相连的。在回来时他带了一块大石，并询严君平此石之由来。严告诉他此乃织女星织机下垫石也。骞乃告严他如何航至银河、遇织女，织女送他一石并嘱他回来时可向严君平问其端详。严曰："去岁某夜客星犯织女星座，此必君矣。"遂相与诧异。

民间迷信，如果有人欲移动或损坏此石，将会有雷雨骤起[1]。

天涯石 天涯石位于成都东北天涯街。此乃长而平之尖石，为灰色砂岩，高逾2米。或称天牙石，谓天之牙也，此或因其外形之故[2]。今此石供于一小寺之祭坛上，人们常趋至膜拜。此石之来源无考，然传说甚多。一说，倘人践履之或坐其上，则触处必肿[3]。地方

---

[1] 《蜀中名胜记》（卷1）引《道教灵验记》："成都卜肆支机石，即海客携来自天河所得，织女令问严君平也。太尉敦煌公好奇尚异。命工人镌取支机一片，欲为器用。椎琢之际，忽若风霅坠于右侧，如此者三。公知其灵物，乃已之，至今所刻迹在焉。复令穿掘其下，则风雷震惊，咫尺昏暗，遂不敢犯。"

[2] 某些记载称，天涯石与天牙石相异。陆深《蜀都杂抄》："天涯石在城东门内，宝光寺之东侧，有亭覆之……别有一石，则在民居，其高亚于前石，未审何者天涯？何者为天牙也？"然今仅存一石也。整理者按：此处"天涯石与地角石"，英文原文作"the Heaven Corner Stone"（天涯石）与"the Heaven Tooth Stone"（天牙石）。《冯汉骥考古学论文集》中译作"天角石"，但前后文均未见称为天角石者，似为舛误。今据文意，改作"天牙石"为宜。"

[3] 《四川通志》卷49引《耆旧传》云："人坐其上则脚肿不能行，至今不敢践履及坐。"

志又称，天涯石不远处，另有一石，其形与之略似而较小，称为地角石①。天涯、地角，系文学上描写远处之形容词。

五块石　五块石在成都南郊外半英里武侯祠之后，当地地名亦称五块石。系由五块灰色沙石垒叠而成，高约3米。底部一块已陷入地下，今不可见。各石接缝处侵蚀严重。故视之如四块重叠之略成圆形之石球。石之旁，立小神龛二，乃供奉土地神者。然此与五块石无必然之联系。

相传，五块石乃海眼之盖也。意其下有一井与海相连。又传，昔有人试欲启之，风雨骤至，惧而止之②。

石　笋　石笋乃成都最著名之遗迹。其记载亦最早。据说南宋时（1127—1267年）其石犹存。此遗址在成都老西门外约两百步之石笋街。其石有二，一北一南耸立。文献记载，石原高约10米，惜于公元初已始损坏③；唐时（718—905年）仍约有4～5米高④。《华阳国志》卷三谓："时蜀有五丁力士，能移山，举万钧。每王薨，辄立大石，长三丈，重千钧，为墓志，今石笋是也。"此解释或许是正确的，然其后又有其它解释出现。其一谓石笋乃海眼之标记，倘移之，

---

① 地角石之形状及所在处，说法有异。例如，朱秉器《漫录》："地角石在罗城内西北角，高三尺余。王均之难，为守城者所坏，今不复有矣。"

② 五块石之记载，最早见于明朝。王士性《入蜀记》："五块石礧砢垒缀若累丸然，三面皆方，不测所自始，或云其下海眼也，每人启之，风雨暴至。余奇之，书'落星'二字，请于中丞亭其上。"

③ 《益州耆旧传》："公孙述时武担石折，任文公叹曰：'西方智士死，吾当应之。'岁中卒。"此处所提及之武担石，乃石笋也。

④ 杜甫《石笋行》："君不见益州城西门，陌上石笋双高蹲，古来相传是海眼，苔藓蚀尽波涛痕。雨多往往得瑟瑟，此事恍惚难明论。"注云："成都子城西金容坊，有石二株挺然耸峭，高丈余。"

则所在处顿成大海。证据之一是每遇夏雨，石旁数英尺处常有小孔出现。如以线拴一石坠，放入孔中，则将下沉不断，若无底然。而在雨后，石之周围必见众多之小珠[1]。

另一传说谓，石笋为神话中之蚕丛氏所留，以纪念蜀国之建立[2]。此说则未必确实。

数岁前，笔者得知石笋尚残存，是故几度调查。当地居民相告，有一石笋残体，落于小溪之中，三十年前冬干水浅时犹可见之，然今已全埋入河底泥淖中矣。又谓，另一大残块仍立于某宅后院之井旁，惜觅之未获。

武丁担 据《华阳国志》，蜀都城内有一残破之石，长约10米，围约2米。城之北门外16公里毗桥处，另有一形状与之相同之石。此二石乃大力士武丁所用之石担，使之运土筑武担墩。此即蜀王神妃之墓也。武丁担今在成都城之西北角，距石笋不远。

有人谓石笋、武丁担乃同一遗迹，仅记载将之混淆。由于两石今已无存，自难以评定。然四川博物馆收藏有一块据称来自武丁墩之石。笔者甚疑此即武丁担之残余。此石乃石灰石质，高约80厘米，围140厘米，一端尖状，另一端残破，上有文字两行，约镌刻于公元十三世纪，文中并未涉及石之来源[3]。由于此石来自武担墩，自可能

---

① 《成都记》："距石笋二三尺，夏大雨，往往陷作土穴，泓水湛然，以竹测之，深不可测。及以绳系石投其下，愈投而愈无穷，故有海眼之说。石笋之地，雨过必有小珠，青黄如粟，亦有小孔可以贯丝。"
② 《蜀中广记》（卷2）引（图经）云："诸葛亮掘之方验，有篆字，曰蚕丛氏启国誓蜀之碑。以二石柱横埋之，连接铁其中，一南一北，无所偏邪。"
③ 所刻之字为"如弦之直，如秤之平"。五代李崧手迹。见《五代史》。

为武丁担遗物。当然，此仅猜测而已。

　　上述之大石，均乃独石（Menhirs）也。类似之记载在地方志中尚多，据称成都附近尚有同样之巨石。然至今日，大都荡然无存。笔者对此未及调查，只有留待他日讨论。成都平原尚有另一类型之大石，即所谓石行（alignments）者，亦应加以介绍。

　　飞来石　飞来石在新繁城东北约4公里青白江之北岸。石行在一稻田内，排列整齐。笔者曾于1939年查访此遗迹，憾未制图、摄影。1943年冬，笔者重访该地，而石已无存。询及当地居民，则谓1941年修桥时已被用作原料，当时仅余若干碎石置于桥边矣。《新繁县志》称，此等列石乃飞来之石也。因此地为冲积平原，各处皆无较大之石，故有此说。县志又云，此石或系流星所化。然未详述。

　　八阵图　成都北约32公里之新都城北，紧靠弥牟镇（今唐家寺）之东，有一遗迹，由百余土墩排列而成，此即八阵图也。每一土墩高约2米，墩距亦约2米。推测古代当比现在为高，已有部分被侵蚀。据记载，土墩原有江石（或系大块卵石）冠其上。然今已无石。或为当地居民移作他用之故。

　　所有之记载与传说，均称八阵图乃诸葛亮故垒。云诸葛亮置此土墩练兵，抑或以迷惑进攻之敌。这明显是后起之传说，因为没有任何一种军队可以按古代战争之列阵通过土墩之间窄狭之通道。另一方面，用作练兵场所，亦嫌太小，因其不足100平方米之故。用之作迷阵，又失之太疏简，通过其间，毫无困难。依笔者之见，八阵图乃四川大石文化组成之一环也。平原不易获大石，古人乃先建土墩，后以石冠其上。应该说明的是这些土墩并非坟墓，因其中少数已被民众挖掘。

除新都八阵图外，至少另有八阵图两处。最有名者，乃川东奉节之八阵图。乃以卵石垒筑于河岸上。另一处在成都南约32公里之双流棋盘市，亦系由土墩组成。惜很久以前，已不复存在。此两处八阵图，亦谓乃诸葛亮所为。虽每一八阵图土墩之数不等，而其排列方法大致雷同。故应视为同一类型之大石文化[①]。

至于此等大石之原始含义何在，仅能猜测而已。或许即如《华阳国志》之言，此乃墓石。以石笋为例，仅距武担墩约半公里，两者可能有内在联系。武担墩为人造之墩，极可能乃古坟，是以石笋可能为坟之墓石。当然，其它竖立大石之原因尚多，诸如立之以纪念重要之社会、政治事件，或充作路标，或为禁地之标界等等。每一大石之立意，应由其特殊环境定之。八阵图之含义不甚了了，然可肯定者，它与诸葛亮之军事战术无关，而可能具有宗教意义，为举行宗教活动之圣地。

四川大石文化之存在，绝非孤立现象，其分布几遍及全世界。从西欧东行，至中亚，经印度，而至阿萨姆、缅甸、云南、美拉尼西亚、密克罗尼西亚、波利尼西亚，最东至复活岛，均有大石文化存在。东北亚，我国之东北、朝鲜亦有之。因之，四川大石文化，仅是分布极广之大石综合文化之一环也。

大石文化之年代，殊难肯定。其中一些，或为"新石器"文

---

① 文学上所描绘之八阵图极丽，然未提及其起源，诚可不顾。

化。然"新石器"之年代仅相对而已。《华阳国志》称，石笋早在蜀国即有之，此即公元前500年左右，但此种习俗无疑起源更早。竖立大石以志重要事件，在中国公元前三世纪即已行之。秦始皇立独石碑于泰山顶，意在纪念其访问及统一中国之事迹①。在四川，迟至唐朝，仍有此遗风。房琯任汉州刺史，百姓喜之，当他去职，民众立石以纪念其政绩。今房公石仍存广汉公园内②。值得注意的是，居住在阿萨姆、缅甸间山区之那加族，今仍竖大石以纪念社会、生活大事。四川之大石文化，约在新石器时代至东周时期。

（原载《冯汉骥考古学论文集》，文物出版社，1985年，第7—10页）

---

① 《史记·秦始皇本纪》："二十八年，始皇东行郡县，上邹峄山，立石，与鲁诸儒生议刻石颂秦德，议封禅望祭山川之事。乃遂上泰山，立石，封，祠祀。"立石初并未记述，碑文为日后所刻。

② 今广汉公园之房公石，乃一小石也。此与古时描绘极异。如《丹渊集》："聂侯友仲立汉州学制度，宏侈为二蜀二冠，当时不知何处得巨石，置讲堂之后，质状怪伟，势若飞动。"然王士正之《秦蜀驿程记》记之又异："次汉州西郭，州字濮阳冯达，邀观房公西湖，已无勺水。入城，宿州署，署中小圃甚洁，花木丛萃可喜。有房公石，旧在池中，今涸矣。冯守云：'曾掘地数丈，穷其根不可得，石脉西南行。'旧志言尾出于房湖，今湖中乃无片石。"故，房公石乃旧石新立也。

记广汉出土的玉石器

　　四川省广汉县所出玉石器，迄今已经有半个世纪的历史了。1929年，该地中兴乡（现名中兴公社）的农民燕某曾在他的宅旁沟渠底部发现玉石器一坑，当时即引起了人们的注意。1933年冬，前华西博物馆葛维汉等人曾在此进行发掘[①]。解放以后，四川的各考古机构曾先后在其地作过数次调查，证明这里是一范围很广的古代遗址[②]。1963年秋，四川省博物馆和四川大学历史系考古教研组再次在此作过试掘[③]。1964年春，当中兴公社农民在距原发现玉石器的地点50～60米

---

① D.C. Graham，A Preliminary Report of the Hanchow Excavation, *Journal of the West China Border Research Society*，Vol.Ⅵ, 1933—1934.林名均:《广汉古代遗物之发现及其发掘》,《说文月刊》三卷七期。
② 西南博物院筹备处:《宝成铁路修筑工程中发现的文物简介》,《文物参考资料》1954年3期；王家祐、江甸潮:《四川新繁、广汉古遗址调查记》,《考古通讯》1958年8期；四川大学历史系考古教研组:《广汉中兴公社古遗址调查简报》,《文物》1962年11期。
③ 四川省博物馆、四川大学历史系考古教研组:《广汉中兴公社试掘简报》,未刊稿。

处掘坑积肥时，又发现石器一坑，其中有成品、半成品和石坯[①]。经过数十年来的调查发现，现在我们对广汉遗址的时代和性质，已有一定程度的了解，因而有条件对广汉出土玉石器，作进一步的研究。这对于我们了解古代蜀国的历史和某些典章制度，是有帮助的。

关于1929年发现玉石器的实况，据传当燕家挖掘堰沟将文物暴露出来以后，随即将其掩盖，待夜深始搬运回家。它的数目不下三四百件，其中有玉圭、玉璋、玉琮、玉斧、"石璧"等。至于这些玉石器在坑中的位置，则说法不一。一种说法是"石璧"系叠积于坑中，大者在下而小者居上，形如一塔，仅由于埋在土中日久而略呈倾斜，旁边则放置其他玉器。另一种说法谓坑呈长方形，坑的两边各竖"石璧"一列，由大而小，中间置玉器，其上又平覆"石璧"一列，亦由大而小。解放前后，笔者曾数次向燕家当时在场的人询问，但由于事隔已久，而且时值深夜，人多手杂，已不能道其详了。以情理推之，当以第一种说法的可能性较大。

广汉玉石器出土以后，即多遭散失。有的被古董商人转卖[②]，有的被地主官僚霸占，有的被外国人收购[③]。直至解放以后，仅存者才回到人民手中。现在一部分藏于四川省博物馆，一部分藏于四川大学历史系博物馆。本文所讨论的，主要就是这一些资料。

---

① 资料现存四川省博物馆。
② 在解放以前成都的古董市场上，甚至有伪造广汉玉器出售，因此某些著录中所收广汉玉器，亦有赝品。
③ D. S. Dye, Some Ancient Circles, Squares, Angles and Curves in Earth and in Stone in Szechwan China, *Journal of the West China Border Research Society*, Vol. IV, 1930–1931.

一、玉 斧

共存三件。形式不太一致，软玉质，呈紫灰褐色，通体有粉白色斑纹。其中最大的一件（AK3·2：113913）长达36.3厘米，斧身成梯形，弧刃（图版一，1）。其次的一件长34厘米，斧身成方形，平刃（AK3·2：182）（图版一，2）。最小的一件长26.5厘米，斧身略成梯形，弧刃（AK3·2：110484）（图版一，3）。制法是先打制成坯后再行研磨，中间不加细琢，所以有的地方打制时留下的疤痕尚清晰可见。刃自一面磨成，实际上略似石磷的刃。

斧的名称，并不见于《周礼》或先秦其他典籍所记载的礼器之中，但有人认为斧是圭的原型，所以也称这种玉制斧形器为圭。如清吴大澂《古玉图考》中第一器名为镇圭，实际上只不过是一扁平穿孔石（玉）斧而已。这种说法到近代仍然有人采用[1]。古代所谓圭是否源出于石斧，当在后文讨论，不过在考古学上均习惯称此种斧形玉器为斧[2]，而以长条形扁薄而剡（音演，尖锐之意）上者为圭[3]，所以我们仍旧沿用了斧的名称。不过此类玉斧似乎不是实用品，而是一种礼器，这从它的质料可以得到证明。

斧在中国古代，是作为一种权力的象征，其来源相当久远。在

---

[1] 郭宝钧：《古玉新诠》，《历史语言研究所集刊》20本下册，1949年。

[2] 如《沣西发掘报告》图版捌捌：1，西周墓葬中出土的"玉斧"，形制与此相同，不过有穿孔而已。

[3] 如《沣西发掘报告》图版捌柒：6西周墓的玉圭，图版壹零贰：11东周墓的石圭及《辉县发掘报告》图版伍肆：2—5固围村1号墓出土的玉圭等。这种圭可能是圭的最后的正式形式，也就是汉代公认的圭，嘉祥武氏石室"玄圭"画像即其例。

新石器时代，斧本是一种主要由男子使用的生产工具，同时也作为一种武器。到了社会发展到阶级和国家开始产生时的军事民主制阶段，斧就变成了酋长权威的标志。进入阶级社会以后，这种传统仍然保留下来，如早期甲骨文字作🔺🔺诸形，而金文则作🔺🔺等形，过去已有人论证过这应该是斧钺之象形①。在奴隶制社会里，当国王举行朝觐、飨射、封国命诸侯等重大仪式时，必然要以绣画斧钺图形的屏风作为陈设②。直至封建社会，皇帝出行的大驾卤簿里，仍然保留有斧钺之类的仪仗。正因为斧在历史上曾经起过礼器的作用，所以在广汉的玉器中出现斧，就不是偶然的了。

二、玉　璋

这是广汉玉器中最特殊的一种，共存三件。其中最长的一件（AK4・2：313）长达56.1厘米（图版一，4），另一件（AK4・2：35）亦长41.4厘米（图版一，5），再一残件（AK4・2：110482）残长39厘米，计其全长当在45厘米以上（图版一，6）。器形均甚薄，在4～5毫米之间。质料与玉斧相同，上面也布满白斑。

三件璋的首部均剡出成叉形，一尖略长。上有刃，下有柄（亦

---

① 林沄：《说王》，《考古》1965年6期。
② 参考《周礼・司几筵》《礼记・觐礼》《尚书・顾命》《逸周书・明堂解》等节。

称为内或邸）。柄上剡有线纹多道，两侧有齿突出，这种璋的特点在于首部成叉形，而与《说文》所谓的"半圭为璋"，即首部成尖角形的璋不同。

在《周礼》的记载中有所谓的牙璋，汉儒以为即指侧面有牙饰（钽牙）的璋。《考工记·玉人》郑玄注牙璋和中璋说："二璋皆有钽牙之饰于琰侧。"又《典瑞》注："郑司农云，牙璋琢以为牙。"以后对牙璋的解释，大致即沿袭了这种说法，不过关于钽牙的位置，由于对注文的理解不同，因而有些出入。有人是将近柄处突出的齿作为钽牙①，也有人以为璋的首部（称为射）侧面的缺齿就是钽牙②。如果细加考察，我们认为上述传统的观点都是值得商榷的。

关于牙璋的功能，《周礼·典瑞》说："牙璋以起军旅，以治兵守。"郑玄注引郑司农曰："牙齿兵象，故以牙璋发兵。"此处的牙，是有特定含义的，在器物上应占突出的部位。而在与璋同类的玉器柄部制造突齿，却是一普遍的现象，如《古玉图谱》初集25至28页各图所载的戉、戚形器（共八件），其下部两侧即均有齿饰③。又如沣西西周墓葬中所出的玉戚，其柄侧也有齿饰④。因此以柄侧的齿来作为牙璋的特征，是不符合事实的。

---

① 吴大澂：《古玉图考》，21页。

② 蒋大沂：《古玉兵杂考》，《中国文化研究汇刊》第二卷，1942年。此文中所举广汉四器，全是赝品。第一、二器乃凭空臆造，第三、四器作者称为"璋邸射"，即略照本文所收之器而伪制。

③ 这批玉器的时代大致都是属于殷周之间，参见郭宝钧：《古玉新诠》，《历史语言研究所集刊》第20本下册，9—11页。

④ 如《沣西发掘报告》图版捌捌：2，"玉戚"。

　　关于周代玉器在柄侧作齿的目的，应从另一个角度进行考察。当时的礼器在使用时，常以丝带之类穿系，以示隆重。《考工记·玉人》记有"驵琮"，郑玄注："驵，读为组。以组系之，因名焉。"又《典瑞》："驵圭璋璧琮琥璜之渠眉，疏璧琮以敛尸。"注："以组穿联大玉沟瑑之中以敛尸。"所以玉器柄部的齿饰，可能就是这种系组的"沟瑑"，它可以起防止系带滑落的作用，这与象征军旅的"牙"是无关的。

　　关于这种系组的齿饰，汉人称之为"捷卢"，《周礼·典瑞》注引郑司农曰："驵外有捷卢也"，唐贾公彦疏："捷卢若锯齿然。"孙诒让《周礼正义》更进一步引段玉裁的话解释道："捷卢若锯齿然者，《周颂·有瞽》毛传，《说文》莘部皆有捷业如锯齿之语，故用此绎捷卢以绎钼牙也。"孙诒让又接着推论道，"捷卢之卢疑与鑢同。《说文》金部云：'鑢，错铜铁也。'盖谓剡玉外为钼牙若捷业鑢错之形云。"我们以为这种解释还是正确的。

　　至于将璋射部侧面的缺齿作为"钼牙之饰"，则缺乏出土文物的佐证。此类玉器发现得极为稀少，就现有材料而言，被人们视为实例的仅劳弗尔《中国古代玉器》所载一器[1]及林巳奈夫《中国古代的祭玉和瑞玉》所载二器[2]。劳弗尔书中记录的璋，形制与标本 AK4·2：35 相同，仅射上开刃处有不规则的细小缺口一串，这种缺口是否当时有意加工所成，尚待进一步研究。林巳奈夫所录二器，前

---

[1]　B.Laufer, *Archaic Chinese Jades*, 1927, PL. VI: 3.

[2]　林巳奈夫：《中国古代之祭玉和瑞玉》，《东方学报》第四十册，插图五四：3—4。

者一端侧面虽有不显著的牙饰两个，但从璋的形制来看，此端齐平而不尖锐，所以应为柄部而非射部。后者器形与圭相同，不能视为璋。再者，以上三器均属传世品，在科学的考古发掘中尚无所见，所谓"有钼牙之饰于琰侧"的璋是否存在，实属疑问。

我们认为，要考证牙璋的真实形制，首先应从它的社会职能着手。牙璋是与军旅有关的，其作用与后代的虎符相似。之所以名为牙璋，是因为牙含有尖锐、攻击、示威的意义。一般的璋的射部，本来是一侧垂直，一侧斜上，有如半圭，而广汉出土的这三件璋，其射部剡出成叉形，中间开刃，它的形状正像牙齿，而且直伸向前，攻击、威胁之意十分明显。因此我们推测《周礼》所谓的牙璋，很可能就是指此而言。

璋和圭器形相近，二者都是奴隶制社会重要的礼器，关于它们的起源，有的人认为是石斧，有的人认为是骨铲，不过由于从石斧、骨铲到圭、璋的过渡形式尚未发现，所以这种可能性不大。建国以来，在一些晚商至西周时期的墓葬中，出土不少玉戈或圭，其形式多在戈与圭之间[①]。在上村岭虢国墓中共出石戈五百零三件，主要可分二式，其下又分若干型，有些型式与圭、璋极为相似，所以编写者推测道："这类石戈非实用性武器，而是宗教意义的象征性武器。ⅠE型和后来的石圭相同，ⅡC型和后来的石璋相同，圭璋可能即从石戈演

---

① 马得志等：《1953年安阳大司空村发掘报告》，《考古学报》第9期，图版贰拾5—9；《沣西发掘报告》图版捌陆：2，6。

变而来。"①我们认为这是很可能的。不过圭、璋之属的另一来源，还可能与殷周时期的所谓砺石有关。在殷周的墓葬中，时出一些长方而略带梯形的薄石片，一端有穿可以悬挂，考古学上称之为砺石②。过去传世或出土的一种长方而略带梯形的玉版，一般亦称之为圭③，如果命名不误，那么，这类圭似应源自砺石。因为自金属利器发明以后，砺石就成了人们随身携带之物，以后演变成统治阶级的礼器，也是可能的。在《周礼》中，圭、璋之属名称很多，功用各异，形状有别，我们有理由推测其演变的来源，也应该是多种的。

三、玉　琮

四川省博物馆藏一件（AK：2・2：110485），色微黄，有光泽，通高11、径9厘米（图版一，7）。另四川大学历史系博物馆有二件，体较小，上有琢饰。

在田野发掘中，殷代早期偃师二里头遗址中就出玉琮残片④。到殷代后期，以安阳侯家庄殷陵中出土较多，而一般的殷墓则少见，

①　见中国科学院考古研究所编：《上村岭虢国墓地》，科学出版社，1959年，第20页。
②　见《1953年安阳大司空村发掘报告》图版贰拾贰：1—4，《沣西发掘报告》图版柒壹：8；《辉县发掘报告》图版拾陆：20；《洛阳中州路》图版伍贰：4。
③　如《古玉图考》中所谓的"镇圭"（图5.6.7）、《古玉图谱》初集卷一，图3.5.6等，其形式均与上举的砺石无异。又最近安阳殷墟五号墓亦出这种圭六件。
④　中国科学院考古研究所洛阳发掘队：《河南偃师二里头遗址发掘简报》，《考古》1965年5期，图版伍：10。

例如在大司空村的一百六十六座殷墓中，仅出一件[1]。最近发掘的安阳殷墟五号墓中，就曾发现十余件[2]。琮在西周以后即发现甚少，如殉玉石器丰富的上村岭虢国墓，固围村一号墓的埋玉坑，出土玉礼器及玉饰甚多，但皆无琮。其他仅沣西张家坡西周居住遗址中出一残片[3]，洛阳中州路东周墓中出一石琮[4]，辉县褚邱战国墓中出一玉琮[5]，可见其使用时期不长，范围亦不普遍。

　　在古代，琮是一种阴性和土地的象征。《周礼·春官》："以苍璧礼天，以黄琮礼地。"又《玉人》："驵琮五寸，宗后以为权。大琮十有二寸，射四寸，厚寸，是为内镇，宗后守之。""瑑琮八寸，诸侯以享夫人。"但是琮为什么会具有这种含义，后人的解释至为纷繁。如有人认为琮的形状外圆内方，有天圆地方之意[6]，有人认为琮中部的圆管代表女性的子宫[7]，有人认为琮最初是一种宗庙里盛"且"的石函[8]。以上说法，均缺乏文献的或实物的证据，因而是不可靠的。日人林巳奈夫最早提出琮的来源可能是一种妇女的手镯，以后逐渐演

---

① 见《1953年安阳大司空村发掘报告》。
② 中国社会科学院考古研究所安阳工作队：《安阳殷墟五号墓的发掘》，《考古学报》1977年2期。
③ 见中国科学院考古研究所编：《沣西发掘报告》图版陆壹：4，文物出版社，1963年。
④ 见中国科学院考古研究所编：《洛阳中州路》，图版伍壹：8，科学出版社，1959年。
⑤ 见中国科学院考古研究所编：《辉县发掘报告》图155.1，科学出版社，1956年。
⑥ B. Laufer, Jade, A Study in Chinese Archaeology and Religion, Field Museum of Natural History, Publication 154, *Anthropological Series*, Vol. X, 1912.
⑦ Ed Erkes, Idols in pre-Buddhist China, *Artibus Asiae* 1928.
⑧ Karlgren, Some Fecundity Symbols in Ancient China, *BMFEA* No. 2, 1930.

变成为礼器①。考虑到在龙山文化②、仰韶文化③和大溪文化④的遗物中，均有一种圆筒形的手镯，其质料有玉、石、陶、骨、象牙等种。这类手镯以后由饰物而发展成礼器，是一件相当自然的事，因此我们认为这一假设可能是比较合理的。至于琮所具有的代表地、雌、坤、阴等含义，也是在女性饰物这一基点上，随着奴隶制社会唯心论宇宙观的形成而出现的。

四、玉　钏

共三件，一件完整，两件残缺。完整者外径7.2厘米（AM1.2：12）（图一）。又四川大学历史系博物馆藏有两残件。质皆为软玉，紫褐色，略带粉斑，制作轻

图一　玉钏

---

① 林巳奈夫：《中国古代之祭玉瑞玉》，《东方学报》第四十册，插图五四：3—4。
② 王思礼：《山东安邱景芝镇新石器时代墓葬发掘》，《考古学报》1959年4期，图十一：8—9。
③ 中国科学院考古研究所：《庙底沟与三里桥》，图三四、三五。
④ 巫山大溪新石器时代墓葬出土此类镯甚多，如骨镯（M8：12）、刻花骨镯（M5：22）、象牙镯（M21：1）等。资料现存四川省博物馆。

薄，是广汉玉器中最为精细的。在此以前，这种玉器未见著录，也无人收藏，所以其功用不明。最初有人称之为"乳盖"，或称之为"璧琮"，但均无任何根据。1955年，云南晋宁石寨山古墓群出土这种玉器四十余件，色泽、质料、制作、式样与广汉出土的完全一致，分布在十四座墓中，一墓最多的可达六七件[1]。再从出土的铜铸像、刻像来看，这类玉器均戴在腕上，这才证明它应该是钏的一种。其后在江川李家山也有出土[2]，可见这是滇人上层社会常用的装饰品。

这类玉钏在中原地区也有发现，它最早见于商代后期的"妇好"墓[3]，其次在陕西扶风县陈村西周晚期遗址中也有出土[4]。在华南地区，则见于广东香港的东湾[5]。所以我们推测这种饰物可能发源于中原，但以后在南方地区延续使用了很长的时间。

五、"石 璧"

广汉出土的"石璧"，最为引人兴趣。它的数量达数十件，均用粗砂石制成，加工粗糙，磨镟之迹宛然，器形大小不一，其最大者外

---

① 云南省博物馆：《云南晋宁石寨山古墓群发掘报告》，图版壹壹贰：6—7。
② 云南省博物馆：《云南江川李家山古墓群发掘报告》，《考古学报》1975年2期，图版贰叁：1。
③ 中国社会科学院考古研究所安阳工作队：《安阳殷墟五号墓的发掘》，《考古学报》1977年2期，该报告称之为"环"。
④ 据童恩正1976年6月在工地参观所见。
⑤ 陈公哲：《香港考古发掘》，《考古学报》1957年4期，图版陆：4。该文称之为"凸唇玉环"。

径达70.5、孔径19、厚6.8厘米，重达百斤以上；其小者外径11、孔径4、厚1厘米①。如此粗糙而笨重的石器，显然不是礼器，因此称它为璧也不一定恰当，但是由于它的功能目前仍在讨论之中，在未得最后结论以前，本文仍从旧说，暂以"石璧"名之。

关于这种"石璧"的用途，过去有人认为是古代的一种货币，并以此与叶玻岛（Yap）巨大的石璧状货币相比较②，也有人认为与后代的圜钱有关③。但作为一般等价物的货币，必须具有容易分割、便于携带、本身具有价值等特点，这种笨重的"石璧"并不具备作为货币的基本条件。即以叶玻岛的石璧状货币而言，国外学者争论颇多，至今尚有不同意见④。因此我们认为这种说法是难以成立的。

另外一种意见，则认为这可能是一件衡权⑤。笔者认为此说比较合乎实际。我国衡器的产生，已有悠久的历史，在传说中的尧的时代，就开始有了记载⑥。尧的确切时代虽不可考，但大致说来，衡器应当是在新石器时代晚期，随着私有制的出现而产生的。最早的衡器，就是一种天平。《汉书·律历志》："衡权者，衡，平也，权，重也，衡所以任权而均物平轻重也"，就是指此而言。

---

① 参见 D. S. Dye, Some Ancient Circles, Squares Angles and Curves in Earth and in Stone in Szechwan China, *Journal of the west China Border Research Society,* Vol. IV, 1930-1931. Large Collars of Stratified Sandstone.
② 郑德坤：《四川古代文化史》，34页。
③ 同①。
④ David M. Schneider, A Warning in Regard to the Stone Money of Yap, *American Anthropologist,* Vol. 78, December 1976.
⑤ 这种意见，主要是张勋燎同志最早提出的。
⑥ 《尚书·尧典》有"同律度量衡"之语。

　　从记载来看，古代衡权（法马）的形状，是完全和璧一样的。《尔雅·释器》："肉倍好谓之璧。"而《汉书·律历志》解释权也说："圜而环之，令之肉倍好者，周旋无端，终而复始，无穷已也。"从地下出土文物来看，湖南楚墓所出春秋战国之际的法马，由于是称金用的，所以重量较轻；且为铜制，但形状亦为环形，看来也是从璧形法马发展而来的[①]。

　　从衡权的重量来看，由于当时尚不知杠杆原理，没有发明秤，所以不论被称的物品有多重，权的重量必须和它相等，这就是所谓的"权与物均而生衡"。《汉书·律历志》记权的种类云："权者，铢，两，斤，钧，石也，所以称物平施，知轻重也。……一龠容千二百黍，重十二铢，两之为两。二十四铢为两，十六两为斤，三十斤为钧，四钧为石。"这就是说，最重的权，重量已达一百二十斤，这与广汉石璧是相近的。

　　至于最初的权的质料，无疑应该是石制的。所以权又称衡石。《尚书·夏书·五子之歌》："关石和均。"《正义》："关者通也，名石而可通者，惟衡量之器耳。"《礼记·月令》："同度量，钧衡石。"《淮南子·时则训》："令官市同度量，均衡石"，均可为证。不过这种衡石的实物，迄今尚无报道。我们颇疑从新石器时代到殷周某些遗址和墓葬中出土的石璧，有可能就是这种衡石。根据礼器一般来源于实用器的规律，则后世的璧应该是由衡石发展而来的。

　　由于权是衡量财富用的，所以在某些原始民族中，它也可以作

① 高至喜：《湖南楚墓中出土的天平与法马》，《考古》1972年4期。

为财富的象征。在甘肃武威皇娘娘台曾经发现过一座属于齐家文化的一男二女合葬墓，随葬制作粗糙的"石璧"达八十余件之多[①]，可能即有这种涵义。

正因为广汉发现的"石璧"是作衡石用的，所以才有从大到小的一套；又由于这种大型天平是衡量谷物、矿石等生产品而用的，是实用品，所以只要求其重量大致准确，而不必要求美观精致。如果从衡具的假设出发，则广汉"石璧"的若干特殊现象均似能得到合理的解释。

关于广汉玉石器的时代，我们可以根据数十年中积累的材料进行分析。1933年，前华西大学博物馆曾在玉器出土的原址开坑试掘，从地层关系和出土陶片看，玉石器应与周围的遗址同时，因此我们推测其时代，暂时亦以遗址出土的器物作为标准。广汉遗址陶器上的云雷纹，是中原殷周铜器上常见的纹饰。陶器的豆、钵的器形，压印圈纹和凹平行弦纹等纹饰，以及小平底、盲鼻、鋬、器钮的作风，均与成都羊子山土台遗址[②]和新繁水观音晚期墓葬[③]出土陶器有相似之处。按土台遗址据原报告推测，可能是春秋时代的建筑，夹杂在其中的陶片，当更早一些。新繁水观音晚期墓葬的时代则为西周。因此我们推测广汉遗址的时代在西周后期至春秋前期，可能不致大误。

广汉玉石器埋藏的性质，过去有人认为是古代蜀国帝王的墓葬，有人认为是祭山川之所。现在看来，以属于窖藏的可能性较大。

---

① 据童恩正在甘肃省博物馆参观所见。
② 四川省文物管理委员会：《成都羊子山土台遗址清理报告》，《考古学报》1957年4期。
③ 四川省博物馆：《四川新繁水观音遗址试掘简报》，《考古》1959年3期。

根据我们解放后多次在广汉调查和试掘的情况来看，这里文化层的堆积很厚，范围也相当广泛。很可能此处原来是古代蜀国一个重要的政治经济中心，而发现玉器的地点，即为其手工业作场所在地，历年来出土的玉石成品、半成品和石坯，应该就是这个作场的遗物。但不知由于什么原因，这个作坊突然废弃，人们只能仓促将所有的产品埋藏起来，以后也就没有机会再来挖掘，所以保存至今①。

在秦灭巴蜀以前，四川地区是被称为"夷狄"之国的，所以《汉书·地理志》说："巴蜀广汉本南夷，秦时通为郡县。"广汉玉石器的出土，说明蜀国的统治者早在西周时代即已经有了与中原相似的礼器，衡量制度和装饰品，这除了对研究蜀国的历史有重要价值，而且再一次雄辩地证明了四川地区和中原悠久而紧密的历史联系。

（与童恩正合著，原载《文物》1979年2期）

---

① 对此我们亦有一假设。据《蜀王本纪》和《华阳国志》的记载，蜀的统治者原为杜宇氏，以后为开明氏所取代。据《华阳国志·蜀志》载开明氏传位十二世，《路史·余论》则记开明氏经十一代三百五十年为秦所灭。按秦灭蜀为公元前316年，经上推算则开明氏取代杜宇氏的时间在公元前666年左右，广汉玉石器作场的突然废弃，可能即与这一历史事件有关。

图版一 广汉出土的玉石器

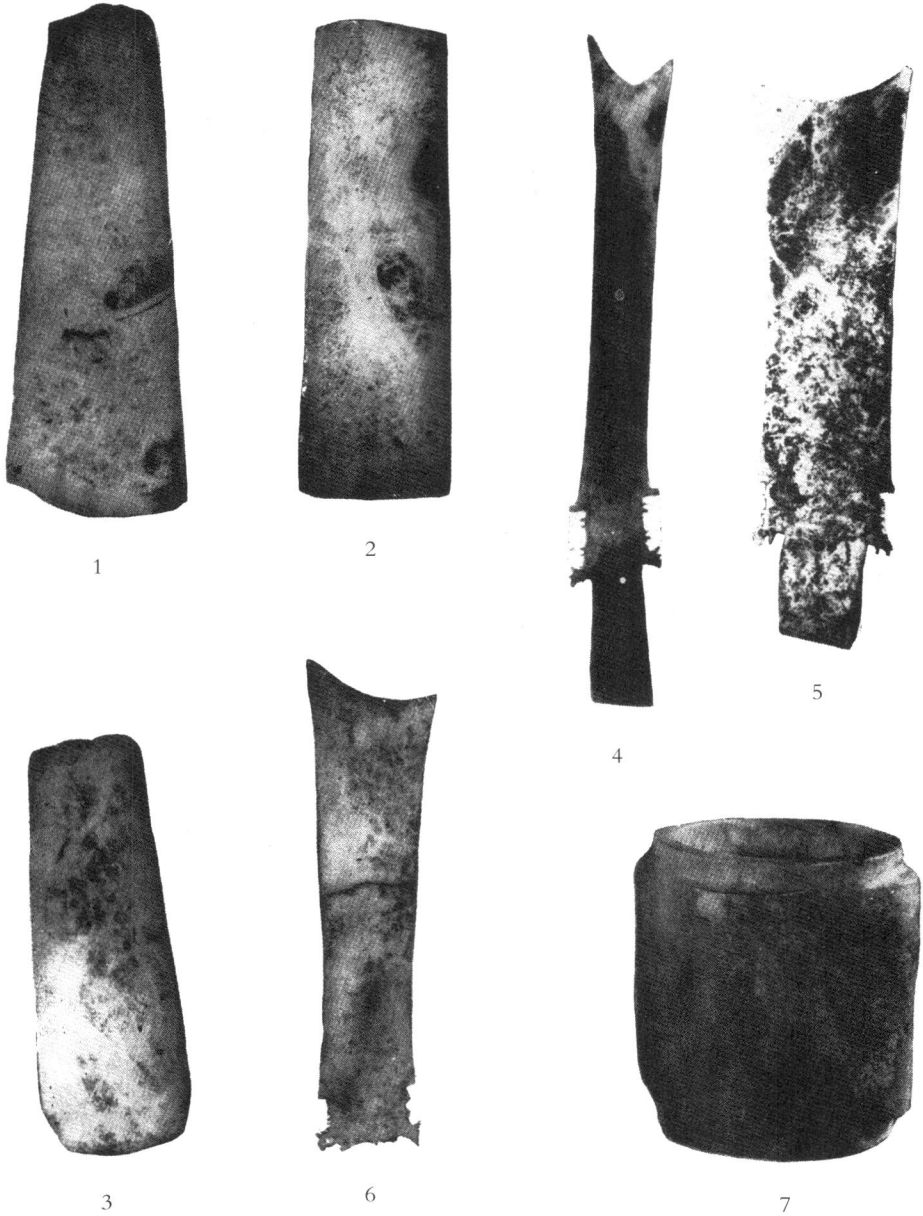

1.玉斧，AK3.2：119913 2.玉斧，AK3.2：182） 3.玉斧，AK3.2：110484 4.玉璋，AK4.2：313 5.玉璋，AK4.2：35 6.玉璋，AK4.2：110482 7.玉琮，AK2.2：110485

四川彭县出土的铜器

　　1960年彭县濛阳镇竹瓦街所出的一批铜器，包括兵器和容器，共二十一件，多为精美的巨器，以其数量及制作言，实为近年来四川出土的一批最重要的青铜器。其报道已见于《文物》1961年11期。

　　从发现的情况看，这批铜器大概系一窖藏。八件容器和十三件兵器同贮于一陶缸中。缸在筑路时已被挖碎，形状已不能见，自残片观之，高度及直径均当在1米以上；质料为灰褐色粗陶，外布粗绳纹，与广汉中兴公社古遗址[①]所出的粗灰陶颇为相似。而这一批铜器出土的地点，距该遗址中心地带月亮湾亦不过15公里左右。

　　我们研究这一批铜器，首先须探索它们的时代；其次既认为系

---

① 广汉中兴公社古遗址自发现以来，虽经多次调查，但未经发掘。其最近一次的调查报道，见四川大学历史系考古教研组：《广汉中兴公社古遗址调查简报》，《文物》1961年11期。该简报断定此一遗址的时代为西周。

一窖藏，当考察是何时所藏。我们可先从兵器——特别是勾兵——入手，因为可资对比的材料近年来发现得比较多。兵器中，计有勾兵即戈八件，戟一件，矛一件，钺二件，斤一件。

戈八件，按其形式可以分三式。

Ⅰ式（两件）。长援，方内，无胡，一穿，内上有一小圆穿（图一：1、2；一五）。此式戈与新繁水观音遗址墓葬中出土的戈[①]几完全相同，而水观音的墓葬被认为属于殷周之际，是在四川发现的最早的青铜时期的墓葬。这种戈和晚殷及西周初期的一些戈大体上相似，除阑有上下齿外，一般尚有一长形穿。它们在四川的时代，最晚的可到西周中叶。

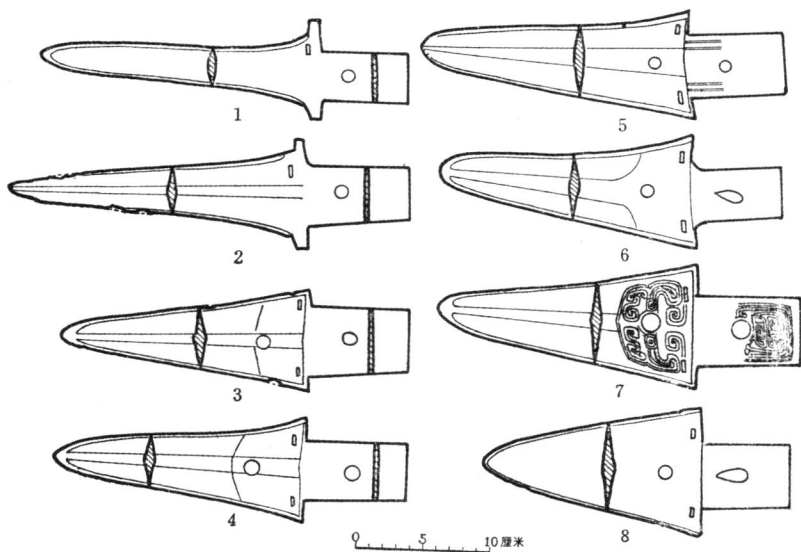

图一　彭县竹瓦街出土的铜戈
1、2. Ⅰ式戈　3、4、5. Ⅱ式戈　6、7、8. Ⅲ式戈

---

① 四川省博物馆：《四川新繁水观音遗址试掘简报》，《考古》1959年第8期。

Ⅱ式（三件）。援稍变短而后部加宽，因此中部往往有一显著的脊，援后部有一圆孔。阑不再有上下凸出的齿，有的后部作弧形。无胡，两穿。长方形内，中部有一圆穿（图一：3—5；一五）。

这种戈虽然因宽援有穿而可以视为一种蜀式戈，但晚殷和西周初期的墓葬中亦偶有出土，仅形制略有不同而已[1]。其在四川的时代大概为西周初期以至中期。

Ⅲ式（三件）。援部愈变宽短，中有脊直通于后部之穿，穿有时甚大。无胡，多三穿，一般为两穿。阑作弧形。方内，有的内上之穿变为一端钝圆、一端尖锐的形状，尖锐的一端距阑甚近。此种特征，对于装柲是一种进步的演变。因柲将内上之穿掩去一半（尖锐的一端），系戈之绳绕过前后之穿直接着力于柲上，使系着更紧。再则阑为弧形，上下之尖锐处可以嵌入柲内，使装置更为稳紧。此类戈的援上往往铸有花纹，如此次出土的饕餮纹戈，其援的后部阑外铸一饕餮纹，援后的圆穿很自然地构成饕餮的鼻孔，设计颇巧。殷周青铜武器原见有饰饕餮纹者，如《善斋吉金录》《周金文存》《邺中片羽》等所收的殷戈（援的后部近阑处）和钺上即有之，但其纹样不及此戈上之匀称和自然（图一：6—8；一五）。

这类戈大致属于西周中叶一直到春秋末或战国初，愈晚者，援

---

① 马得志、周永珍、张云鹏：《一九五三年安阳大司空村发掘报告》，《考古学报》第9期（1955年）图版拾壹之3，Ⅰ式戈中有一种直内戈，此种直内戈援宽而短，中部有脊，后部有圆穿，阑上下出齿而无穿，当较"蜀戈"Ⅱ式为早，也可能是"蜀戈"Ⅱ式所自出。郭宝钧氏称殷墟出土的这种蜀式戈为"三角形戈"（见《殷周的青铜武器》，《考古》1961年第2期），据其统计，小屯出土三十五、武官村十四、四盘墓六、大司空村三十九戈（共九十四戈）中，此种戈仅有两柄。

上之穿愈变大，援上往往有圆斑，而内上之穿多作两端尖锐之斜长方形。今此两例，尚系属于此式戈的早期形式。此式戈在若干收藏家的图谱中有称之为"戣"或"戳"者。

鸟纹戟（一件）。刺与戈分铸。戈如上述II式，内与本上各有一小圆穿，本后沿有二方形穿。援上铸鸟纹，狭长的鸟身与翼构成援脊，鸟首反转回顾，构图精巧。刺作戈援形而中空，中空部分近器长的三分之二。后部收缩成椭圆形短骹，骹的两边各伸出约1厘米长的方形小舌，舌端有凸出的矮脊，大概是便于系绳于柲而免滑脱的。銎亦作椭圆形。刺身铸鸟纹与戈相同，两边不对称，后部一边随鸟首反顾之形而凹入（图五：1；一六）。

刺与戈二者本不知其原来的装置，不过以其上的花纹完全相同，又刺的形状似戈而非戈，似不能单独作为一种兵器，而可能为早期戟上的刺。按中原最初的戟，谓为一种戈、矛混合器，但矛骹形圆，而戈柲的横断面则为卵形的椭圆，二者装置实为不合。戈柲必须作卵形的椭圆者，因戈为勾兵，执柲于手中时必须能凭触觉知道援的方向，以便勾击。矛则为刺兵，执于手中时不必考虑旋转方向，故矜形浑圆。《考工记·庐人》说："凡兵，勾兵欲无弹，刺兵欲无蜎，是故勾兵椑，刺兵抟。""椑"即是椭圆，"抟"即是浑圆。所以发现的戈鐏（一般属战国时期）均为扁圆，而矛镦（多出于东周墓葬，西周罕见）则浑圆，这是与戈柲、矛矜的形状相合的。今此刺上的銎作椭圆形，适于装置于戈柲之顶，故将其与鸟纹戈合而为戟。但实际上是否原来如此，因其为四川出土的唯一的标本，尚不得而知。

矛（一件）。全长达32厘米，叶最宽处约8厘米弱。骹约长9厘米。骹上两边各铸一蜥蜴类爬行动物，两后足踏于骹纽上，两前足攀于骹上，嘴则压于鸟纹的首上，口吐舌。鸟纹背脊凸出，构成矛的中脊。此为四川发现的最大和最精美的铜矛（图二；五：2）。

从矛的一般形制来说，早期如殷墟出土的矛多巨制。有的骹长几与锋刃部相等，骹端有箍，箍上有双纽，刃作尖叶形而中部有脊。有的叶末向銎端延长，于其末留两小孔，以备系绳。西周的矛出土不多。后期如春秋、战国时的矛形制多小，刃部厚重而骹短，大概都是与戈合装而成戟的。今此矛刃部作尖叶形而长大，骹短而端无箍，论形制既不同于康侯矛，亦与越王矛异[①]；从其上的鸟纹看，与戟大约属于同一时期。

铜钺（两件）。同为一式，形制大而质薄，显然是仪仗之类。刃部作半圆形，中空，刃的后部出V形槽以受楔，尚未形成真正的銎。钺身正中有小孔一，通于两面，大概是便于系着钺于楔而免其脱落的（图三；六：1）。按川西地区最早的钺仅为一半圆形的刃部，其后，刃后中空部分逐渐延长而成为椭圆形銎。所以此两件钺从形制看，时代当不致过晚，但亦非早期的钺。

斤（一件）。与西周时期的一般铜斤同，不具论（图四；六：2）。

这一批兵器，所属时代早晚并不一致，其中以戈的发展痕迹比较显著。蜀地早期的戈，形制略同于殷、周，后来虽同是勾兵，逐渐演变为地方的特有形式，由此亦可以看出早期"蜀人"与中原文化的

① 康侯矛见《考古学报》1956年4期，图版捌右；越王矛见《周汉遗宝》图版五四金错矛。

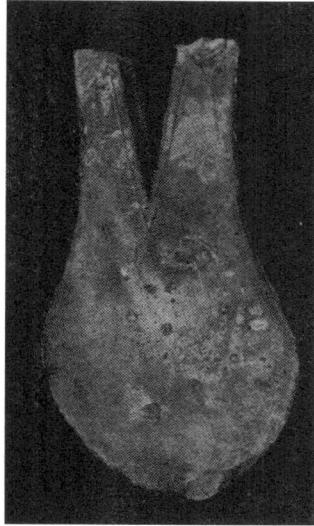

图二 矛　　　　　　　　图三 钺　　　　　　　　图四 斤

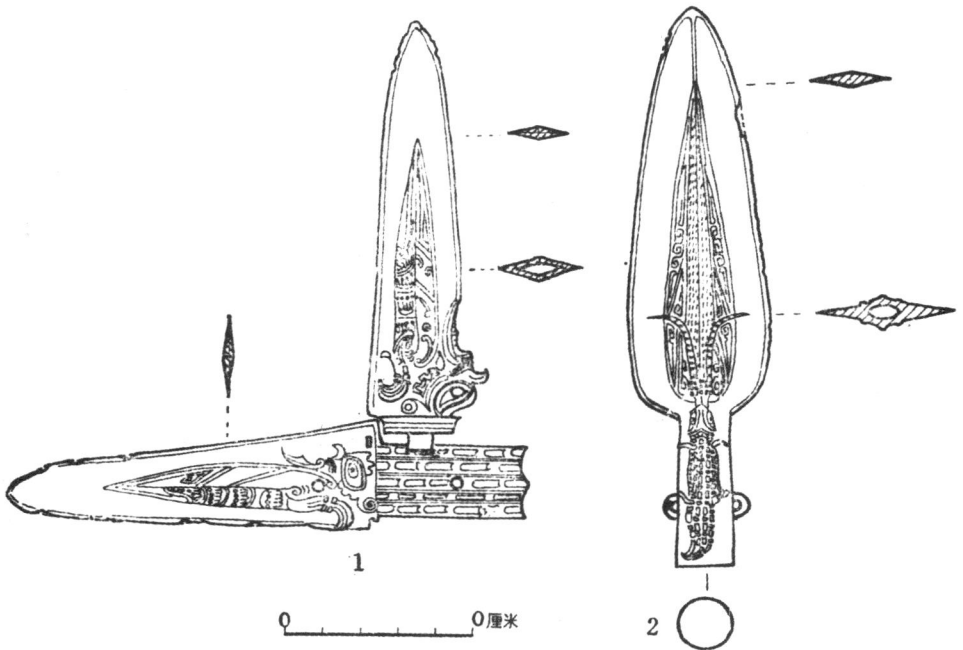

图五　1.鸟纹戟　2.矛

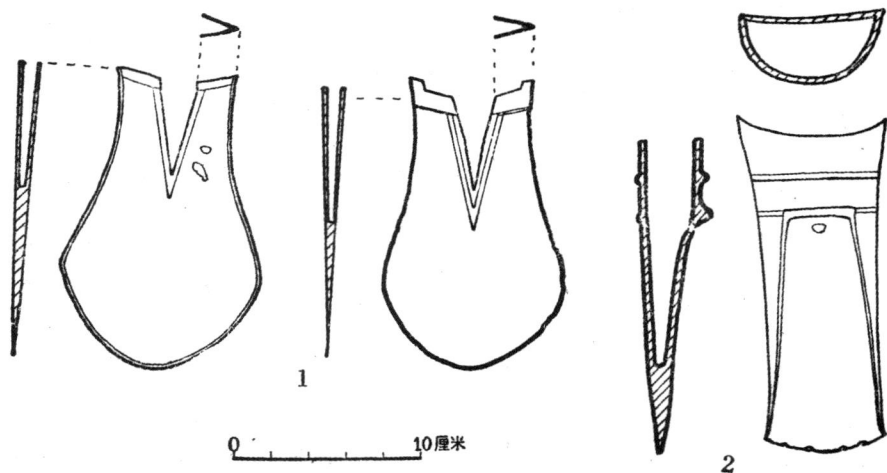

图六　1.钺　2.斤

关系。这一批兵器中没有我们认为属于晚期的勾兵，例如无长胡带翼和长胡有牙式的戈，所以它们最晚不能晚于西周末季[①]。矛、戟从花纹和形制看，当较晚，但亦当不晚于春秋初期。这些兵器均系巨制——戈长均在25厘米以上，其上有纹缋的均制作精美，可能是仪仗中的武器，而非实用之具。特别是钺，质薄而大，绝非可以用于斩伐者。这些兵器，从形制和纹饰看，大概均为四川本地所铸。

出土容器共八件，尊一、觯二、罍五，均为酒器。其中尊、觯的来源与罍的来源显然不同。兹为分述如后。

饕餮纹尊。制作与殷、周时期一般圆柱形尊相同。腹未鼓，腹上饕餮纹裂口巨眉，目鼻悉具；填以雷纹，上下各有弦纹两道。通高

---

① 关于川西地区戈的演变和时代，参看拙著《关于"楚公彖戈"的真伪并略论四川"巴蜀"时期的兵器》一文，《文物》1962年11期。

27厘米（图一三：1；图版一：1）。

牧正父己觶。器身矮粗，通高15.3厘米。颈腹之交两面各饰一饕餮纹，圈足上部饰目雷纹一周（共四）。器内底上有铭曰"牧正父己"（图一二；一三：2）。

覃父癸觶。形同父己觶而略小，通高13.3厘米。颈腹之交饰云纹一周，其他全素。器内底上铭曰"覃父癸"（图一四）。

两觶制作甚精，锈色翠绿中带青，苍润欲滴。以形制、花纹及铭文款式而论，上述三器可能为晚商殷人之器[1]，其非蜀地所铸是很显然的。其来源可能为交换、赐予或掳掠。由觶内底上铸有器主的氏族及名号的铭文看，来自掳掠的可能性最大。值得注意的是，这是四川出土的最早的中原青铜器，可以说明早期蜀人与殷周的关系。

罍五件，一大而四略小。四略小者中，每两只的大小、形制、纹缋大体上相似，故可视为两对。

此五件罍，亦可视之为列罍。列罍在川西出土已非第一次。在抗日战争期中，曾出过一套，亦为一大四小，成都之古玩家至今犹能忆之；惜当时即遭散失，今下落不明，出土地及情况亦不详[2]。

盘羊首耳涡纹大罍，为五罍中最大的一件，通高68厘米。圆形，广肩，盘羊首耳。盖和器身均有四立棱，盖上每棱之间有一凸出的大圆涡纹，肩上有同样的圆涡纹六。腹下部有兽形鼻（图九；图版一：2）。

---

[1]　参见徐中舒教授对铭文及器的考证。
[2]　上海市博物馆藏有铜器定名为"兽纹壶"者，可能是此五件罍中小者中的一件。

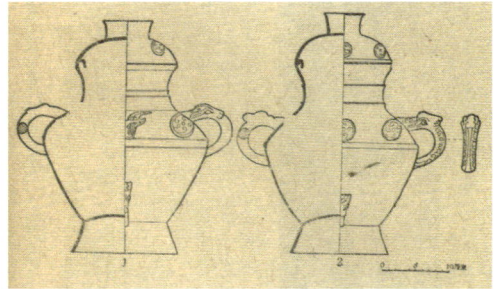

图七 兽耳涡纹罍之一　　　　图八 兽耳涡纹罍之二　　　　图九 盘羊兽耳涡纹大罍

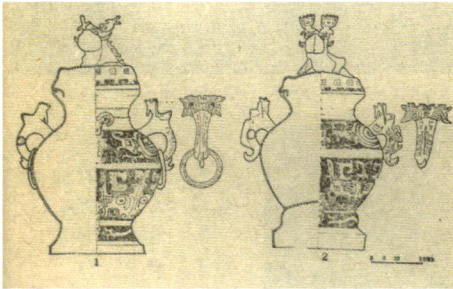

图一〇 蟠龙盖饕餮纹罍之一、之二　　　　图一一 兽耳涡纹罍之一、之二

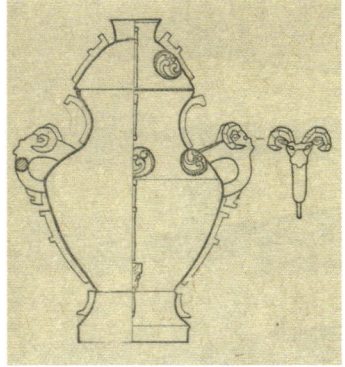

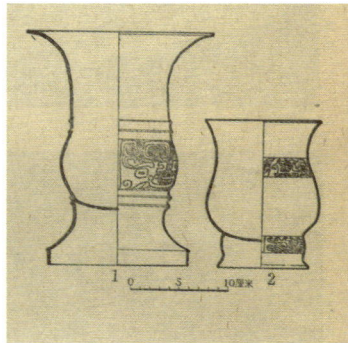

图一二 牧正父己觯　　　　图一三 1.饕餮纹尊 2.牧正父己觯　　　　图一四 覃父癸觯

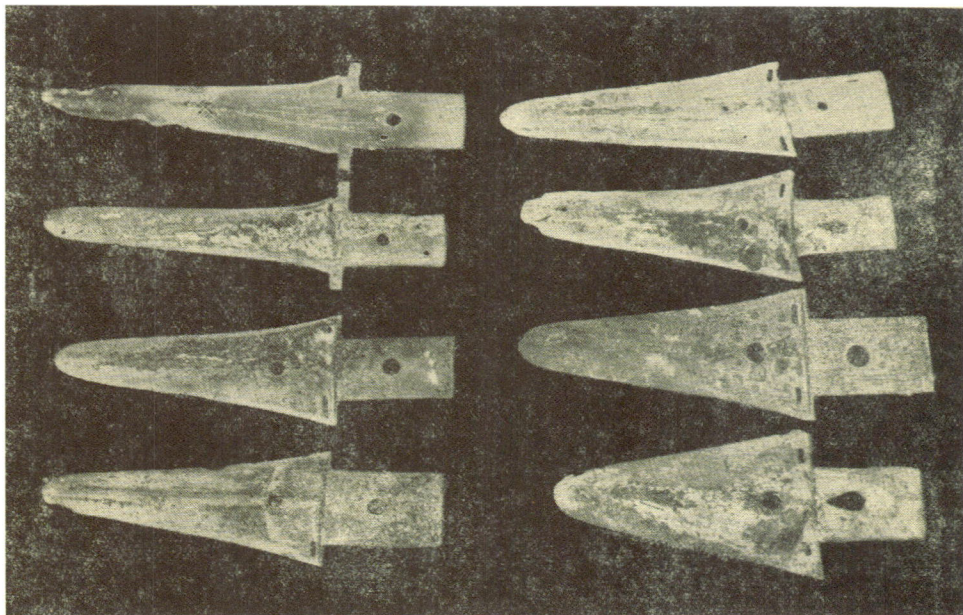

图一五　戈Ⅰ式：左上二件　Ⅱ式：左下二件、右上一件　Ⅲ式：右下三件

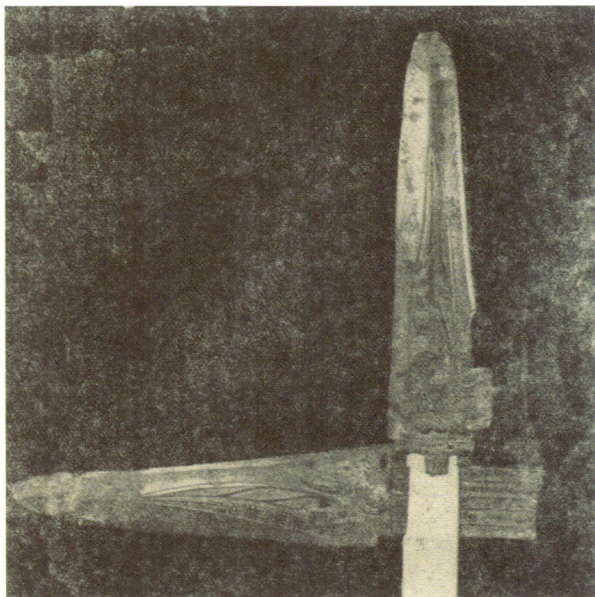

图一六　鸟纹戟

蟠龙盖饕餮纹罍之一，通高50、身高34厘米。盖上一龙昂首蟠踞，角上出而三歧，两前足踞于盖顶，不见后足；身具鳞甲，背项有棱脊，尾尖细。盖边饰云雷纹一周。盖上龙首下正中饰蝉纹一，外饰云雷纹。器口微侈，颈肩之间有弦带纹。兽耳带环，兽为蜥蜴类，首有冠。两耳之间近颈部各有盘羊兽小耳。耳下有牛首纹。两耳之间肩部各饰象纹二，而以雷纹填之。象口突出两尖钉以作象牙。象前后各有鸟纹一。肩腹之间有宽弦带纹一道。腹部两面各饰饕餮纹二，大口巨目，眉上翘。器腹下部有鼻。圈足上饰雷纹及夔纹，每面两夔纹之间有一小牛首纹（图一〇：1；图版一：3）。

蟠龙盖饕餮纹罍之二，形状与罍之一相同，略矮，通高48、身高31厘米。龙盖亦与罍之一相似，惟龙角中歧作扇形。盖顶龙首下铸蝉纹和雷纹，兽耳亦作蜥蜴形，无环。与罍之一相较，似亦应有环，是否断落，不得而知。肩部两耳之间饰象纹二，象口中出二尖柱以象征象牙。象首之间饰牛首纹，象首上部饰犀纹，两犀之首同合于矮钉柱之下，以象犀角。象后部各有鸟纹。肩、腹之间以宽带纹分隔。腹部每面各铸饕餮纹二，舌尖外吐，舌两边有夔纹倒置。每面两饕餮纹之间有兽形鼻，圈足上部饰夔纹一周，每面各二。全器花纹均以雷纹为地（图一〇：2；图版一：4）。

此两罍的形状，与殷周时期的圆罍略异。按殷周时期的罍一般为广肩而锐下。此则肩部与腹部几相等，有类乎圆壶。花纹多摹自殷周时期的簋，或因同为圆形易于模拟之故。花纹繁缛而颇觉堆嵌。如腹部周圈饰四饕餮纹，实感拥挤。又在一器之上，几乎将殷、周时期铜容器上一般常用的纹样——蟠龙纹、夔龙纹、雷纹等都用上了，兽耳尚不在内，大有有空即填，而不考虑其效果之感。甚有将纹样倒置者，如罍之二饕餮下之夔纹即是，此虽可能为模拟不纯熟所致，但似乎其用意主要在于"填空白"。

兽耳涡纹罍之一，通高36、身高29.5厘米。盖上饰四凸出的圆涡纹。肩、腹之间有素带纹一道。兽耳无环，两耳之间饰羊首，肩上周圈凸出圆涡纹四。器腹下部有兽首形鼻（图七；一一：1）。

兽耳涡纹罍之二，通高37.5、身高30厘米。盖上饰凸出圆涡纹六。兽耳无环，腹下有兽首形鼻。肩部周圈饰浮凸圆涡纹六。肩、腹之间饰带纹一道（图八；一一：2）。

这五件列罍，形状和花纹虽大体上同于晚殷和早周的同类器皿，但骤视之则颇具有独特的地方风格，所以可以视为蜀土本地所铸。其样式和花纹虽取诸于当时的中原铜器，但组合意趣不同，故而显出地方的色彩。例如饕餮纹罍的蟠龙盖上的立体蟠龙，骤然看来，是最为特异的，但细察之，其头、角、身躯、鳞甲等，几无一不同于一般殷周时期的蟠龙。所异者，殷周时期的蟠龙均用浅浮雕铸于盘、盂类器的底内[1]，盘、盂为水器，龙为水栖动物，想是有一定的联系意义的；此则立体而昂首高踞于器盖之顶，功用实等于盖的把手，可视为一种装饰而兼实用的设计了。

---

[1] 如容庚《殷周彝器通考》图八二三蟠龙纹盘，又图八二五·六鸟盘龙纹盘等。又考古研究所编著《上村岭虢国墓地》图版拾捌（I式铜盘1761：2）拾玖（I式铜盘1744：1）等盘内底的蟠龙亦全同。又如康公盂底外蟠龙亦如此。

　　这五件器上的花纹都是殷代晚期和西周早期青铜器上所常见，没有西周中叶以后所盛行的窃曲纹、蟠螭纹等。花纹本身又颇显触突而带原始风格（如饕餮纹、象纹、夔纹等），是这类花纹在早期的特征。所以若仅从花纹看，铸器当不晚于西周初期；但在蜀土，特别是从当地冶铸发展历史看来，可以晚到西周末或春秋初。

　　以蟠龙盖饕餮纹罍为例，蟠龙盖器形很复杂，但是完全看不出合范的痕迹，是出于一次铸成——浑铸，其浑铸铸法尚不能断定。罍身的外范为四合范，每范上花纹大致相同，合范留下的铸缝非常清晰。内范（内型）是一整块，故器内完全无铸缝痕迹。底范亦是一整块。耳由两合范铸成，有清晰的铸缝可见，耳内中空处尚保存范土，大概耳、环等是分铸后插入器范中的。这种器、耳分铸的铸法，一般认为开始于春秋战国之际[1]，但事实上或者要稍早一些。例如上村岭虢国墓中所出的铜壶上带环耳，都是分开铸造，中空处亦保留有范土[2]。而虢国墓群则被认为是西周晚期到东周早期的墓群[3]。所以从铸法上看，这一批铜器当不晚于西周末叶或东周初叶。

　　现在再从出土地点以及有关蜀人早期的传说，考察这批铜器入土的时代。

----

[1] 考古研究所编著《洛阳中州路》第87页说："第二种（按谓"先铸附件，附件铸成后，把附件嵌入范中，灌注铜液后使附件与器身熔铸在一起"）大约出现在春秋战国之际，应用也比较普遍。"

[2] 参见考古研究所编著《上村岭虢国墓地》，第12页。

[3] 参见考古研究所编著《上村岭虢国墓地》，第49页。按环耳在晚殷及早周的铜器如簋、壶、罍等有时即已有之，其环、耳应是分铸的，因不如此，其环则无由套入耳中。容庚、张维持在《殷周青铜器通论》中亦有这种推测，见第128页。

按铜器所发现的地方濛阳镇，位于现在的彭县、什邡、广汉、新繁、新都等县交界处，这一地带在唐为濛阳县。《太平寰宇记》（卷七三）濛阳县条下说：

唐仪凤二年割九陇、雒、新都、新繁、什邡等县，于九陇县界濛江之北置，故曰濛阳，属益州。

此地处于川西平原的西北部，地势较高，河流纵横，最宜于早期农业部落居住，是蜀人早期活动的主要区域。《华阳国志》说：

周失纲纪，蜀先称王。有蜀侯蚕丛，其目纵，始称王，死作石棺、石椁，国人从之，故俗以石棺、石椁为纵目人冢也。次王曰柏灌，次王曰鱼凫，田于湔山，忽得仙道，蜀人思之，为立祠。后有王曰杜宇，教民务农，一号杜主。时朱提有梁氏女利，游江源，宇悦之，纳以为妃。移治郫邑，或治瞿上。

《华阳国志》这一段记载，是综合了其前关于蜀人的传说而写的，取舍虽不一定恰当，但说明了蜀人最早的活动是在川西平原西北部靠山麓地带，逐渐向平原发展。光绪四年重修《彭县志》卷一〇《沿革志》认为彭县在东周时期为"蜀王柏灌、鱼凫、杜宇所居"。其说颇多附会，但言蜀族的早期活动区域在故濛阳县一带，则是可信的。按铜器发现的地方濛阳镇竹瓦街五显庙附近，东距广汉县中兴乡古遗址于本世纪二十年代发现玉器的地方燕家院子，直线距离不过十公里左右；南距新繁水观音古遗址亦不过六七公里。水观音遗址，我们推测它的时代当在殷代中期以前。其中出土少量黑陶和鬶形器，所以它可能受到陕西龙山文化的影响。至于遗址中的墓葬，从所出的铜兵器看，大概相当于晚殷或西周初期。广汉中兴乡遗址未经发掘，历次调查中所采集的陶片与水观音的陶器有很多共同之处，但时代当较水观音为晚，因其中出土的有雷纹陶片以及玉、石的璋、圭、璧等，时代大概属于西周。而它又与成都北郊羊子山土台墓下地层中的遗址有共同关系，因两处出土的陶片、石璧等完全为同式，不过羊子山所出者应属于广汉的后期。濛阳镇的铜器群与中兴乡的玉器群应该是同时代的东西，也可能同是窖藏①。

关于蜀人早期历史的传说，西汉时虽保存不少，但留存至今者，仅扬雄《蜀王本纪》中的断片，《太平御览》卷八八八妖异部四变化下引《蜀王本纪》说：

> 蜀王之先名蚕丛，后代名曰柏护，后者名鱼凫。此三代各数百岁，皆神化不死，其民亦随王去。王猎至湔山，便仙去。今庙祀之于湔。时蜀民稀少。后有一男子曰杜宇，从天堕，止朱提；有一女子名利，从江源地井中出，为杜宇妻。宇自立为

---

① 按燕家院子出土的玉器，为本世纪二十年代末年燕家于其舍傍掏堰沟时偶尔发现。据传说，当时共出土三四百件，在初并不知珍惜，时时以之赠人，后为古玩商所套购，方始秘不示人。至解放后尚保存五六件（为圭、璋和璧等），举以赠四川省博物馆，此外惟四川大学历史博物馆在解放前有十数件，其余均散失。

蜀王，号曰望帝，治汶山下，邑曰郫。化民往往复出①。

这一段传说的比较现实的解释，即在杜宇以前，蜀人的生产状况尚停留在畜牧和极粗放的农业阶段，大概需要时时迁徙，故传为"皆神化不死，其民亦随王去"的想象境界。至杜宇时在农业生产上有了较大的发展。《华阳国志》说："后有王曰杜宇，教民农务，一号杜主。"又说："巴亦化其教而力务农，迄今巴蜀民农时先祀杜主。"是杜宇之于蜀人，亦犹后稷之于周人。因农业上的发展，以前所迁去的"化民"，现在又迁徙回来，"往往复出"了。再者因为农业发展的需要，必下迁至比较卑湿的地带如郫县、成都地区（亦为最膏腴的农业理想地带），但卑湿则易有水患，故《蜀王本纪》又说：

望帝积百余岁，荆有一人名鳖灵，其尸亡去，荆人求之不得。鳖灵尸随江上至郫，遂活，与望帝相见，望帝以鳖灵为相。时玉山出水，若尧之洪水，望帝不能治，使鳖灵决玉山，民得陆处。鳖灵治水出后，望帝与其妻通，惭愧。自以德薄不如鳖灵，乃委国授之而去，如尧之禅舜。鳖灵即位号曰开明帝，帝生卢保，亦号开明。②

① 按《蜀王本纪》的此一段记载，《文选·蜀都赋》注、《魏都赋》注、王元长《三月三日曲水诗》序注、《初学记》《艺文类聚》等均曾引之，《太平御览》亦有两处引之（卷一六八、八八八），各有详略不同，往往差异甚大，惟《太平御览》卷八八八所引较全，今以之为主。
② 《后汉书·张衡传》注、《文选·思玄赋》注等曾引之，惟《太平御览》卷八八八所引较全，今从《御览》。

若从鳖灵"尸随江上至郫，遂活"的传说来看，鳖灵大概是属于川西南部习知水性的部落①，也可能是与杜宇族为极近似的部落。《水经注》江水注下说："县治（南安）青衣江会，衿带二水矣。即蜀王开明故治也。"郦氏之言，当有所本。据此说，开明故治则当在今乐山、夹江一带，这与传说也可视为相合。鳖灵既习水性②，故知道当时治水主要在于疏导。《水经注》谓"江水又东别为沱，开明之所凿也"，亦或者有所据。此即谓将一部分江水导之东北流，使其下入于成都平原，以减轻水患，而人民得以陆处。开明既疏导了成都平原的水患，大部分地区为其部落所占据，而杜宇的部落不得不"委国授之而去"，退入他们原来所处的较高的山岳地带，所以又幻出杜宇升西山而隐并化为杜鹃的神话③。所谓"禅让"不过是后来根据汉族传说而作的美化，此中不会没有严重的斗争。此批铜器（也可能包括中兴乡的玉器）的入土，可能是在此时。

望、丛"禅让"的时代，据开明氏的世系来推断，当在西周末或东周初。按开明氏（鳖灵族）据蜀共传十二世而亡，其亡年在公元

---

① 荆人鳖灵的"荆"，历来皆解释为古九州之一的"荆州"，即今湖北湖南地。按此传说的地带相去过远，似与实际不合。"荆"可能是指南方湿热荆棘丛生之地。如《史记·吴世家》："太王欲立季历以及昌，于是太伯、仲雍二人乃奔荆蛮。"太伯、仲雍所奔者乃吴地，为古扬州之域，不得称"荆"；《史记》所称之"荆蛮"也可能是泛指南方而言。

② 鳖为水族，可能与其族徽有关。

③ 前面所举出的鸟纹戟、鸟纹矛上的鸟纹，也可能是杜鹃的图案化。按杜鹃全身（连尾）细长，体上面灰黑色，脑腹部有黑色横条纹；尾羽颇长，有白色横斑；上嘴末端稍曲，爪亦尖利（杜鹃属攀禽类）。铜器上的鸟纹虽经过高度的图案化和美化，但主要特征还是与杜鹃相似的。蜀器的花纹中突出杜鹃，也或者与巴人之于虎纹一样，含有神话及族徽的性质。

前329年（秦举巴、蜀之年）[①]。由此上推十二世（以25年为一世），约当公元前七世纪中叶，这与我们所断定的这一批铜器中最晚的时代也是相合的。

或者有人以为这一批铜器的入土，当在秦灭巴、蜀之时。《华阳国志》卷三蜀志说：

> 周慎王五年秋，秦大夫张仪、司马错、都尉墨等从石牛道伐蜀，蜀王自于葭萌拒之，败绩，王遁走至武阳，为秦兵所害。其相傅及太子退至逢乡，死于白鹿山。开明氏遂亡，凡王蜀十二世。

此处言蜀王"遁走至武阳"，武阳在今彭山县境，接近于鳖灵部落旧统治的地方（乐山、夹江等地）。"逢乡"一般以为在今彭县白鹿山麓，距濛阳镇亦不远[②]。"白鹿山"即彭县西山的诸山之一，《元和郡县志》说"白鹿山在县（九陇）西北六十一里"，《太平寰宇记》亦说"在县北五十里"，是蜀太子及其相傅等为秦兵所败时向彭县的西山一带退却之处。或者，此一宝藏即为此时所埋乎？不过这一批铜器中无一件可以认为是春秋后期及战国之器，故此种可能性似乎是很小

---

① 秦举巴蜀之年，据《史记·秦本纪》及六国年表，在惠文王后元九年（公元前316年），不过近人根据《张仪列传》及其他材料，证明《本纪》及《六国年表》之文显然有误，"后元"当为"初元"，故秦灭巴蜀之年当提早十三年，即在公元前329年。今从之。

② 《彭县志》古迹类说："逢乡，今崇德寺，地旧多岩蜜。"是以其地旧多野蜂蜜，因以得名。崇德寺在今白鹿山东麓。

的。虽然不能摒除在秦灭蜀时入土的可能，但总以"望、丛禅让"之际的可能性为最大。

最后，我们虽然可以认为这一批铜器是早期的蜀器，骤视之亦颇具一些地方风格，但细察之，实是与西周的铜器分不开的。尊、觯因是外来器，可置不论。前面认为是本地所铸造的五件罍，其形式、花纹等几无一非殷、周铜器中所常见者，其规抚的痕迹是极其显然的。以兵器而论，I式戈完全是殷、周时期的主要兵器——勾兵——的类型。所以，如果认为它们是西周青铜器在边缘地区的发展，如安徽屯溪所出土西周铜器一样，亦无不可。由此也可以证明古代蜀人与周人的关系是很密切的。据《尚书·牧誓》，武王伐商，有蜀人武装参加，于此也可以得到一些征验。

附记：此文是冯汉骥先生1962年所撰，现由四川省博物馆将遗稿整理发表。整理中得到四川大学童恩正同志的帮助。王有鹏整理，刘瑛绘图，陈振戈摄影。

（原载《文物》1980年12期）

图版一

1.饕餮纹尊

2.盘羊首耳涡纹大罍

3.蟠龙盖饕餮纹罍之一

3.蟠龙盖饕餮纹罍之二

岷江上游的石棺葬

  石棺葬是四川西北部阿坝藏族自治州茂县、汶川、理县三县境内分布甚为密集的一种古墓葬。研究这种墓葬的族属、时代，并复原当时社会经济面貌，对于解决羌族古代史的若干问题以及古代西北地区与西南地区之间的民族迁徙和文化交流，有着一定的现实意义。

  从目前掌握的材料来看，此类古墓葬的分布范围，西不出理县蒲溪沟（今薛城以西约20余里），南不过汶川县的绵虒（旧汶川县治），北达茂县附近，而主要地局限在岷江、杂谷脑河（又称沱江和理县河）及其少数支流的两岸[①]（图一）。墓葬均埋在河谷两岸的黄粘土地上，高度从河谷以上200米到1000米不等。此类黄粘土，属于

---

① 旧说以为此类墓葬分布在灌县以北、松潘以南及茂、汶境内，见李绍明：《羌族古代史的几个问题》，《历史研究》1963年5期。此不过大约言之，本文系从我们调查的实际情况而言，但不排除将来的发现可能大大地扩大其分布范围。

上更新世冰水成因黄土状亚粘土，质疏松而宜于农耕，故至今仍然为藏、羌两族人民村砦集中之地。墓葬原来是分布在山坡的自然倾斜面上的，后来，山坡被开发成一级一级的梯田，石棺便往往因人为的或自然的崩塌而显露，故在此地区内，梯田旁陡壁上暴露而已被破坏的石棺累累皆是。

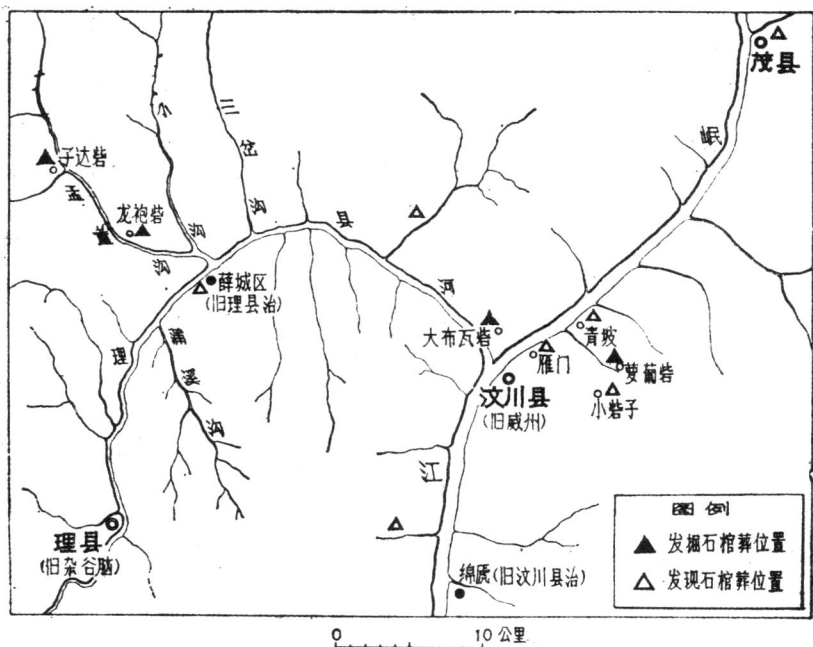

图一　岷江上游石棺葬分布图

　　1938年8—10月间，冯汉骥在羌族地区作民族调查时，曾对石棺墓的分布作过一些初步调查，并在汶川县雁门乡萝葡砦①清理了一座

---

① 羌族自称曰"瓦子"（Wǎ-zi），萝葡砦乃汉族的称谓，不过现在羌族亦自称之，为羌族中较富裕而较大的一个村砦。

残墓，编号SLM1[①]。1951年曾在成都《工商导报》的《学林》副刊上发表过一个简报[②]，但因对此类石棺墓的内涵了解不够，故其详细材料一直未曾发表。1964年3月，为了进一步研究这一问题，由四川大学历史系遣派童恩正赴茂、理、汶地区进行了一次调查，并对一些崩坍严重的石棺墓作了部分发掘。计理县薛城区子达砦二十三座，龙袍砦一座，汶川县大布瓦砦二座，萝葡砦二座[③]（连同1938年发掘的一座共三座）（表二）。

　　子达砦和龙袍砦均在理县薛城区孟董沟内（孟董沟为杂谷脑河的支流，自北向南注入杂谷脑河，全长约30公里）。关于这一地区的石棺葬，解放后亦曾有过简略的报道[④]。子达砦位于孟董沟西岸，距薛城约13公里，高出河谷100余米，墓葬区在砦南约半公里处，为偏东南的斜坡，坡下即孟董沟。现在山坡已经开辟为三级梯田，故墓葬暴露甚多。每级梯田的阔度为50—60米，高度相差5—7米。墓区的范围很大，在其边缘第一级梯田内清理了8座，即SZM1—7，内M1分A、B二墓；第二级梯田边缘清理了12座，即SZM101—112（图二；图版壹，1），此外在高出第一级梯田约40米处的山坡上清理了三座

---

① 此墓位于萝葡砦至小砦子之间的一条小径旁梯田边的陡壁上，清理时已崩去约三分之一，两根股骨的下半截突出于外，崩坍下的石块已被取走。详见图五。

② 冯汉骥：《岷江上游的石棺葬文化》，成都《工商导报》1951年5月20日。此简报颇有征引者，但限于当时条件，其中时有错误，推论上亦有不妥之处，今悉以本文为准。

③ 我们仅选择那些崩坍情况严重或已经暴露者进行清理，故各地数目不等，有的仅一二座，往往不能代表各地区的实际情况，这次所清理的28座墓，竟无一座出铜器的，即是其例。所以，从科学方法上说，本文的材料是不够全面的，这是我们受工作条件限制所致，希读者注意。

④ 李绍明：《四川理县发现很多石棺葬》，《文物参考资料》1955年7期。

墓葬，即SZM201—203。这三处墓葬中的随葬器物均无差别。

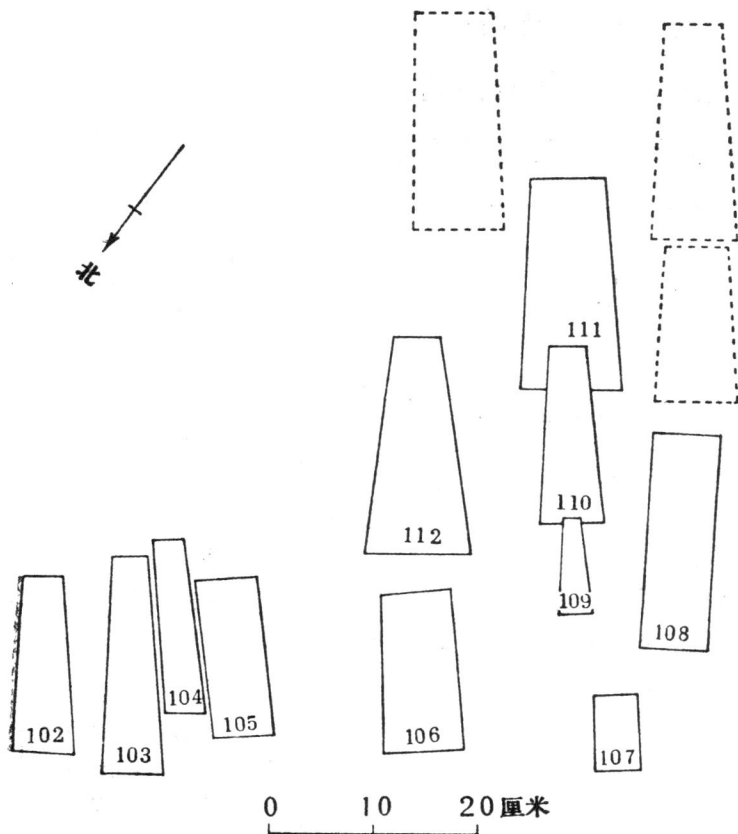

图二　子达砦第二级梯田内墓葬分布图
（实线系已清理的墓葬；虚线表示未清理的墓葬）

龙袍砦位于子达砦以南约7公里处孟董沟东岸，高出河谷1000米
左右。此地又可分为上砦与下砦两部，相距约200米，墓地即在上、
下砦之间的梯田中；从断壁上观察到的墓葬区的范围当在一万平方米
左右。

汶川大布瓦砦在今汶川县城（旧威州镇）以北，隔江相望，高出河谷约800米，墓地在大布瓦砦以西约1公里，当地人称"玉皈依"，据勘查估计，墓葬区面积在五千平方米左右。

萝葡砦位于今汶川县城以北约10公里之雁门乡，岷江东岸，高出河谷约800米。此地石棺葬数量最多，由萝葡砦到南面约1公里的小砦子，沿途均有显露者，估计其墓葬区当不小于一平方公里。

其他如薛城以西之蒲溪砦[①]，绵虒对岸的河坪，孟董沟上游的塔思坝、日钵则、老雅砦、沙家砦等地，均有大量的石棺墓，其墓区范围，尚待进一步勘察。

一、墓葬形制

石棺墓的构造简单，可分二类。第一类是先在黄粘土中挖一长方形竖穴，深约2—3米，其长、宽均较所欲建的石棺大出20—50厘米。在坑的底部中央，按照所要建造的石棺的大小形状，留出一高出底面约20厘米的土台，再用本地盛产的板岩（slate）或片麻岩（aneiss）打制成长方形石板，高度在80厘米，厚度在2—5厘米左右，围绕坑底的土台镶嵌成头端大、足端小的石棺。在棺外填土以前，为防止石棺向外倾倒，往往用一些长宽约20厘米的石块在外面顶

---

① D. C. Graham, An Archaeological Find in the Chiang Region, *Journal of the west China Border Research Society*，Vol.XV, 1944，曾有报道；近年其地亦时出土此类墓中的铜器。

住。一般石棺侧面用两块或三块石板，以视石板长短和石棺的大小而定；两端各一块，棺上盖以石板，其数目亦视石棺大小而定，通常是四块到六块不等①。由于顶板是一块压住一块往上盖的（其方法与现在建房盖瓦相似），为使顶板与侧板上端紧密接合，还在侧板上打出一级一级的凹口，作成阶梯状，使其与顶板相衔接。再者，由于石棺的四边石板是竖立在底部土台的周围，故石棺的实际深度小于石板的高度（图三；图版贰，1）。棺下无底板，尸体和随葬品均直接置于生黄粘土上。葬毕后即将原掘出的土填入，不加夯筑。由于原土土质疏松，故在发掘中往往难于看出明显的墓圹。又因石棺构造紧密，除顶板损坏者外，棺中由外渗入之积土甚少。

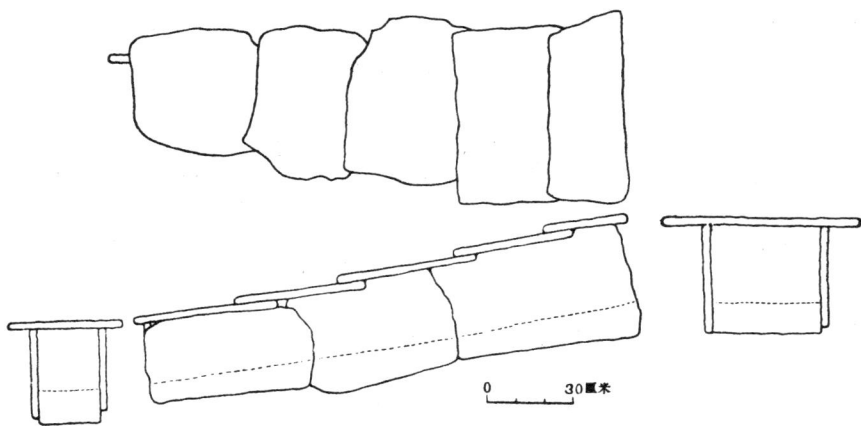

0　　30厘米

图三　SZM3石棺结构

---

① 郑德坤在其《理番石棺葬文化》（ The Slate Tomb Culture of Li-Fan ）一文中，将石棺复原成由六块整石板构成的长方石箱，见《哈佛大学亚洲研究学报》（ *Harvard Journal of Asiatic Studies*, June, 1946, P.64, fig.1 ），我们在调查中所见到的石棺墓数以百计，但绝未发现此种类型者。

石棺一般长度在2.1—2.2米左右，头端宽90、足端宽60、高70厘米左右。孩童墓较小，一般视其年龄及身躯大小而定。

石棺墓中亦有带副棺者，如SZM1A和SZM1B，从盖板表面看为一棺，但揭开后则为两座石棺，SZM1A为主棺，紧靠其左壁又附带建造了SZM1B，两棺中间共一石壁，每一棺中埋尸骨一具（图版叁，1、2）。此外，我们在龙袍砦调查时，据社员反映，这里的石棺也有在棺头部另隔开一室以放置陶器的，但在这次调查中尚未见到此种情形①。

墓葬分布密集而杂乱。且偶有互相叠压打破的情况，如SZM109之足端压着SZM110之顶端约5厘米，而SZM110又压住SZM111之顶端约46厘米（图四），故我们推测当时地表恐无封树或其它标志。

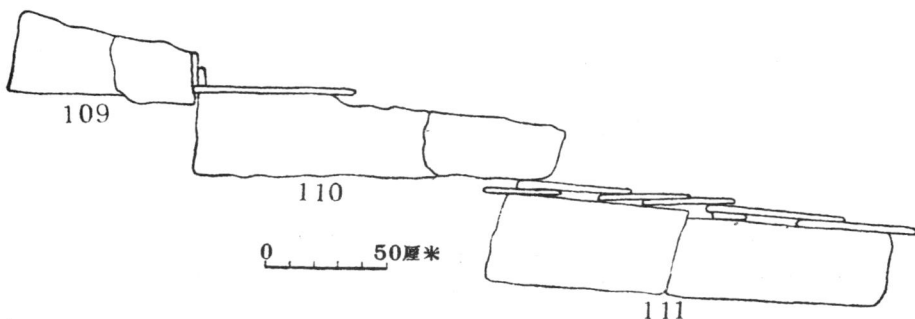

图四　SZM109-111叠压情形

第二类石棺的构造是四边用不同石料、大小厚薄也不等的石块砌成。石棺长方形，顶盖和两端用较大的石板。SDM2、SLM1两墓

---

① 唐山石棺墓中亦有作隔室者，但在棺尾，与此略异。参见安志敏：《唐山石棺墓及其相关的遗物》，《考古学报》1954年第7期。

属于此类。棺的深度与棺壁的高度相等。SLM1棺底先铺一层细砾石，砾石上再铺一层白沙。SDM2底部仍为生黄土，但不留出土台。SLM1为全部石棺中之最长者，其下部已崩坍，残长2.74米，宽仅容身，只0.54米左右，深约1米，估计其原来长度当在3.5米左右（图五）。其次是SDM2，长2.5米，宽0.95米，深0.7米。

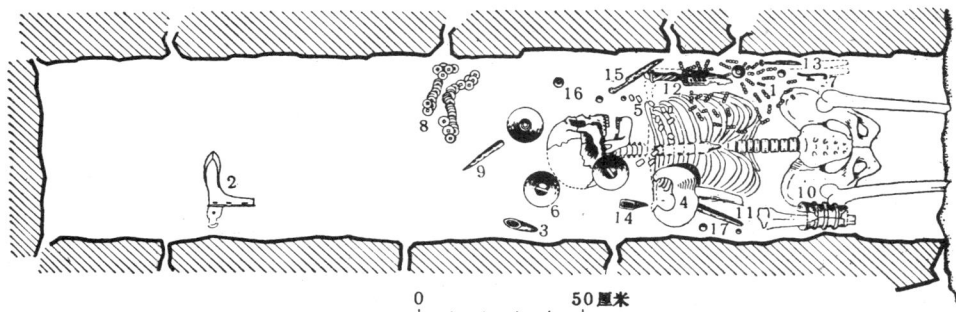

图五　SLM1平面图

1. 铜连珠钮　2. 铜戈　3. 铜钺　4. 金银项饰　5. 琉璃珠、珉玉珠　6. 铜盉斝座　7. 铜带钩　8. 铜半两钱　9. 铁矛　10. 银臂韝　11. 铜剑　12. 铜柄铁剑　13. 铁刀　14. 铁斧　15. 铁刀　16. 铜扣　17. 铜泡饰（此外尚有野猪牙3件、骨饰1件未绘）

砌棺壁的石块之间并无泥浆粘合，但拼凑紧密，轮廓平直。现在藏、羌两族人民砌石墙仍然沿用此法，由此可以窥知砌石技术在本地确有着悠久的历史[①]。

据现在所知，此类石棺墓，仅限于汶川境内，且与第一类石棺墓并存；理县境内之石棺，则均属于第一类。此种情况，也可能是由

---

① 本地居民用石块起砌房屋、碉楼的高超技术，史籍早有记载，见《后汉书·南蛮西南夷传》中的《冉駹夷传》。今羌族人民建造高达十余丈的石碉楼，即《后汉书》所言的"邛笼"。

于原料的限制所致，因汶川县境内不出板岩。

石棺墓的葬式，可分仰身直肢葬、二次葬和火葬三种，而以第一种为主。

仰身直肢葬可分二式：

Ⅰ式　双手平直伸于体侧。属于此式者有汶川萝葡砦发掘的SLM1（图五）、SLM2、SLM3（图六）三墓，理县龙袍砦发掘的SNM1墓基本上亦属此式（图七；图版贰，2）。

Ⅱ式　骨架仰卧，双手自肘以下向上弯曲，交叉于胸前，故尺骨、桡骨总是压在肋骨上。理县子达砦之仰身直肢葬全属此式（图八；图版壹，2），即SZM2—3，SZM101，SZM104—105，SZM108，SZM110—112等九墓（见墓葬登记表）。

二次葬：石棺内骨殖零乱，且多置于石棺之一端。有的上、下身重叠，股骨与腓骨、胫骨压在胸前，股骨上端几与肱骨齐平，尸骨全部堆在棺内仅长70厘米的地段上，不到石棺长度的一半，如SZM106（图九）。有的骨架已全部错乱，关节接合处全已分离，似将骨殖杂乱置于棺中者，如SZM1A和SZM1B。此种情况，似亦属二次葬。属于二次葬的还有SZM7、SZM102—103、SZM109等。

火葬：理县子达砦之SZM202—203两墓，棺内仅有零碎烧黑之残骨一堆，系经火烧后再行埋葬者。

此外，SDM1—2、SZM4—6、SZM107、SZM201等七墓或因扰乱或因骨架腐朽过甚，故葬式不明。

石棺墓之方向，多视自然山势而定，即头朝山顶，脚向河谷，

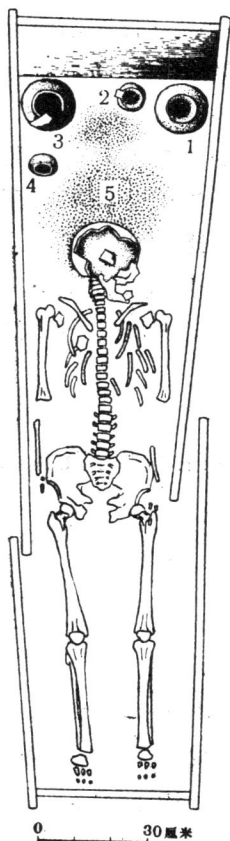

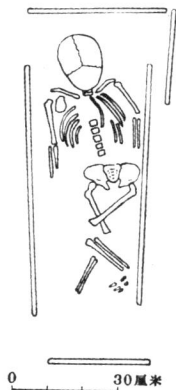

图六　SLM3平面图　　图七　SNM1平面图　　图八　SZM108平面图　　图九　SZM106平面图

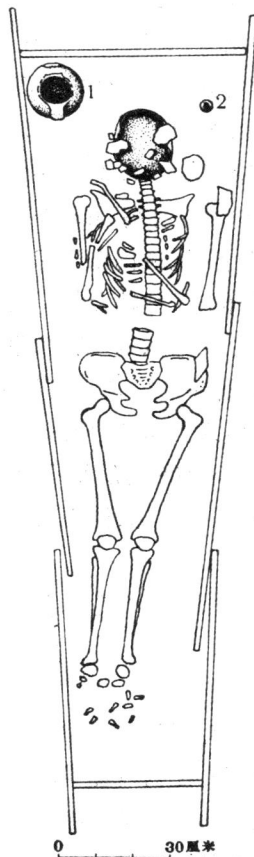

1、3.高颈罐　2.单耳杯　　　　　　　　　　　　　1.I式双耳罐　　1.I式双耳罐　2.陶纺轮
4.篦形器　5.粮食遗痕　　　　　　　　　　　　　2.泥杯形器　　3.泥杯形器

在同一葬区以内，颇为一致，差异大多在15度以内。如子达砦的
二十三座墓，头向大多数是北偏西60度和73度；其它六座，头向大多
在北偏东15—30度之间。

　　石棺多依山势略向下倾斜，其倾斜度从5度到25度不等。

　　29座石棺墓中，除SDM1—2、SZM112、SNM1四墓外，余均有随葬品。随葬品的放置和组合，在理县及汶川两地略有不同。理县子达砦的石棺随葬品简单，多半是一件双耳罐（或单耳罐），置于石棺头端的左角或右角，纺轮或泥杯形器多置于双耳罐侧，然亦有置于脚端者。在SZM2—3、SZM102—103、SZM105—108、SZM111等九墓中，尸体从头到脚均裹以麻布，有红色、黑色两种。汶川萝葡砦之SZM2—3各有四件陶器，均置于头顶。SLM2有双耳罐、盂形器、碗、高颈罐各一件；SLM3有高颈罐二件，单耳杯、簋形器各一件。SZM3的一件高颈罐（SZM3：1）中，似盛有某种肉汤，罐内壁中部尚留有一圈脂肪结成的干垢，罐底有一些碎骨。单耳杯内亦有碎骨，可能同样盛了某种食物。在SLM3墓棺底上端还洒了一层粮食，尸骨的头部及肩部即躺在这层粮食上面（图六）。在发掘的墓中出金属器及装饰品者仅SLM1一墓，这些器物大都依其用途和生前佩带的位置而放置的（图五）。

　　由于气候干燥，石棺内人骨均极为枯脆，稍加触动即成粉末，有的仅余粉末痕迹，故难于收集。唯一比较完整的是SZM109的幼儿颅骨，年龄7岁左右。SLM1的骨殖保存较好，但颅骨已碎，牙齿十余枚，磨损程度甚深，推测系一男性老年（50岁以上）。

二、随葬器物

（一）陶器

陶质可分细泥灰陶、细泥黑陶、细泥红陶、夹砂红陶四种。细泥陶土质细腻，经过淘洗，夹砂陶则用一种白色石英粒作为羼和料。陶器大部轮制，器底和器耳系另外制作后再接上的，接缝抹平；少数纯系殉葬用的小罐则用手制。陶器以素面最多，纹饰有宽带形旋纹、斜十字纹、悬垂三角纹、半月形压印纹等数种。细泥灰陶和细泥黑陶火候甚高，表面打磨光滑；细泥红陶火候很低，出土时多破碎或表层剥落。

器形单纯，仅有双耳罐、单耳罐、高颈罐、篼形器、单耳杯、碗、盂形器、纺轮、泥杯形器等。

1. 双耳罐　双耳罐是石棺墓中最普遍和富有特征的陶器，共十五件，可分三式。

Ⅰ式：10件。口缘成椭圆形，唇外侈，鼓腹，平底，双耳从口沿弧转下接器腹。高10—15厘米。有细泥灰陶和细泥红陶两种，素面居多。标本SZM107：1较小，高10.5、口径6.7、腹径9.8、耳宽2.5厘米（图一〇，1）。SZM3：1腹部有一圈半月形压印纹（图一〇，2）。SZM102：1通体磨光，但在腹部留有一圈宽约1.2厘米的粗糙陶面，再在其上仔细地磨出一排斜十字纹，而保留原来的粗糙陶面作为衬底，构成一新颖的纹饰（图一〇，3；图版肆，1）。

Ⅱ式：1件（SLM2：1）。体高，矮圈足，耳与I式同。腹部有由糙面磨成的三角纹一圈，宽约2.4厘米（图一〇，4；图版肆，2）。据现在所知，Ⅱ式罐仅出于萝葡砦，其形制酷似一高颈罐而加上双耳者。高颈罐也仅出于萝葡砦，而往往与Ⅱ式双耳罐同出。Ⅰ式或Ⅱ式系先后承袭的关系，抑系地域上的区别，现在尚不明了。

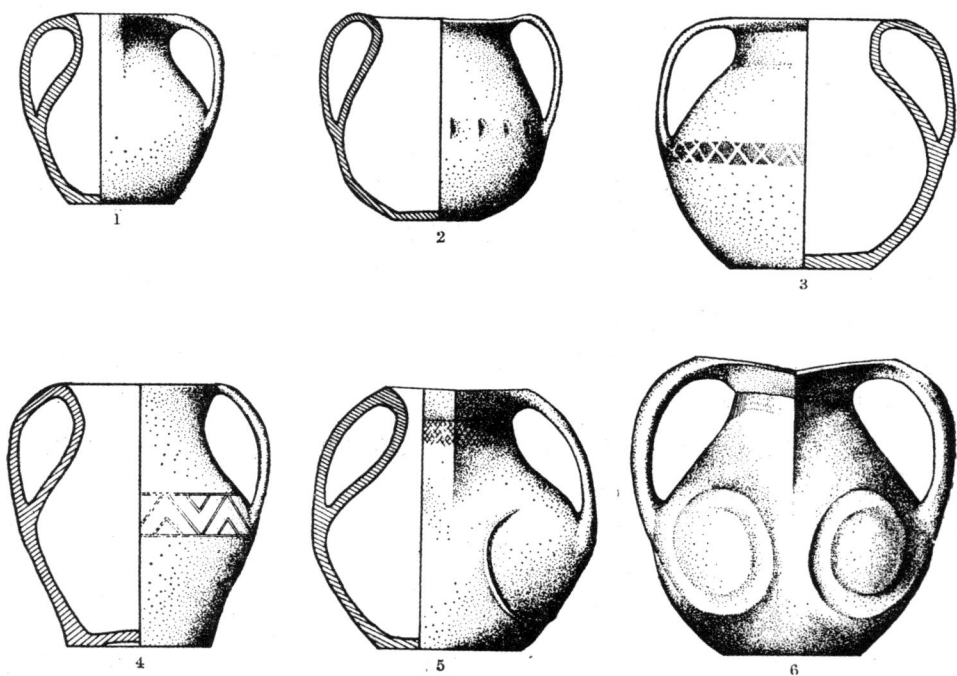

图一〇　陶双耳罐（1/4）
1—3. Ⅰ式（SZM107：1，SZM3：1，SZM102：1）　4. Ⅱ式（SLM2：1）
5、6.Ⅲ式（SZM101：1，SZM201：1）

Ⅲ式：4件。侈口，口缘近耳处往外突出，与耳部垂直之两端锐收，俯视成一尖核桃形。细颈，鼓腹，除SZM101：1为平底外，余三件底部均向内微凹，双耳甚宽，由口沿弧转下接器腹，再由接合处顺势向内划出相对的两圈宽带形旋纹装饰，造型匀称美观。每边器耳上有1—3个圆形凹窝作为装饰，或在耳上作两条垂直宽带纹，颈部有一圈网状划纹，如SZM101：1（图一〇，5）；还有在颈部作一圈极细的垂直划纹，如SZM201：1（图一〇，6）。此式陶罐均为细泥黑陶，表面打磨光亮，轮制，火候甚高。此式双耳罐大小差别较大，标本SZM101：1较小，高15.4厘米。在大布瓦砦收集的一件，高达33厘米（图版肆，3）。其中可能还有铜制的，如A.J.库普《中国早期铜器》一书图版第46所收的一件，形制与此完全相同[1]，想为此地所出。

按此式双耳罐，从未见于其它地区，与上二式的器形作比较，III式可能是从I式发展而来的一种特殊形式。

2. 单耳罐　共2件。唇外侈，短颈，鼓腹，平底。单耳较宽，由口沿下接器腹，均细泥红陶，素面。SZM105：1轮制，口径10、腹径12.7、高10.5、耳宽4厘米（图一一，1；图版伍，3）。SZM1A：1手制，口径7.4、腹径9、高9.5、耳宽3.5厘米（图一一，2；图版肆，4）。

除上述的双耳罐和单耳罐以外，据过去的报道，尚有三耳罐和四耳罐[2]，不过我们在调查收集和清理中均未见到。

3. 高颈罐　3件。轮制，素面，形近似而稍有不同。SLM3：1细泥灰陶，侈口，卷唇，鼓腹，平底。口径12、腹径19、高22.5厘米

---

① 参见 Albert J.Koop，*Early Chinese Bronzes*，London，1924，P1.46，高27.9厘米。
② 参见李绍明：《四川理县发现许多石棺葬》，《文物参考资料》1955年7期。

（图一一，3；图版伍，1）。SLM3：3细泥红陶，较修长，直唇，口径10.5、腹径14.5、高19厘米（图一一，4）。SLM2：4细泥灰陶，底部微内凹，口径8.5、腹径12、高16厘米（图版伍，2）。

4. 簋形器　1件（SLM3：4）。敛口，唇微侈，斜肩，鼓腹斜收下接圈足。细泥红陶，轮制，素面。口径7、腹径10、通高8.5、圈足高1.8、圈足径7厘米（图一一，5）。

5. 单耳杯　1件（SLM3：2）。敞口，唇外侈，口缘下微内收成斜肩，鼓腹，平底。单耳从器口接于器腹。泥质灰陶，轮制，素面。口径9、高6.2厘米（图一一，6）。

6. 陶碗　1件（SLM2：3）。敞口，唇微敛，浅腹，腹壁斜收，至近底处垂直。夹砂红陶，手制，素面。口径11.6、高4.8厘米（图一一，9）。

7. 盂形器　1件（SLM2：2）。敛口，唇微侈，斜肩，腹壁斜收接于平底。夹砂红陶，手制，素面。口径7.7、高5.3厘米（图一一，7）。

8. 小罐　1件（SZM104：1）。唇微侈，短颈，鼓腹，平底。细泥红陶，手制，素面。此器火候甚低，似为明器。口径3.3、腹径4.4、高4厘米（图一一，8）。

9. 纺轮　3件，形状不一。SZM106：2横断面略成扁平之截顶圆锥形。细泥红陶。底径5.6、厚2、孔径0.8厘米（图一一，11）。SZM111：4作半球形，上有凸弦纹两道。泥质红陶。底径3.7、厚1.1、孔径0.5厘米。孔中残留有白色朽木灰（图一一，10）。

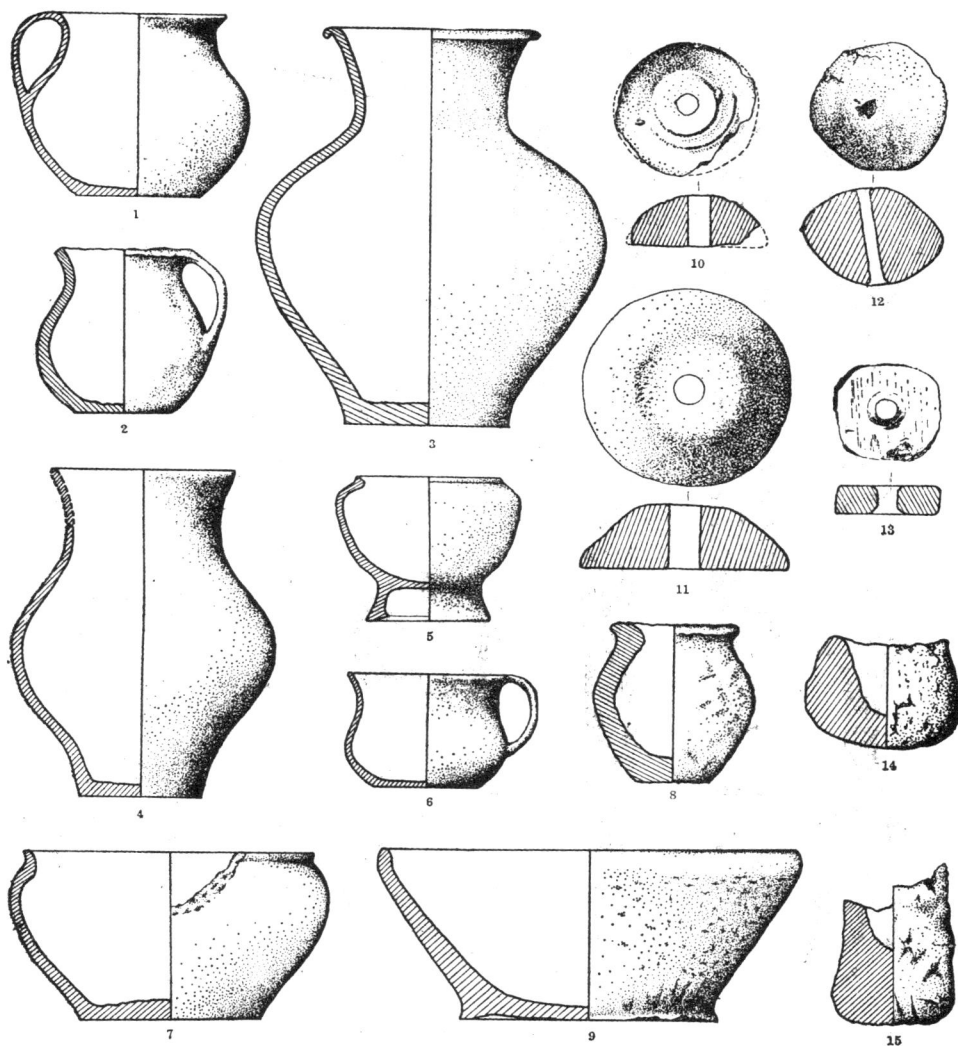

图一一 陶器（1—6.1/4，其它1/2）

1、2.单耳罐（SZM105：1，SZM1A：1）3、4.高颈罐（SLM3：1，SLM3：3）
5.篮形器（SLM3：4）6.单耳杯（SLM3：2）7.盂形器（SLM2：2）8.小罐
（SZM104：1）9.碗（SLM2：3）10—12.纺轮（SZM111：4，SZM106：2，SZM1B：2）
13.石纺轮（龙袍岩残墓采集）14、15.泥杯形器（SZM1A：2，SZM111：3）

SZM1B：2两面凸出，横截面略成菱形。细泥红陶。制造粗拙，火候甚低。径4、厚3、孔径0.4厘米（图一一，12）。

此外在龙袍砦残墓中采集了一件石制纺轮，板岩磨制，圆盘形。中孔系从两面钻透。直径3、孔径0.5、厚0.8厘米（图一一，13）。

10. 泥杯形器　共13件，均出在子达砦，略成圆柱形，顶部有一凹洞，略如小杯（图一一，14、15）。直径3—6、高1.5—3厘米不等。杯形器系用黄土捏成，制作极为粗糙，有的未经焙烧，有的仅低温烧过，在子达砦的墓葬中为一常见的随葬品，多者二枚，少者一枚，甚至有单以此物殉葬者。作用不明。

（二）金属器

除特别注明者外，均出于SLM1墓中。出土情况详图五。

1. 武器和工具

（1）铜剑　1件，置于右肩侧。剑首圆形，茎上有两道凸起的圆箍，中脊隆起，腊平斜而无明显的边刃。长40.5厘米（图一二，3）。

（2）铜柄铁剑　1件，置于骨架左侧。铁刃腐蚀严重，残长40厘米左右。铜剑柄长10.2厘米，剑首作半圆形，柄上铸螺旋形凸纹，便于把握。剑格甚长，铸有条纹和方格（图五）。此外在龙袍砦残墓中亦曾采集一铜剑柄，柄上铸有突起之小圆点。剑柄中空，系用两范对合铸成，并有内范。长8.5厘米（图一二，2；图版陆，1）。近三十年来，四川省博物馆及四川大学历史博物馆、四川省民族事务委员会搜集甚多，但均仅存铜柄（图版陆，2—4）。铜柄铁剑是石棺葬中的特征器物，其铜柄部分为本地所铸造，这是可以肯定的。长城地带虽然也出土不少铜柄铁剑，但柄的形制与此完全不同。至于铁刃，估计铁材可能是由汉族地区输入，而且可能是在接受了汉族的冶铁技术之后，在本地铸造的。

（3）铜戈　1件，出土在棺底上部靠右。长胡三穿，援略向上昂，长方形内，内上一穿。长21.6厘米（图版陆，7）。

（4）铜钺　1件，置于头骨右上部，出土时立置。刃成半月形，略斜收接于銎部，近銎处有四道弦纹，弦纹下有一排悬垂三角纹。长12.3厘米（图版陆，6）。成都西南民族学院文物陈列室在茂、汶地区采集有陶范一件，与此钺的样式完全一致，故此钺当系本地制造。

（5）铁斧　1件，出于颅骨右侧，锈蚀严重，但其銎部上端尚完整（图五）。

（6）铁矛　2件。一件出SLM1骨架颅顶上部，短骹，骹刃无显著之分界。长18.5厘米（图一二，5）。另一件自龙袍砦残墓中采集，长骹宽刃，刃部略成菱形，骹长占全长1/2强。长30厘米（图一二，1）。

（7）铁刀　2件。一件出骨架左侧，全长18厘米（图一二，4）。一件（或称削）出自骨架左肩侧，环首。全长14厘米（图一二，6）。

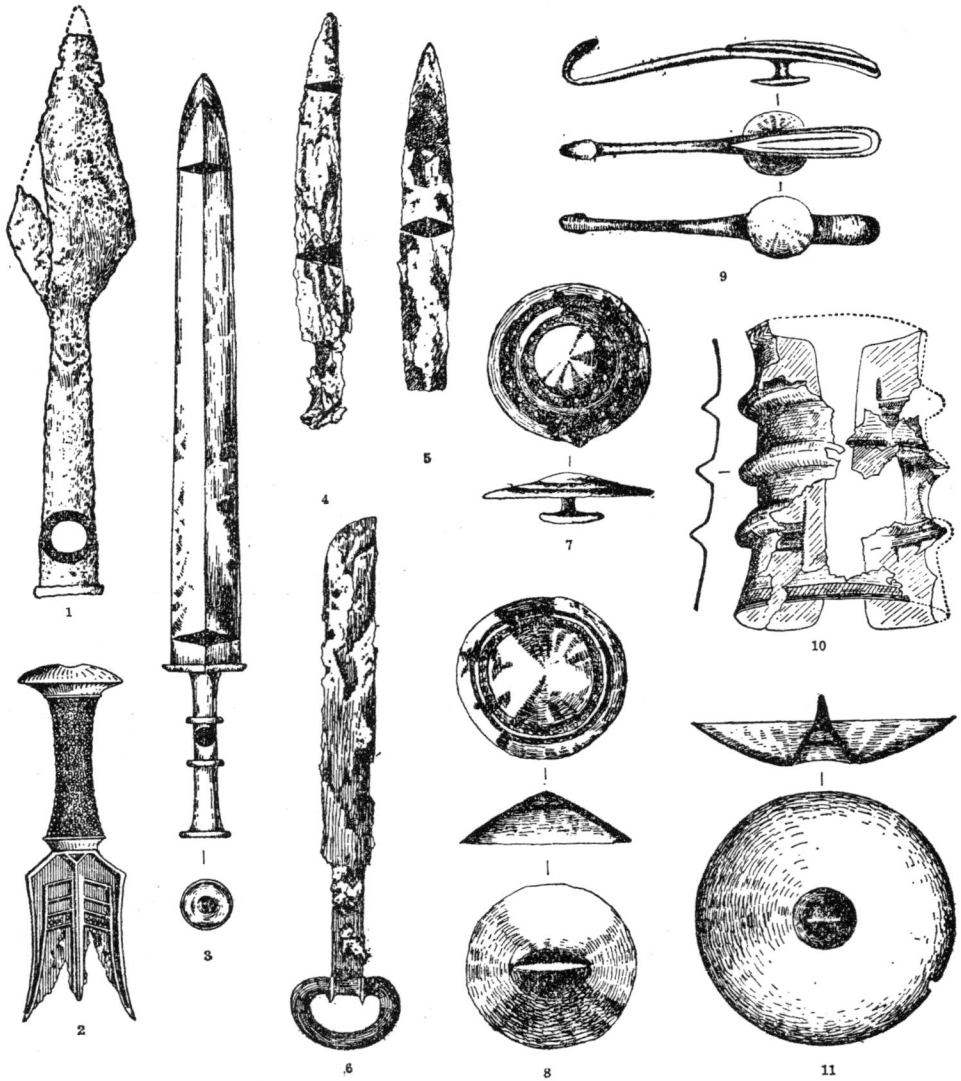

图一二　铜、铁、银器（1—5.1/4，6—9.1/2、10、11.1/3）

1.铁矛（龙袍砦残墓采集）　2.铜剑柄（龙袍砦残墓采集）　3.铜剑（SLM1：11）

4.铁刀（SLM1：15）　5.铁矛（SLM1：9）　6.铁刀（SLM1：13）　7.铜扣（SLM1：16）

8.铜泡饰（SLM1：17）　9.铜带钩（SLM1：7）　10.银臂韝（SLM1：10）　11.铜盉斧座

（SLM1：6）

（8）铁锯片 残长7.5厘米。

以上各种铁器，均与四川西汉初期墓葬中所出者形式相同。又在骨架的两侧发现锈蚀过甚的残铁块多块，不辨其形状，可能是工具或兵器之类。

（9）铜连珠钮 出骨架左侧。有三连钮和四连钮两种形式。出土时的排列情况是，钮的正中是一铜泡，四连钮从中心朝四周辐射，三连钮，环列于四连钮的边缘。从排列情况推测，可能是盾的饰物（图一三）。此外，在龙袍砦残墓中亦曾采集一枚三连钮（图版陆，9）。

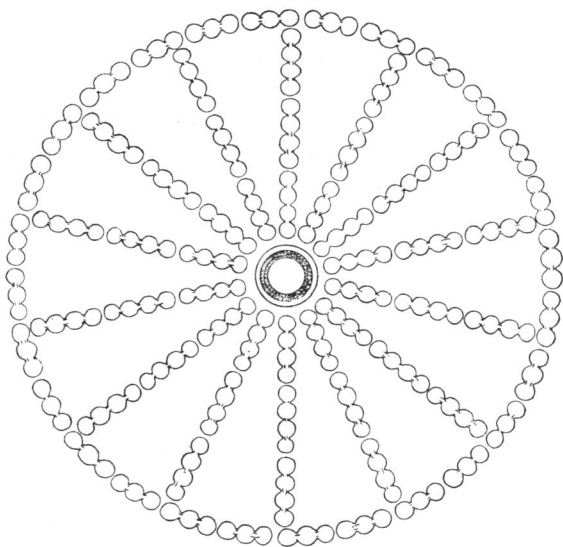

图一三 铜连珠钮（SLM1：1）"盾饰"复原图（1/4）

连珠钮是盾饰的推测如果可以成立，则盾大约为革制，故已全朽无痕。此种连珠钮亦可增强盾的受击力，是以装饰而兼实用者。按唐樊绰《蛮书·南蛮条教》云："罗苴子皆于乡兵中试入，故称四军苴子，戴光兜鍪，负犀皮铜股排，跣足，历险如飞。"《新唐书·南诏传》作"戴朱鞮鍪，负犀革铜盾而跣，走险如飞。"清《四库全书》本已指出"光兜鍪"之"光"，当为"朱"字之误[①]，而"犀革铜盾"，我们认为当即"犀皮铜股排"，因既是"犀皮"，又何以称为"铜盾"？自当以"犀皮铜股盾（排）"为正。此种"铜股"也可能与此铜连珠钮饰的盾相似。"罗苴子"当为现在的彝族，约百年前彝族的皮盾，其上的纹饰尚有作此种母题者（即圆形辐射）。

（10）铜盔旄座　共3件，一在颅顶部，二在两侧，圆形，座中央有圆柱突起，上套一小铜环，可能是系旄用者；座背底部有一圆凹，中横一栓，其用途当为便于将其系于兜鍪或帽上。直径9.7厘米（图一二，11）。

（11）银臂韝[②]　戴于骨架右腕上，长10.5厘米。银片厚仅1毫米且压有凹槽饰，其内可能原制有皮革，但完全朽腐无痕（图一二，10）。

2. 服用器

（1）铜扣　大小共4件，出土时散置于骨架上部两侧，直径4.3厘米。可能是衣甲上者（图一二，7）。

（2）铜泡饰　大小7枚，也可能是衣、带上的装饰（图一二，8）。

---

① 参阅向达《蛮书校注》卷九，中华书局，1962年。
② 按此类具近来在考古工作中颇有发现，而报道时所给之名称不甚一致，今宜正名为"韝"或"臂韝"。《史记·滑稽列传》："髡岸韝鞠䐡"。徐广曰："韝，臂捍也。"又《汉书·东方朔传》："董君（谓董偃）绿帻傅韝。"韦昭曰："韝形如射韝，以缚左右手，于事便也。"师古曰："韝即今之臂韝也。"按射韝当著于左手，今此在右臂，是兼装饰及护臂作用。

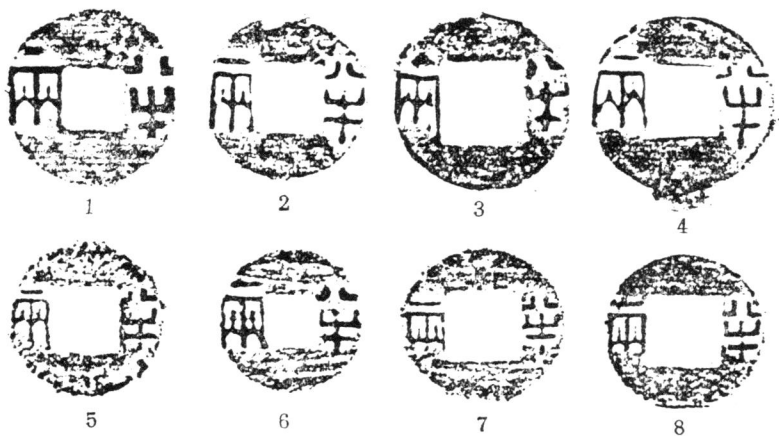

图一四 铜钱（原大）
1～4.八铢半两 5～8.四铢半两

（3）铜带钩 1件。出土于骨架腰部。全长8厘米（图一二，9）。

（4）铜牌饰 于龙袍碥残墓中采集，形如一展翅之枭。近身处有二穿，背面一穿，似附属于某种衣物上之饰物。长4.7、宽5厘米（图版陆，8）。

（5）金银项饰 出SLM1骨架项下右肩上。上面一层为金质薄片，下面一层为银质，中间夹以皮革，形如新月，在其两端各有二小孔，可能是便于系带戴于颈脖上者（图版陆，5）。

3.铜钱 共发现半两铜钱131枚，出SLM1颅骨上部。为了慎重起见，我们请了几位精于鉴定古钱的同志共同研究。大家认为，这批半两钱包括吕后八铢半两和文帝四铢半两两种，其中四铢半两45枚，余均为八铢半两。我们挑选其中有代表性的各4枚（图一四），分别测定其直径、重量如下（表一）：

表一

类别	八 铢 半 两					四 铢 半 两				
标本号	1	2	3	4	平均值	5	6	7	8	平均值
直径（毫米）	27	24	27	27	26.26	22	21.5	23	23	22.38
重量（克）	3.85	3.20	3.25	2.75	3.26	1.60	1.85	2.10	1.55	1.78

此外，在龙袍砦残墓中亦采集到半两铜钱一枚，径2.7厘米，接近八铢半两。

表二 墓葬登记表

地名	墓号	方向	葬式	随葬器物	备注
萝葡砦	SLM1	头向为北略偏西	仰身直肢I	铜剑1，铜柄铁剑1，铜戈1，铜钺1，铁斧1，铁矛1，铁刀2，铁锯片1，铜连珠钮，铜盔旄座3，银臂鞲1，铜扣4，铜泡饰7，铜带钩1，金银项饰1，半两钱131，琉璃珠，珉玉珠，野猪牙3，骨饰（或工具）1，残铁块若干	残墓（下部已崩去）
同上	SLM2	北偏东15度	仰身直肢I	II式双耳罐1，盂形器1，碗1，高颈罐1	
同上	SLM3	北偏东25度	仰身直肢I	高颈罐2，单耳杯1，篡形器1	
大布瓦砦	SDM1	北偏东30度	不明		残墓
同上	SDM2	北偏东30度	不明		残墓

续　表

地名	墓号	方向	葬式	随葬器物	备注
龙袍碥	SNM1	北偏东15度	仰身直肢 I	有残陶片数块	残墓
子达碥	SZM1A	北偏西60度	二次葬	单耳罐1，泥杯形器1	
同上	SZM1B	北偏西60度	二次葬	I式双耳罐1，泥杯形器2，纺轮1	
同上	SZM2	北偏西60度	仰身直肢 II	I式双耳罐1	尸骨下有红色麻布痕迹
同上	SZM3	北偏西60度	仰身直肢 II	I式双耳罐1	人架从头到脚均用黑白二色麻布缠裹
同上	SZM4	北偏西60度	不明	有残陶片数块	残墓
同上	SZM5	北偏西75度	不明	泥杯形器1	
同上	SZM6	北偏西70度	不明	有残双耳罐碎片	残墓
同上	SZM7	北偏西70度	二次葬	有残陶片数块	残墓
同上	SZM101	北偏西73度	仰身直肢 II	III式双耳罐1，泥杯形器1	
同上	SZM102	北偏西73度	二次葬	I式双耳罐1	有黑色麻布痕迹
同上	SZM103	北偏西73度	二次葬	I式双耳罐1	有黑色麻布痕迹
同上	SZM104	北偏西73度	仰身直肢 II	小罐1	
同上	SZM105	北偏西73度	仰身直肢 II	单耳罐1，泥杯形器2	有黑色麻布痕迹

续 表

地名	墓号	方向	葬式	随葬器物	备注
同上	SZM106	北偏西73度	二次葬	I 式双耳罐1，纺轮1，泥杯形器1	尸骨下有麻布碎片
同上	SZM107	北偏西73度	不明	I 式双耳罐1	尸骨裹以黑色麻布
同上	SZM108	北偏西65度	仰身直肢 II	I 式双耳罐1，泥杯形器1	尸骨下有麻布痕迹
同上	SZM109	北偏西73度	二次葬	I 式双耳罐1，泥杯形器2	
同上	SZM110	北偏西73度	仰身直肢 II	有碎陶片数块	残墓
同上	SZM111	北偏西73度	仰身直肢 II	I 式双耳罐1，纺轮1，泥杯形器2	尸骨从头到脚裹以红色麻布
同上	SZM112	北偏西70度	仰身直肢 II	无随葬器	
同上	SZM201	北偏西60度	不明	III式双耳罐1	残墓
同上	SZM202	北偏西60度	火葬	III式双耳罐1	
同上	SZM203	北偏西68度	火葬	III式双耳罐1	

（三）其它质料的服饰品

1. 琉璃珠　有管状珠、穿孔圆盘状珠和圆形珠三种。前两种发现于SLM1骨架项下附近，大概是一种串联的项饰。管状珠22枚，枚长2.2厘米。穿孔圆盘状珠3枚，珠径约0.7厘米。圆形珠3枚，采于龙袍砦残墓中，径约0.7厘米。此类珠饰均为蓝色，便是所称为"埃及蓝"者。

2．珉玉珠　发现于SLM1中，与琉璃珠共出。形状如管状珠，长1.3厘米。

3．石环　2件。出土于龙袍砦一残墓头骨两侧，可能为饰物。系从板岩薄片上镟下，镟痕清晰可辨。一件外径7.6、内径5.5厘米；另一件残缺，外径6.2、内径4.4厘米。

4．野猪牙　3件。出SLM1，曾经磨制。可能作装饰之用。

5．骨饰（或工具）　1件。出SLM1，近三分之一已破碎，中部有槽，并穿有二小孔。

6．麻布　采集于SZM3墓中，系用以缠裹尸体者。麻线颇粗，但很匀净，在一平方厘米中约有经纬线各九根，已成深棕褐色（图版伍，4）。

（四）粮食作物

发现于SLM3墓中，经四川农学院杨允奎教授初步鉴定为粟稷属（Paniceae）作物。

三、结论

关于石棺墓所经历的年代，现在一时尚难于确定。由每一地区的墓地范围之广大来看，它们不是一个短时期内所葬下的，必定经历一段相当长的时间。这批墓葬的年代，可先从SLM1入手。这墓出有中原或四川地区的金属器物，从推断年代来说，当以半两钱为最重要。SLM1共出半两钱131枚，包括吕后时铸行的八铢半两和文帝时铸行的四铢半两两种。不见秦半两，亦无五铢钱。所以这一墓葬的相对年代不能早过文帝行四铢半两以前的（即公元前175年以前）和晚过武帝发行五铢以后（即公元前118年以后）。其它器物的时代，亦略与之相当，如铜剑、铜戈、铁斧、铁矛、铁刀、带钩等，其形制皆为中原和川中自战国末至西汉初所常见的形式。又此墓中铜兵器与铁兵器、铜工具与铁工具并存，亦与川中西汉初期的墓葬情况相似。所以推测这座墓的入葬年代约在公元前175—前118年之间，大致上是可靠的。

至于其它墓葬的年代，与SLM1可能相去不远。如在龙袍岩一残墓中出土半两一枚，与八铢半两接近。再者，据我们调查和发掘所及，从未见出五铢钱[①]，凡出半两钱的，又都是汉半两。所以整个此类墓葬，当不晚于武帝初年，有的或稍早。四川巴县冬笋坝35号船棺墓中出有双耳罐一件，陶质、色泽、形状与这批石棺墓中的II式双耳罐完全相同[②]，而在冬笋坝墓葬所出的全部陶器中则仅此一例，故就

---

① 在以前的一些报道中，多有言石棺墓中出五铢钱者，但在我们的几次调查和试掘中，均未见过五铢，此种情况，是否将石棺墓与当地的汉代石室墓相混所致，尚不得而知。这一问题，还待将来的详细调查和发掘来证明。但即使其中有较晚的墓出五铢，亦不影响本文推论的大体上的时代。

② 四川省博物馆：《四川船棺葬发掘报告》，72页，图七一，文物出版社，1960年。

冬笋坝来说，当系一输入品。冬笋坝墓35属于该地的中期墓，即相当于战国末至西汉初期的墓。假使它与石棺葬有一些联系的话，它们之间的时代，也应该大体相当。又最近在成都南门外发掘一座战国时期的"巴蜀"墓，墓中出土的一件金项饰[①]，与SLM1出土的金银项饰完全相同，而在"巴蜀式"墓中则属仅见。由此推想，当时西部山区与平原间应有一定的交往。

总之，石棺墓的时代下限是相当明确的，即不晚于西汉武帝初年；其上限现在则尚无法知道。几处墓葬中所出的陶器虽大体上相同，但亦有相当的差别，如泥杯形器是子达砦常见之物，但在他处却不见；高颈罐（包括发掘的和收集的）仅见于萝葡砦。葬式上亦如此，I式仰身直肢葬仅见于萝葡砦，二次葬及火葬仅见于子达砦。此种差异，是否属于时代上、地域上的不同或系我们限于见识上的不足，现在尚难推知。从各地墓地之广大，墓与墓之间又有打破、压叠等现象来看，时间上当有先后。又从墓中全不出石器而言，推测这批墓葬的上限时间可能不会太早，大体上说，恐怕不早于战国末期和秦汉之际。

关于石棺墓的族属问题，因为掌握的资料过少，尚不能作出适当的推断。不过有一点似乎是可以断言的，即它们与现在居于当地的羌族的祖先似乎无关。因自战国后期以来，都记载羌族举行火葬

① 此墓出于成都南关外约两公里的圆通桥附近包家坟坝，系一土坑竖穴墓，其中出土四川"巴蜀时期"的铜兵器和工具多件，报告正在整理中。金项饰亦为金簿片两片，其大小、形状与SLM1中所出者，极为相似。

而不行穴葬。如《太平御览·四夷部》引《庄子》云:"羌人死,燔而扬其灰。"《吕氏春秋·义赏篇》亦云:"氐羌之民其虏也,不忧其系累,而忧其死而不焚也。"《吕氏春秋》这段话虽带有讥讽意味,但由此可知当时羌族人民对"焚尸"的看重。《后汉书》亦说冉駹夷"死则烧其尸"。火葬之俗在此地的羌族中一直保存至清代末年,民国初年以后才逐渐采用汉人的穴葬,但上层头人仍举行火葬。这批石棺墓,绝大部分是土葬,仅子达砦的SZM202—203两墓有火燔的痕迹,但仍照样建一石棺而将焚余的残骨拾而葬之,这可能是受当地羌族的影响。羌族的"焚尸"则不同,各砦中每族都有一焚尸的场所,羌族称之为"火坟",人死后各于其处焚之,典礼十分隆重,以后并不拾其余骨另葬之,故羌族以往无坟地。

现在理、汶一带的羌族也不认为石棺墓的建造者是他们的祖先。他们对这种石棺墓有种种称法,如"徭洞子""徭人洞""矮子坟""嘎尔布""戈基戛钵"等等①。关于这种人的传说颇多,一种传说是,这里原是"戈基人"的住地,羌人迁入后,驱逐了"戈基人"并占有其地。另一种传说是,羌人自远古即居住于此,"戈基人"迁入后,征服了羌人,对羌人的生产、习俗影响很大。后来又与羌人一道击败了其他部族,但不多久,"戈基人"又迁徙到其它地方去了,而石棺即为"戈基人"所遗留下来的坟墓。后一传说,似乎与发掘的

① 按"嘎尔布""嘎钵"等语义不明,不知是否源于藏语"甲尔波"(jelbo),果尔,则为"王"或"酋长"。

情况和史籍记载较为吻合①。石棺墓的建造者（戈基人？）在此地的居留时间不会太长，而所占据的地域亦不甚广阔，似乎是一种突入的民族，其来踪去迹，现在尚不大明了。当他们初来时曾与羌族发生过战斗是可以想象的。解放以前，羌族在过年（过去羌族以农历十月一日为岁首）祭祀时，其端公（巫师）在晚间的法事中有一折，演唱与戈基人战斗的情形，所以戈基人在羌族的印象中是很深的，故在二千余年后犹能忆其仿佛。

　　当西汉初期，此一地带的民族是相当复杂的，据《后汉书·南蛮西南夷传》中的《冉駹夷传》：

　　　　冉駹夷者，武帝所开。元鼎六年（公元前111年），以为汶山郡。……其山有六夷七羌九氐，各有部落。其王侯颇知文书，而法严重。贵妇人，党母族，死则烧其尸。土气多寒，在盛夏冰犹不释，故夷人冬则避寒，入蜀为佣，夏则违暑，返其（聚）邑。皆依山居止，累石为室，高者至十余丈，为邛笼。

　　由上面的记载，可以看出冉駹与现代的羌族有着直接的关系，如"焚尸""入蜀为佣"等习俗，直至解放前尚部分保留着，至今羌族

① 《后汉书·西羌传》说："至（无弋）爱剑曾孙忍时，秦献公（公元前384—公元前360年）初立，欲复穆公之迹，兵临渭首，……忍季父卬，畏秦之威，将其种人附落而南，出赐文河曲西数千里，与众羌绝远，不复交通。其后子孙分别，各自为种，任随所之。或为犛牛种，越巂羌是也；或为白马种，广汉羌是也；或为参狼种，武都羌是也。"这段记载如近于事实的话，那末，在公元前四世纪时，羌族已经达到四川以西各地区了。

地区，仍可见到各砦的巨大碉楼（邛笼）自半山高插云表。至于"六夷、七羌、九氐"等部落，当然已无从考见了。石棺墓的建造者有可能包括在此之中，但也有可能当汉武帝设立汶山郡时，他们已经离开此一区域了。

以石棺墓的建造及其中所出的器物而论，它与北方草原地带可能有点关系。石棺墓的建造，东自辽、吉平原，西至新疆，其间都有间断的发现。以石板建筑的形式而言，以辽宁赤峰、河北唐山等地的石棺与此地者最为相似。虽在这一辽阔的地区内石棺墓的时代各有不同——上可自西周而下至战国[①]——其间恐怕不能没有一些关系，这是一个值得探讨的问题。

石棺墓中最为普遍和最为特征的陶器双耳罐，似与甘、青或陕西地区的同类陶罐有一定的历史渊源。如陕西客省庄第二期文化中的双耳罐[②]，青海都兰县诺木洪搭里他里哈遗址所出的I式双耳罐[③]与此地的Ⅰ式双耳罐均已十分近似，而三地所出的单耳罐亦大致相同[④]。特别是Ⅲ式双耳罐口沿俯视成尖桃核形，平视成马鞍形，而椭圆形之

---

① 关于东北、内蒙石棺墓的时代，根据安志敏同志的推测，唐山小石棺早于西周，赤峰红山后第二期文化石棺早于战国，吉林延吉小营子、吉林西团山均为战国，总之，这都是汉代以前的遗存。见安志敏：《唐山石棺墓及其相关的遗物》，《考古学报》1954年第7期。
② 中国科学院考古研究所：《沣西发掘报告》，图三九，4；图版叁壹，6、8、10等，文物出版社，1963年。
③ 青海省文物管理委员会、中国科学院考古研究所青海队：《青海都兰县诺木洪搭里他里哈遗址调查与试掘》，《考古学报》1963年1期，图一五，10；图版伍，5、8。
④ 青海省文物管理委员会、中国科学院考古研究所：《沣西发掘报告》图三九，4；图版叁壹，1—5，文物出版社，1963年。中国科学院考古研究所青海队：《青海都兰县诺木洪搭里他里哈遗址调查与试掘》，《考古学报》1963年1期，图一五，5；图版伍，3。

马鞍口式双耳罐则为寺洼文化的典型陶器之一。夏鼐同志推测其与此地的双耳罐不无一定的关系，是十分可能的①。又此地的高颈罐，与寺洼山和客省庄第二期文化中所出的同类陶罐也十分相似②。

以金属兵器而论，铜柄铁剑是此中最典型的兵器，而铜柄铁剑似乎是汉代北边若干少数民族中所常用的一种武器。1956年在辽宁西丰县西岔沟曾发现一批，报告的作者认为属于"匈奴文化"。铜柄的样式虽有些不同，但其制造技术大体上则是相同的③。又西岔沟所出的"小铜斧"，亦与SLM1所出的铜钺近似④，相类似的铜斧，也出于沈阳附近的郑家洼子和抚顺附近的大伙房⑤。此虽时代较早，其间亦当有渊源关系。连珠钮是长城地带很通行的服饰⑥，而在龙袍砦残墓中采集的一铜牌饰，与内蒙古出土的所谓"鄂尔多斯式"铜牌⑦为同一风格。他如铜泡饰、琉璃和石制珠饰等亦多见于长城以及东北地

---

① 夏鼐：《临洮寺洼山发掘记》，《考古学论文集》43页，科学出版社，1961年。陕、甘、青地区，自新石器时代晚期以后即盛行一种大耳陶罐，所称为"安弗拉"式者，其样式及变化虽多，其间大概都有一定的联系。

② 中国科学院考古研究所：《沣西发掘报告》图三九，4；图版叁壹，4等，文物出版社，1963年。并参见《甘肃古文化遗存》，《考古学报》1960年2期。

③ 孙守道：《"匈奴西岔沟文化"古墓群的发现》，《文物》1960年8—9合期，26页，图2—3。

④ 孙守道：《"匈奴西岔沟文化"古墓群的发现》，《文物》1960年8—9合期，27页，图8上，小铜斧。其中的小"铜圆泡"亦相同，见所附图版，34页，10。

⑤ 沈阳市文物工作组：《沈阳地区出土的青铜短剑资料》，《考古》1964年1期，45页，图一，13；孙守道、徐秉琨：《辽宁寺儿堡等地青铜短剑与大伙房石棺墓》，《考古》1964年6期，282页，图七，7。

⑥ 吉林省博物馆：《吉林江北古城子古文化遗址及石棺墓》，《考古学报》1957年1期，图版肆，7。又如《内蒙古文物资料选集》，1962年，图版叁拾的138铜饰，亦为类似的东西，其他如江上波夫、水野清一《内蒙古长城地带》，1935年，118—119页，图69的连珠钮并同。

⑦ 参看《内蒙古文物资料选辑》图版贰贰及贰肆等。

区①。

显而易见，石棺墓的建造者所表现的文化，其中虽杂有很大一部分汉族的东西，其带有极清晰的北方草原地区文化的色彩，也是极为明显的。所以，他们可能原系青海、甘肃东南部的一种部族，大约在战国或秦汉之际，因种种原因而南下留居于此。在这里又受到川西一带的汉族的影响，如其中所出的半两钱，有许多可能是当时四川所铸②。他们受羌族文化的影响似尚不显著，只有少数"火焚"的痕迹可能与羌族文化有关。

从另一方面讲，这一文化在西南方面影响也是很大的。巴县船棺墓中的双耳罐，成都平原战国墓中的金项饰，前已提及；他如云南晋宁石寨山、安宁太极山古墓群中所出的四十多件铜柄铁剑，其中除一部分装上滇族特制的金鞘以外，其铜柄及铁剑的样式与石棺墓中所出的完全一样③。晋宁的铜柄铁剑，仅出于第II类型的墓葬中，可能是由北方传入的，其时代较这批石棺墓为晚。晋宁M13出土的一件贮贝器上铸有立体人物一周，其中有一组四人，首二人皆挽长形髻直贴于脑后，留须，着短窄称身之衣，窄袖长过手，窄长裤至足背，佩长剑。此外，M13又出鎏金扣饰一件，上铸二人（青年）执盘而舞，服

---

① 例如吉林江北石棺墓中之白石管，见《吉林江北土城子古文化遗址及石棺墓》，《考古学报》1957年1期，图版肆，6。

② 按西汉初各地列侯及豪强得自铸钱，《史记·佞幸传》：蜀"邓氏钱布天下"，想当时四川民铸之钱必多，其中亦可能有流入此间者。

③ 云南省博物馆：《云南晋宁石寨山古墓群发掘报告》，文物出版社，1959年，108页，共出土48件，图版壹零零。又云南省文物工作队：《云南安宁太极山古墓葬清理报告》，《考古》1965年9期，图版肆，8。

装佩剑与上二人同，当系同一民族①。按留须和窄长的衣裤，均非西南少数民族的习俗，而西北气候较寒地区的游牧民族中，多有着此种装束者。其所佩的长剑似为铜柄铁剑，因青铜剑鲜有如此窄长者（又晋宁出土之青铜剑均为短剑）。铜柄铁剑传入云南也可能与此种人有关。他们与石棺墓的建造者有没有关联，现在还不能断言，但不是没有可能的。例如晋宁出土的金和铜"臂甲"②与SLM1出土的银臂鞲是同类的东西，直到解放前，当地彝族人民仍沿用皮制的臂鞲。晋宁出土的许多小金饰片，均带有强烈的所谓"鄂尔多斯"风格③，想不为无因了。川康之间的横断山脉，历来为南北民族过往的通道，秦汉之间有若干部族自北南下，亦是可能的事。综上所述，均足以成为我们探求其间文化联系的线索。

石棺墓的建造者大概是畜牧兼农耕的民族。《后汉书·南蛮西南夷传》中的《冉駹夷传》言其地"土地刚卤，不生谷粟麻菽，唯以麦为资，而宜畜牧。"大概是纪实的。此地高寒，全靠农业是不能维持生活的，当时可能系以畜牧为主而辅以农业，故出土陶罐中往往有肉骨的残存，而萝葡砦SLM3墓底上尚撒有一层粮食。服装的样式无从得知，其质料大概与从前的羌族一样，系一种粗麻布，不过羌族尚

---

① 云南省博物馆：《云南晋宁石寨山古墓群发掘报告》，文物出版社，1959年，图版肆染；图版陆捌，1。

② 云南省博物馆：《云南晋宁石寨山古墓群发掘报告》，文物出版社，1959年，图版壹零叁，3—4。

③ 云南省博物馆：《云南晋宁石寨山古墓群发掘报告》，文物出版社，1959年，图版壹零伍中的各种"兽形金片饰"，若置之长城地带同类的饰片中，几不能区别。

白，其衣着皆白色①。石棺葬的人们可能用其它颜色，SZM3刚开棺时尸衣尚可见红、白、黑；SZM2、SZM102、SZM103、SZM105、SZM106、SZM107、SZM108、SZM111等墓中均发现红黑二色的麻布痕迹。

从各墓殉葬品的丰俭看，贫富（或者等级）分化已显著，其中多者金、银、铜、铁、陶器皆备（可能是部族酋长之类），少者仅粗制的小泥杯形器一件，但皆得到同样的石棺建筑，并皆同葬于共同的墓地，可能他们尚处在一种父系家长制阶段。

石棺墓的发现至今虽有数十年的历史，也是此地区内最重要的遗迹，但对它的研究尚处在开始阶段，因所掌握的材料有限，并且还有几处集中地区情况不明，如绵虒对岸的墓葬区，上孟乡的墓葬区等，均未经过科学的观察，以上所提出的一些问题，不过是初步的探索，是否正确，尚待将来的发掘来证明。

附记：本文系将前后两次调查和清理的材料综合叙述，此项搁置了已久的工作得以初步完成，主要是得到四川大学科研处、四川大学历史系以及理县、汶川县领导同志的大力支持，并承四川大学资料室协助绘图，四川省博物馆协助照相，均特致谢忱。

（与童恩正合著，原载《考古学报》1973年2期）

① 参见《明史》卷三一一。解放前羌族男女皆衣白麻布，头缠白帕。

图版壹

1. 子达砦第二级梯田内墓葬（SZM102–112）分布情形

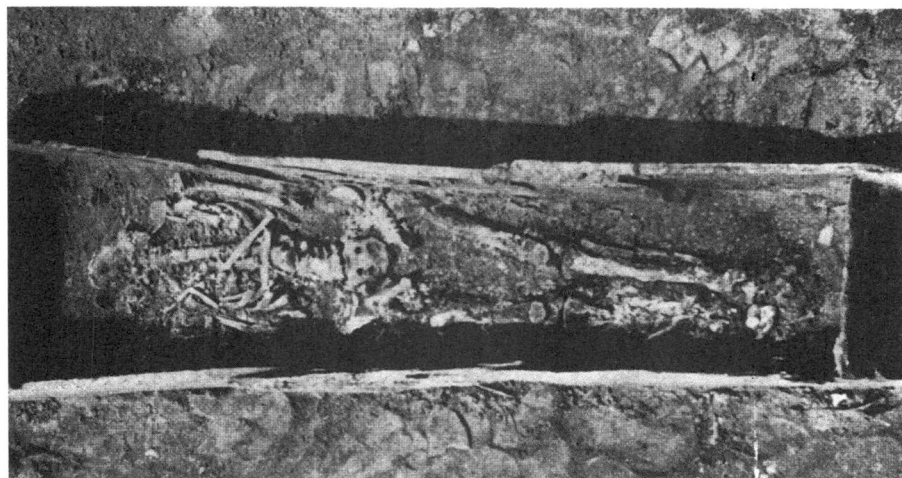

2. SZM108出土情况

图版贰

1. SZM3（左）、SZM2（中）、SZM1A—B（右）排列情形

2. SNM1出土情况

图版叁

1. SZM1A、SZM1B开棺前

2. SZM1A（下）、SZM1B（上）开棺后

图版肆

1. Ⅰ式双耳罐（SZM102：1；约1/3）

3. Ⅲ式双耳罐（大布瓦砦采集；约1/5）

2. Ⅱ式双耳罐（SLM2：1；约1/3）

4. 单耳罐（SZM1A:1；约3/5）

岷江上游石棺葬出土陶器

图版伍

1. 高颈罐（SLM3：1；约1/4）

2. 高颈罐（SLM2：4；约1/3）

3. 单耳罐（SZM105：1；约1/2）

4. 麻布（SZM3出土）

岷江上游石棺葬出土陶器和麻布

图版陆

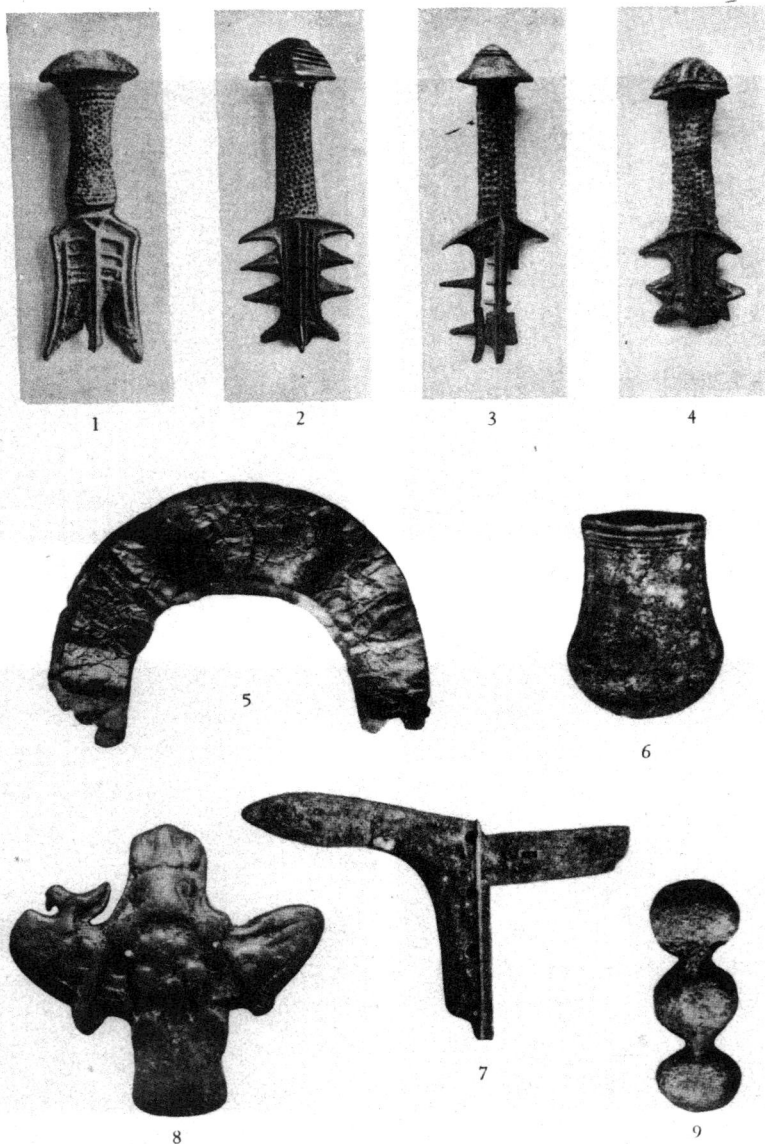

1—4. 铁剑的各式铜柄　5. 金银项饰（SLM1：4）　6. 铜钺（SLM1：3）
7. 铜戈（SLM1：2）　8. 铜牌饰　9. 铜链珠钮（1、8、9. 龙袍砦残墓采集，
2. 四川大学历史系博物馆藏，3、4. 四川省博物馆藏；5、7. 约1/3，6. 约1/4，
8、9. 原大）

岷江上游石棺葬出土器物

关于"楚公豪"戈的真伪并略论
四川"巴蜀"时期的兵器

　　《文物》1959年12期上登载了湖南省博物馆从废铜中拣选出的铜戈一件，此戈形制颇异，其内上有"楚公豪秉戈"铭文。高至喜同志根据郭沫若院长对"楚公豪钟"的释文，断定"此戈大约也是西周末年时的"，并言"这无疑是一件研究楚国早期兵器和文字的一件重要资料"。

　　于省吾和姚孝遂两先生则根据此戈的形制、铭文等，举出六项理由证明此戈及其上的铭文均是伪作，并说："我们完全有理由可以肯定，'楚公豪戈'的铭文是伪造的。从戈本身的形制、银饰来看，器物本身也当是伪制的。"[①]其论证甚为精核。不过此戈既非"楚戈"，更非殷戈，亦非中原地区西周时期的戈。细察此戈的形制，乃系四川所谓"巴蜀"时期的戈。此戈本身当系真品，其内上的铭文或

---

① 于省吾、姚孝遂：《楚公豪戈辨伪》，《文物》1960年3期。

系后来的伪制。

　　按此类的戈近来在川西一带发现颇多，其形制主要为：援作等边锐三角形，援的后部有一较大的圆穿，援与内相接处作弧形。内上的穿有者作梭形，但亦有作斜方形者，均距援甚近。于省吾、姚孝遂两先生认为"凡此种种，都与一般勾兵的形制不符"，故断定所谓"楚公豪戈"的本身亦系伪造。此乃系以中原地区戈的形制以律其他地区的戈，而实际上亦或不尽然。有一种"蜀戈"的形制则正是如此。如最近在彭县濛阳镇所发现的几件戈中，其中即有如此者。其他如近几年来在川西发现的戈当中，亦有作此种形制者。如认为"内"上穿距"援"过近，致使受柲的部位过于狭窄，而其处又作弧形，不便装柲。殊不知此种戈内上的穿系梭形或斜长方形，并且细长，纵使柲将穿掩去一半，甚或三分之二，系柲之绳索亦能从穿中绕过，而系着更紧，因其留有"让性"故也。再者援的后端甚宽，援后端的两穿往往在"内"的界线之外，故纵使系柲之绳（或革）不通过内上之穿，亦可将戈牢系于柲上。总之，虽然我们不能确切知道当时此种戈的柲是如何装置法，但当时的此种制作，必有其一定的用意。

　　又如援上的圆斑，亦为于、姚两先生认为"是伪造的显证"。不过此类蜀戈上往往有此种装饰，不仅限于此戈。例如重庆市博物馆所藏的一戈即是如此（图版图7）。最近发现的此类的戈，其上亦有圆斑的，但多因在土中腐蚀过甚而不甚明显。至于此类圆斑当时系如何制成，是否是银质，因尚未经化验，不得而知。不过此类圆斑为当时戈上所原有的一种处理，并非经入土后而后显，则是很显然的。

　　总之，我认为"楚公豪戈"的本身是真品，而且是"蜀戈"的一种。其时代约为自西周后期至战国前叶，即至秦灭巴蜀时为止。因为自秦举巴蜀以后，此类的戈即不多见于川西的墓葬中。至于上面的铭文，则可能如于、姚两先生所说，系后来所伪刻。或者贾人将此戈携至外省，见其形制特异，故伪刻铭文以求善价，亦未可知。

　　在解放以前，四川出土的铜勾兵往往流入外省，而收藏家以其形制既异，又莫知其所从来，往往定为殷器或周器，或名以戟或戳，其实皆为四川巴蜀时期戈类的兵器。再者，已往凡是四川出土的古代器物而带地方色彩者，均以"巴蜀式"称之，但巴蜀在古代为二国，从古代的记载来看，它们在文化上亦应有相当的区别，但在出土的器物中，何者为"蜀式"及何者为"巴式"，则不能得其详。建国以来因考古工作的巨大发展，巴、蜀时期的器物出土日多，且多经过科学的发掘，对于巴蜀时期的器物，亦能略加区别。兹将其中主要的兵器略加论列如后，以供研究者参考。

　　按自西周初至秦举巴蜀以前，当时蜀国的主要兵器当为戈与矛，钺少见，而剑则至后期方有之，形制上亦与"巴式"剑异，纹饰亦不同。蜀戈的形制，大致上可分为五式：

　　Ⅰ式：长援无胡，两穿，内上有一小圆穿。此式戈为比较早期的戈，其形制与中原殷、周时期的戈略同（图版图1）。

　　Ⅱ式：援稍变宽短，无胡，两穿，援的后部有一小穿，内上的穿成梭形或圆形。此种戈较Ⅰ式为略晚，较Ⅲ式为略早，实为一种过渡形式（图版图3、5），Ⅰ、Ⅱ两式的戈，其上一般均无纹饰。

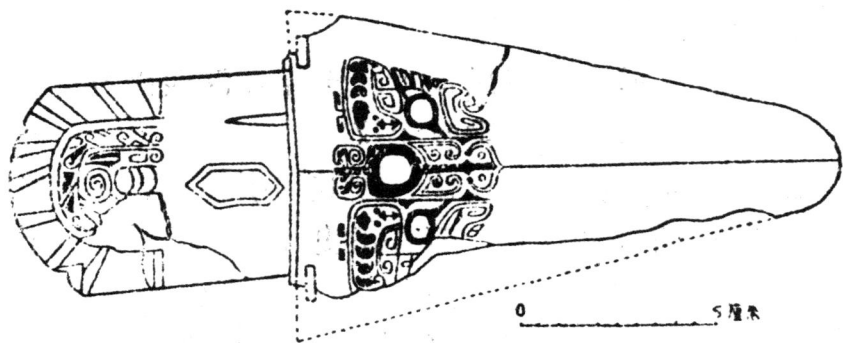

图一　Ⅲ式戈（成都羊子山M172出土）

Ⅲ式：援作锐三角形，无胡，两穿，援后有一大穿，内上的穿多作斜方形，援与内间的格微作弧形（图版图6、7）。此类戈上的纹饰除有圆斑纹外，亦有铸繁缛的花纹的（图一）。所谓"楚公豪戈"即属于此式。此式戈的时代，一般属于西周后期至战国前期。

Ⅳ式：援狭长而直，中有显著的脊，直通于后部的大穿，穿隆起颇厚，无胡，两穿，内上的穿多狭长（图版图2）。1957年成都南郊古墓葬中出土的一戈，即属于此式（图二，1）。此式戈的时代约与Ⅲ式同。

Ⅴ式：援部狭长而直，中有脊，至后部下垂为长胡，胡末端向后突出一牙，以便嵌入柲中。援后部伸出两翼，三穿，内上有小圆穿。此类戈的援及翼上多铸有纹饰，为蜀戈中之最精及最特异者（图版图4，图二，2、3）。其时代亦与Ⅲ式略同。此类戈中亦有变式，如1957年成都南郊所出的一戈，长胡三穿与此同，惟无翼及援后不向上突出，想系一种过渡形式（图二，4）。

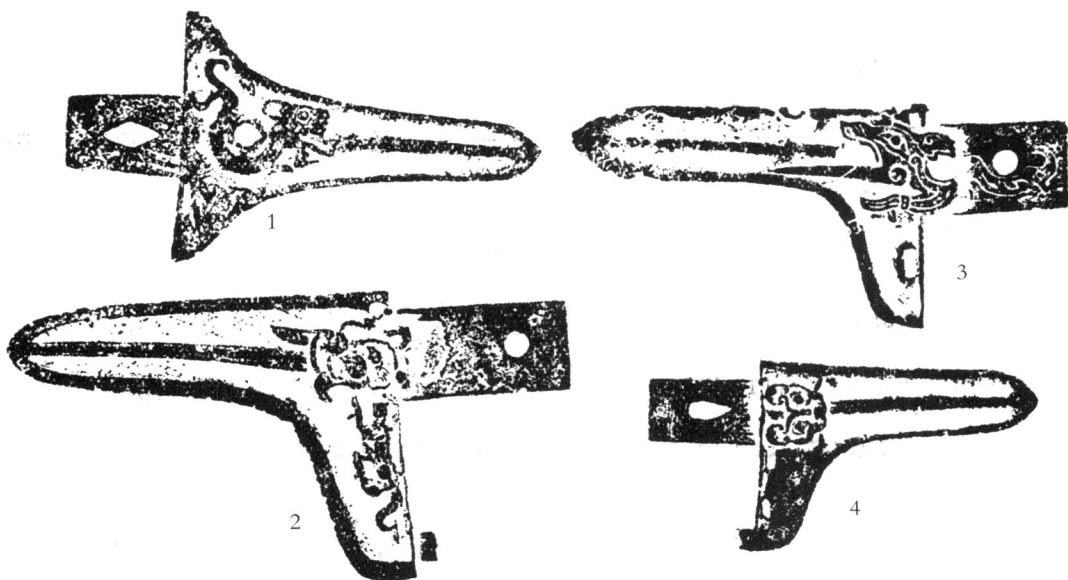

图二 铜戈

1. Ⅳ式戈（1957年成都南郊墓葬中出土） 2-4. Ⅴ式戈（2.四川博物馆成都征集；3.1956年新都县三合场出土，收购；4.1957年成都南郊墓葬中出土）

此五种形式的戈，均出于川西地区，其他处未见有发现，仅Ⅲ式戈在陕西宝鸡有少数出土。所以我们认为这些戈都是蜀戈，大概是当时蜀人的主要兵器，故其样式特别多。

巴人早期的兵器，至现在尚无所知，现在确切知道为巴人的兵器，均属于战国时期。战国时期巴人的戈，均为长胡三穿，与此时期中原的戈无异。但戈非巴人的主要的兵器，故出土亦少。此时期中巴人的主要兵器为剑与钺。"巴式"剑的形制亦颇异，大致作柳叶形，长30厘米左右，中有脊，腊上铸所谓"虎皮"斑纹，剑身宽广，斜肩，扁茎无首，茎上有两穿，接木柄甚长，有的几及剑身之半，肩以上铸或刻所谓"手心"纹及虎形纹（图版图8）。此类的剑颇多流出外省，鉴赏家多目为"异形"剑，或视为"夏"代剑，其实皆为"巴式"剑，时代亦甚晚[1]。四川战国晚期及秦汉之际的船棺墓和狭长形土坑墓中均出之。

"蜀式"剑与"巴式"剑大体上相似，但甚短、狭而厚重，扁茎与剑身几不可分，亦无首。茎上亦有两穿，亦系作为装木柄者（图版图9）。蜀式剑上一般均无纹饰。

巴人的主要兵器除了剑之外，尚有钺，较剑尤为普遍。钺身平面为圆形或椭圆形，三面作刃，一面上出为銎，銎甚长而深，作椭圆形。銎身的中部两侧伸出作肩，但銎亦有作桶形者，在发掘中工作人员亦称之为"烟荷包"，因其形有似以往四川农民所用之"皮烟袋"形。钺上无纹饰，仅有极少数在其上刻有一两种类似文字的花纹。此类铜钺出土极多，在解放后的发掘中，凡是巴人的墓葬中必有之。因其出土量多，又制作粗朴，故不为收藏家所重，亦少有流出外省而见诸著录者。

此乃"巴""蜀"兵器的大概情况。至于矛，巴与蜀均有之，形制上亦相似，仅其上的花纹略异。此大概因矛在形制上变异有限制，故其演变不显著，但大体上与中原的矛相似。蜀人似不甚用钺，故发

---

[1] 例如清陈经《求古精舍金石图》收有夏青铜匕首一件；周纬《中国兵器史稿》114页第二十五图，亦收为"夏代铜剑"。按此器纯为巴式剑，仅花纹模写失真，又《兵器史稿》第三十一图版，周代丁种铜剑（扁平细茎无腊无首之铜剑），其中之"3"纯为巴式剑，"4"则可能为蜀式剑，又第四十四图版："5"，亦为巴式剑，其上且有"手心"纹、虎形纹，但周氏认为系"战国时所铸糙面天然花纹之吴越名剑"。

现甚少。最近在彭县濛阳镇出土铜器群中发现有两件铜钺，形制甚大，长约35厘米，宽约20厘米，中空，铜质颇薄。其他尚未有类似此种铜钺的发现。

以上系仅就巴蜀时期的主要兵器而言，但到了战国后期，以上所述的"蜀式"兵器，在川西一带（古蜀国的疆域）绝少出土，而"巴式"的兵器——剑与钺则出土甚多，揆其原因，大概秦灭巴蜀时，蜀人因文化较高，抵抗甚剧，其统治阶级大概在秦人的压迫下，多迁往云南，如《史记·三代世表》后有褚先生曰："蜀王黄帝后世也，至今在汉西南五千里，常来朝降输献于汉。"司马贞谓褚先生为腐儒，谓其"引蜀王霍光竟欲证何事？而言之不经，芜秽正史"。言蜀王固然与"三代世表"的关系不大，不过大概当褚少孙之时（元、成之间），蜀王的后裔尚存在，常来朝贡于汉，褚先生或常亲见之，故特为之记。其言"至今在汉西南五千里"，以其方位及远近推之，约当今云南大姚、姚安一带。张守节《史记正义》以为"蚕丛国破，子孙居姚嶲等处"，似为近之。又越南的古史传说中亦有蜀王子王安南之事（安阳王）。由是可知秦灭巴蜀后，蜀人的统治阶级的南迁者想必多。故自是之后，"蜀式"的兵器，即少在川西一带出土。

秦之伐蜀，表面上是助巴的，但秦人贪巴之利，灭蜀以后，即设计"虏其王以归"，而巴人并未加以强烈的抵抗。秦灭巴以后，对巴人始终采取笼络政策，巴人因之亦大概乐为秦用。以事实推之，秦人可能利用一部分巴人武装来镇压蜀人，这也许就是自战国后期至西汉初年在川西一带发现有许多墓葬中出纯"巴式"兵器、铜容器及陶器的原因，它们应均是巴人的墓葬。不过自西汉初年以后，所谓"巴式"的兵器也完全绝迹了，而为纯汉式的兵器所代替。或者秦灭巴蜀之后，迁来中原的大批移民，当时的巴族、蜀族与汉族交往接触，在一百余年之中，互相融合，因之，地方性的色彩也完全消失了。

（原载《文物》1961年11期）

图版　四川巴蜀时期的兵器

1. I 式戈（1960 年彭县蒙阳镇出土）

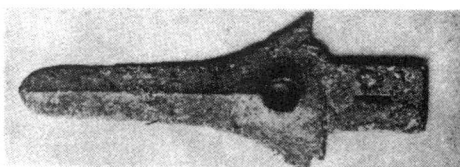

2. IV 式戈

3. II 式戈（1960 年彭县蒙阳镇出土）

4. V 式戈

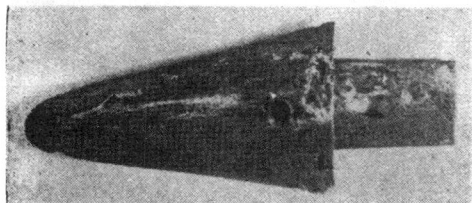

5. I 式戈（1960 年彭县蒙阳镇出土）

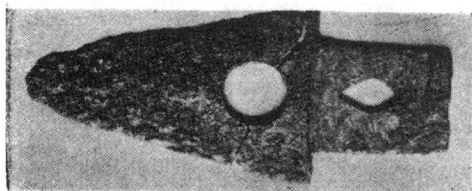

6. III 式戈（1956 年成都西郊出土）

7. III 式戈（成都收集）

8. 巴式剑
（巴县冬笋坝出土）

9. 蜀式剑
（成都出土）

四川古代的船棺葬

　　船棺葬是1954年6月，前宝成铁路文物保护委员会在四川昭化县宝轮院及前西南博物院在巴县冬笋坝同时所发现的一种墓葬。两处共发现完整的船棺5具（宝轮院4具，冬笋坝1具），其它有船棺痕迹的并由墓坑、葬式及随葬品等可以推知其为船棺者，一共有26墓（宝轮院9墓，冬笋坝17墓）。以发现的数量及地域而言，已足证明它是一种特殊的葬法，所以"船棺葬"这一名称，我们认为是可以成立的。

　　在宝轮院及冬笋坝两处所发现的船棺葬，无论从墓坑的形制、葬具的样式、随葬品的种类及其在棺中排列的方式上言，大体都是相同的。所以在这里将其合并叙述，借以说明这一种特殊墓葬的性质。

一、昭化墓葬区

　　昭化县的船棺墓，是在宝轮院街镇后靠西北的一个三级河阶上。第三级河阶（即最高一级）高出河床约10米，北面依山，山名横梁子，其下即清江河床。清江系白水河的支流，在安昌坝与白水河合流。白水河流至土基坝时入于嘉陵江。土基坝相传为古葭萌故址。宝轮院为现在昭化县人民委员会所在地，川陕公路及宝成铁路均从其处经过，为一交通要道。西南距剑门关约30、东南距旧昭化县城约10、北距广元县城约25公里。

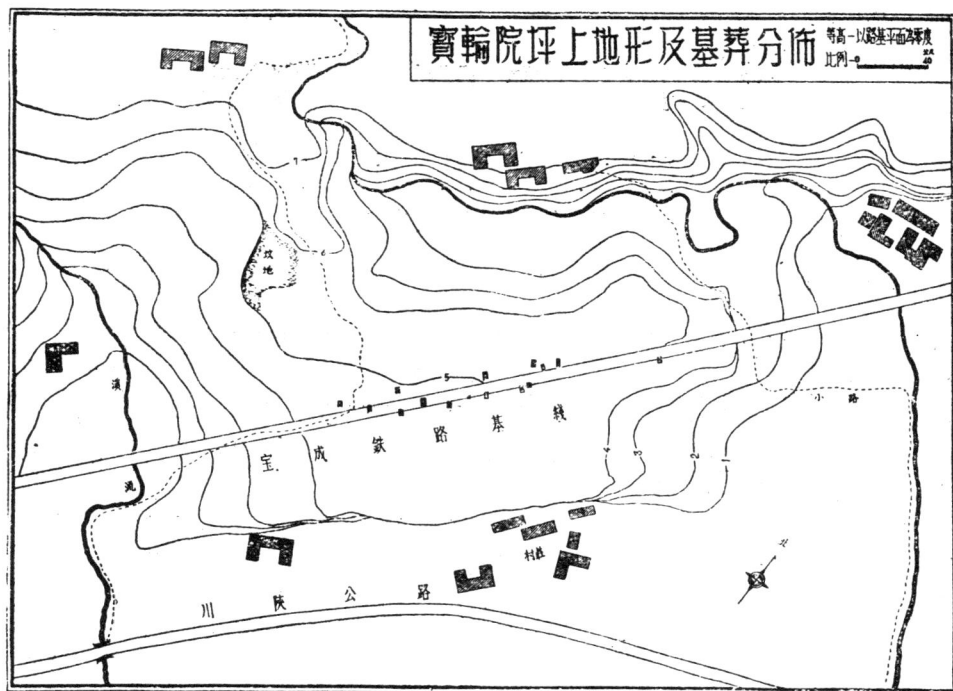

图一　宝轮院坪上地形及墓葬分布图

这一段三级河阶，当地人称为坪上，长约340，宽约140米（图一；图版壹）。宝成铁路从台阶的第三级与第二级之间经过，路基须自台阶的表面下掘5—6米，所以好像开了一条300多米长的大探沟，把路基内的墓葬全部都显露出来了。此次一共清理了完整的及半完整的（为工程所挖残者）墓葬15座，其中有9座为船棺墓、2座木椁墓，另4座葬具不明。据推测，路基两旁此类墓葬尚多，凡是路基两边的斜坡上有水渗出处，其后不远必有墓葬。因墓坑内多有积水（此亦或为船棺能保存的原因之一），而路基将土方掘去成一深沟，墓坑中的积水即向此方徐徐渗出。当时因恐影响筑路工程，未予探掘，故清理工作仅限于路基内所显露的墓葬。

参加这次清理工作的，先后有石光明、杨有润、于豪亮、沈仲常、熊洪淮、张彦煌、陈久恒、罗恒光等同志。

二、冬笋坝墓葬区

冬笋坝在巴县第一区长江的北岸，东距重庆市60公里。长江流至此地时转向东北流，故冬笋坝两面濒江，对岸即綦江与长江合流处。全坝高出河床约40，长约1000，最宽处约400米，是长江北岸的一个河阶台地。成渝铁路铜罐驿车站即在其下约10米处。

这一台地的积土，其上部已全部被取去3、5米不等。这次清理的墓葬区，是在冬笋坝街镇背后靠西北的一块长约70、宽约35米的地段上（图二）。此地段周围的积土已被取去，上面的土亦被取去3米左右（此系据工人们所说如此），所以墓葬几乎都要显露出来了。在此一小块地段内，第一次共清理了墓葬39座，第二次共13座（此52座墓中有12座系在土台的周围）。土台上的各墓大体上排成三横列，每列相去约3米，每墓之间的距离，在最密集的地方，近者只半米，远者亦不过3米左右，但愈往北则愈疏，墓亦渐少。墓坑皆西向，有的稍偏南或偏北，头部均正对着长江。

在这52座墓葬中，船棺尚保存或部分保存的共有4座。其它以墓坑的形状（狭长形：长与宽的比例约为四与一者），坑底两端有约1米长的隙地（此即船棺头尾两端朽烂后所留的空隙），从随葬品的排列、随葬品的种类及形制、船木的朽烂痕迹等来推断，可以肯定其为船棺葬者有13座（合上述4座共17座）。此外尚有随葬品的种类及其在墓中的排列虽相同，但不能肯定其为船棺葬者13座。其余则为长方形和方形的秦汉墓及东汉砖室墓。

本文所述的范围，仅限于船棺墓葬。至于长方形及方形的秦汉墓葬，只在年代的推断上，或论及它们之间的关系时，偶一及之。

参加冬笋坝两次清理工作的，有王家祐、唐淑琼、杨有润、余德璋、李季方、李志成、陆德良、赖有德、李世芸、熊洪淮、徐君熙、罗恒光等同志。

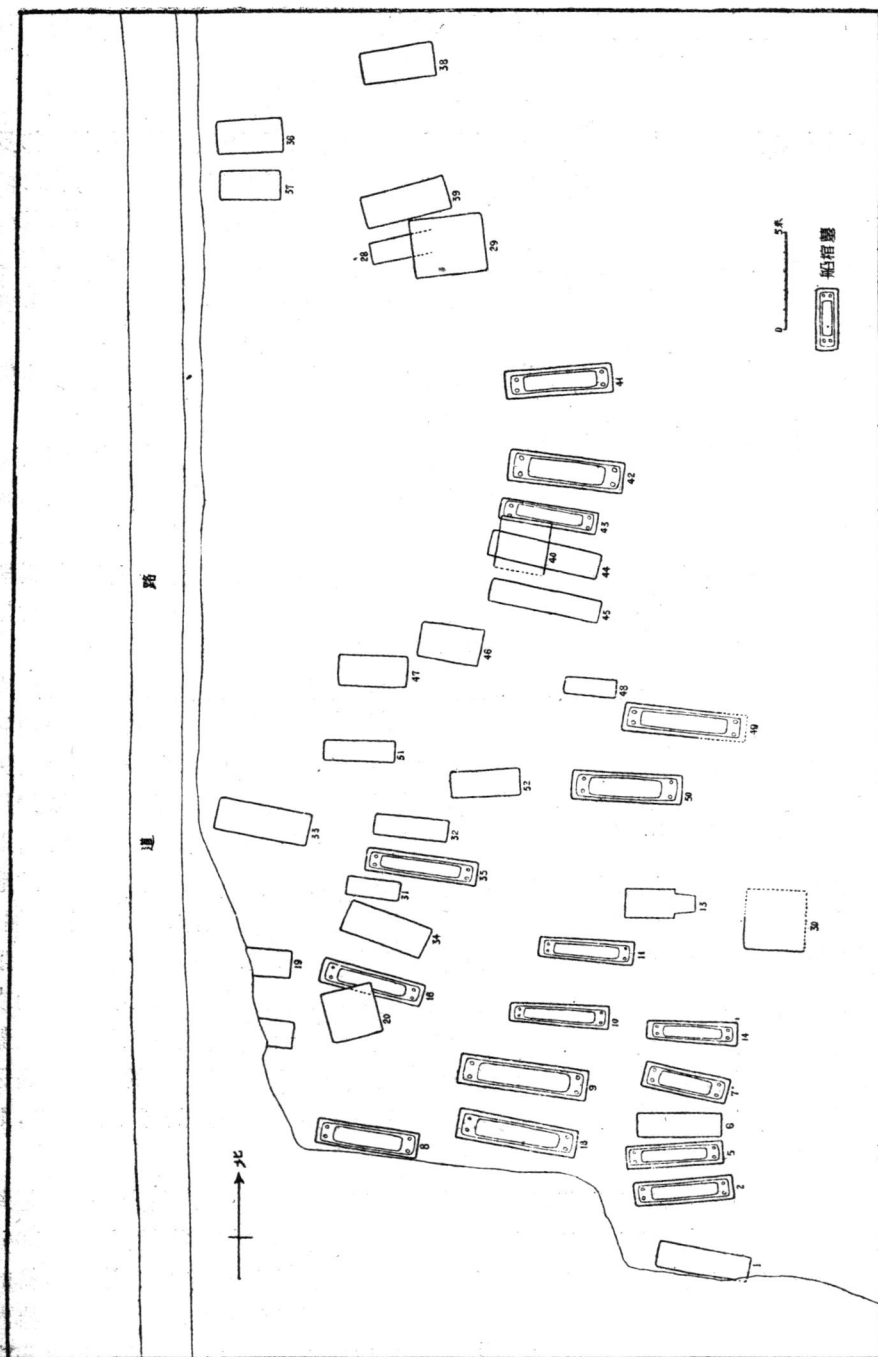

图二 冬笋坝中区土台墓葬分布图

（此土台南北长约100，东西宽约50米，图中仅绘出墓葬区70×35米地段）

三、墓葬形制

墓坑　不论在宝轮院或冬笋坝，船棺葬均系土坑竖穴，坑的大小仅容一船棺，即长约4.5—6、宽约1—1.5米的狭长形土坑。坑的深度，在宝轮院者约在3、4米之间，坑口较坑底略大：在冬笋坝者，因地面的表土已为造砖掘土时取去一层，不能准确地推知其深度，但据当地工人们所说，大致与宝轮院者相等。坑位的纵长方向，在宝轮院者为北向偏西5—25度之间：在冬笋坝者则为西向稍偏北或偏南。两处的墓葬，头部均正对着河流。墓坑的排列相当整齐而密集，尤以冬笋坝者为然。

船棺葬墓坑中的填土，在宝轮院者，均无夯打的痕迹，也比较疏松；在冬笋坝者，少数中有夯打的痕迹。现今在墓上均无封土或其它标志。①

葬具　它的制作，系用长约5，直径在1米以上的大楠木一段，将上部削去一小半，使其略成半圆形，再将中部凿空成船舱状：底部亦稍削平，两端由底部向上斜削使其翘起成船形（图版贰，1、2）。

此种独木舟的大小，从宝轮院及冬笋坝保存的5具完整的加以实测，平均约为纵长5.3，横宽1.05米；舱则恰在船身的正中，平均长约3.9，宽约0.68米（图三）。船的首尾形状相同，首尾两边各凿大孔

---

① 在宝轮院的墓地上，现为水稻田；在冬笋坝亦为农耕地。以墓葬的排列整齐及密集看来，在埋葬时或者是有标志的，不然的话，不能如此密集而不互相打乱。不过此种标志至西汉时代已经不存在了，因为有西汉方坑墓将狭长形墓打乱的现象。

一，可能是系绳下葬用的（图版叁，1）。

以宝轮院的墓葬而言，船棺的用法有二种：第一种只用一独木舟，尸体及随葬品均置于舱内。船舱向岸的一端，置陶器及铜炊爨器，另一端则殓尸体，铜兵器则置于尸体的身旁。骨架均腐朽尽净。在清理中，虽极注意骨架，但在两处除少数墓葬中一端底部发现有少数腐烂的牙齿痕迹以外，其余都不见骨架的痕迹。由于墓中牙齿痕迹的发现，可知尸体在船棺中的位置：在宝轮院者为北向，在冬笋坝者则为西向。至于尸体是如何殓法的，则无从得知；第二种船棺与第一种相同，惟船舱的向河一端另置一小棺，有如内棺外椁的形式（图三）。小棺的制作有两种，一种为一整节楠木所凿成；再一种系板作，由盖、底、两端、两侧的六幅木板所构成。板的结合用穿榫，底与周墙的结合，系在墙下缘内边起槽，以镶合底板。盖板因腐朽的多，已不能推知其原形。棺内殓尸体并放置兵器与随身物品，间或有小型的竹木器。棺外向岸的一端，置陶器及铜炊爨器。在填土之前，船棺上另置一板盖。

以上二种船棺葬法，只系就昭化宝轮院的墓葬而言，至于巴县冬笋坝的墓葬，因保存完整的船棺比较少，其详细情况不得而知，不过就4座保存比较完整的船棺墓而言，则都属于第一种形制。

在宝轮院出现两座完整的木椁墓，即第4号及第13号墓。第4号在清理人员赶到之前已被工程挖残，第13号墓除木椁的盖部被掘去外，余均保存完整。椁的长度为4.06，宽为1.38，高0.94米，木料为楠木。椁的结构简单，底部用两块木板拼成，其长宽均较椁的外周为

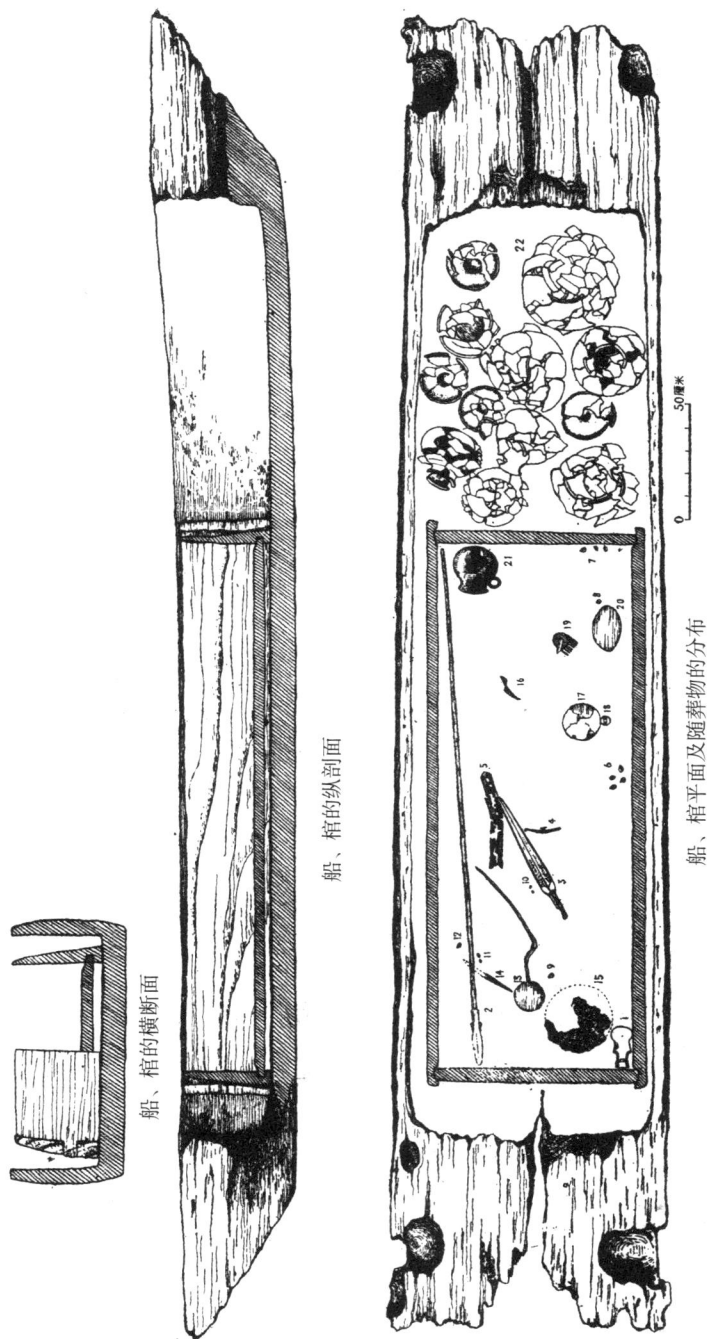

船、棺的横断面

船、棺的纵剖面

船、棺平面及随葬物的分布

图三　宝第14号墓葬图

器物说明：1. 铜斧　2. 矛　3. 剑　4. 带钩　5. 剑鞘　6—12. 果核　13. 木器　14. 铁器　15. 篾胎漆盘　16. 铜削　17. 木盘　18. 半两钱　19. 木梳　20. 木盘　21. 铜罐　22. 陶器

50厘米

0

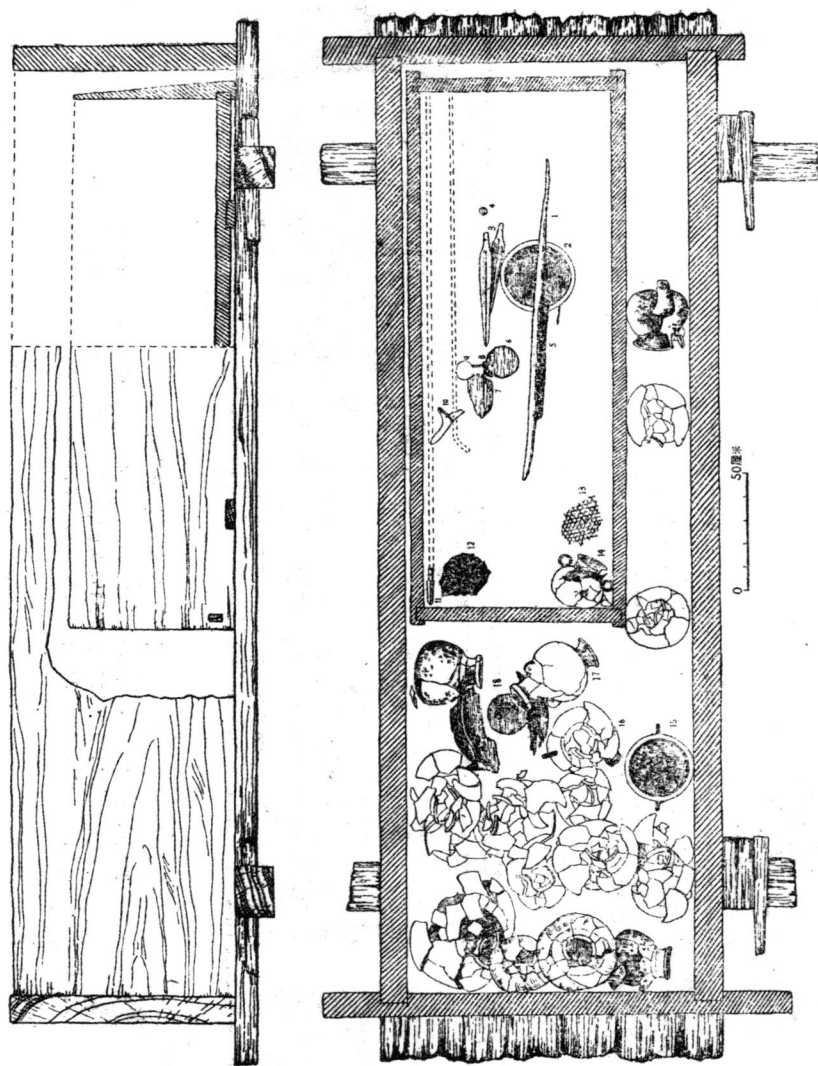

图四 宝第13号墓葬图

（上：木椁及棺的纵剖面，下：木椁与棺的平面图）

器物说明：1. 弓　2. 铜鉴　3. 铜剑　4. 半两钱　5. 剑鞘　6. 漆盒　7. 残木器　8. 铜刀　9. 铜斧　10. 铜戈　11. 铜矛

12、13. 戋器残部　14、16. 铜釜　15. 铜甑　17. 陶壶　18. 残木盘　其余未编号的都是残破破陶器

大，底板下用木拴两道，使底板拼合紧密。周椁用四块整板合成，置于底上。椁内右上角置小棺，棺的板作与船棺内的小棺结构相同[①]（图四；图版贰，4）。冬笋坝的墓葬中亦当有木椁墓，但因木质均已腐朽净尽，只能从墓坑的形式推见之。

木椁墓内的随葬品及其排列的方式，与船棺墓中者均相同，所不同者惟葬具。所以我们认为它与船棺墓大体上是同一类型的墓葬，但为时稍晚。

四、随葬品

此批墓葬中的随葬品，几全数是生前日用的器物，其中以陶器及铜器为主，间有竹、木、漆器及纺织品的痕迹。从器物的用途上来看，可分为兵器、饮食炊爨器、储容器、货币及随身用品等类。这在昭化宝轮院与巴县冬笋坝所出的几完全相同，不过冬笋坝所保存的竹、木器的痕迹较少。

随葬品的放置，陶器与铜炊爨器均放置于骨架的足端，即船棺朝岸的一端，互相重叠堆积，没有一定的排列次序。在船舱向河一端

---

① 此类木椁墓不只在宝轮院发现，在昭化的土基坝（宝轮院下约10余华里，白水河与嘉陵江合流处），成都北门外的天回镇及羊子山都有发现。土基坝及天回镇木椁墓的情况如何，不得而知，因为当我们到达时，木椁早被显露，随葬品均已散失，只知木椁的结构与宝轮院者大体相同，而天回镇者则特别宏大。羊子山的木椁墓则一般较晚，时代约为西汉初年。惟172号墓比较宏大，时代约为战国末年，其报告见《考古学报》1956年第4期。

的略靠右一边，则殓尸体及放置随身物品，如兵器中的剑，多置于尸体左侧腰际，有两剑者左右各置一柄，但亦有皆在右边的。钺则置于尸体的头部或两侧，戈、矛则置于左侧或右侧。其它如梳、枇、竹、木器则置于足端。这种随葬品的放置法，在昭化与巴县者均完全相同，成为这种墓葬中的固定形式（图版叁，2—4；图五，2、3）。

（一）铜器

铜器以兵器及炊爨器为主，其它则为随身用具，如刀削、带钩、印章及钱币等。

剑 此类墓葬中所出的剑，虽长短有不同，但形制则一致。剑身一般作柳叶形，有的在腊上满铸虎皮斑纹（图版肆，5—7）。茎作偏形，有两孔，两面附加木条，用木钉于两孔中钉合。木条则髹以漆。剑柄与剑身之间不用格（无鼻），间有用铜皮包着刃与茎相接处者。茎端无镡，故可以用木条接成长柄，有竟长至16.5厘米的（如宝轮院第14号墓所出的剑），几等于剑身的二分之一稍弱（图版肆，4）。这种剑的特殊处，即在用木条将柄接长，一方面便于把握，一方面增强剑的击刺效力。

鞘用皮革两片，对合缝缀，表面髹漆。但鞘多数已腐烂（图版肆，19）。随葬时，剑多数放在鞘外。

剑上铸有所谓"手""心"纹，而"手心纹"亦只多于剑上有之，其它只在冬笋坝的一铜矛上有之，此外则绝不见于其它种兵器或铜器之上。剑上铸"虎"形纹者亦多，亦间或有刻其它类似文字的花

2. 冬笋坝第52号墓长方坑平面图

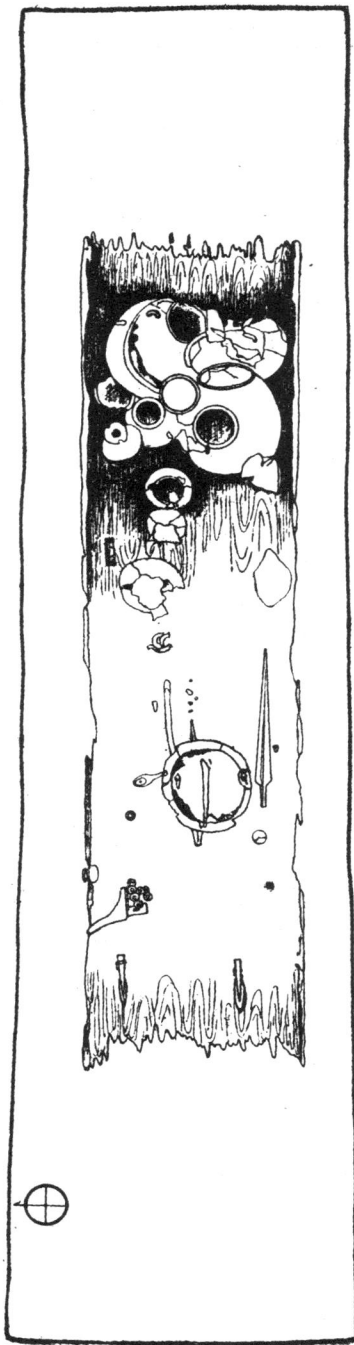

0 5 10厘米

1. 冬笋坝第47号墓长方坑平面图

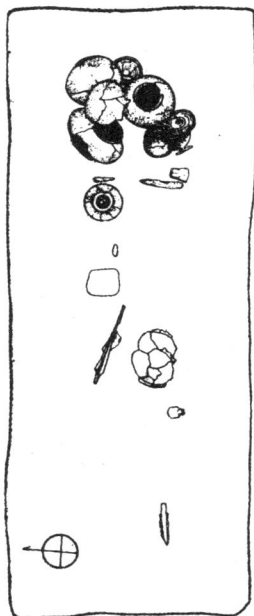

0 5 10厘米

3. 冬笋坝第50号船棺墓平面图

图五　冬笋坝船棺墓（3）和长方坑墓（1、2）示例
（图中的指针系南指）

纹的（图六、七、八）。

再有一种形式的剑（少数），剑首有格，但仍为扁茎，亦有用木条将柄接长者，其不接长的，茎端则有镡或珌（图版肆，2、3）。有的甚或将一般剑的格，改装于此类剑柄之上，并将原有的茎改狭，改狭时有把原来的圆孔锉破者。这大概是受了中原的剑的影响而来的。中原式剑亦间或有出土。

钺　形制亦很特殊。钺身与首部有明显的分界线，钺身平面为圆形或椭圆形，三面作刃，一面上出为銎，銎作椭圆形。銎身的中部两侧伸出作肩，肩亦有倒出作钩的。钺的大小虽各有不同，但在形制上则一致[①]（图版伍，2—4）。少数钺上亦有文字（图九）。宝轮院及冬笋坝均有少数陶胎铜钺出现，大概是专为殉葬用的明器。

这种柳叶形的剑及圆形的空首钺，为此类墓葬中所特有的东西，亦即在四川所谓"巴蜀"时期的最具特征的兵器。它的铜质中含锡的成分不高，不足青铜所含的标准成分，有的与红铜相去无几，而剑有时能将其弯曲的。

斧　长身，方銎，端刃，与他处所出者形制略同，纹饰则异，但为数不多（图版伍，1）。

矛　有几种形式，大致与中原出土的战国时期的矛相近似（图版肆，1、8—17）。矛的筒上往往刻虎形纹和其它类似文字的花纹（图十）。

---

① 钺柄的装置法，系在銎中先装一短榫（图版伍，4），再横装钺柄。在墓葬中未有发现完整的柄，但从各钺在墓中的放置法，均系横放钺口向下直立，推测其如此。

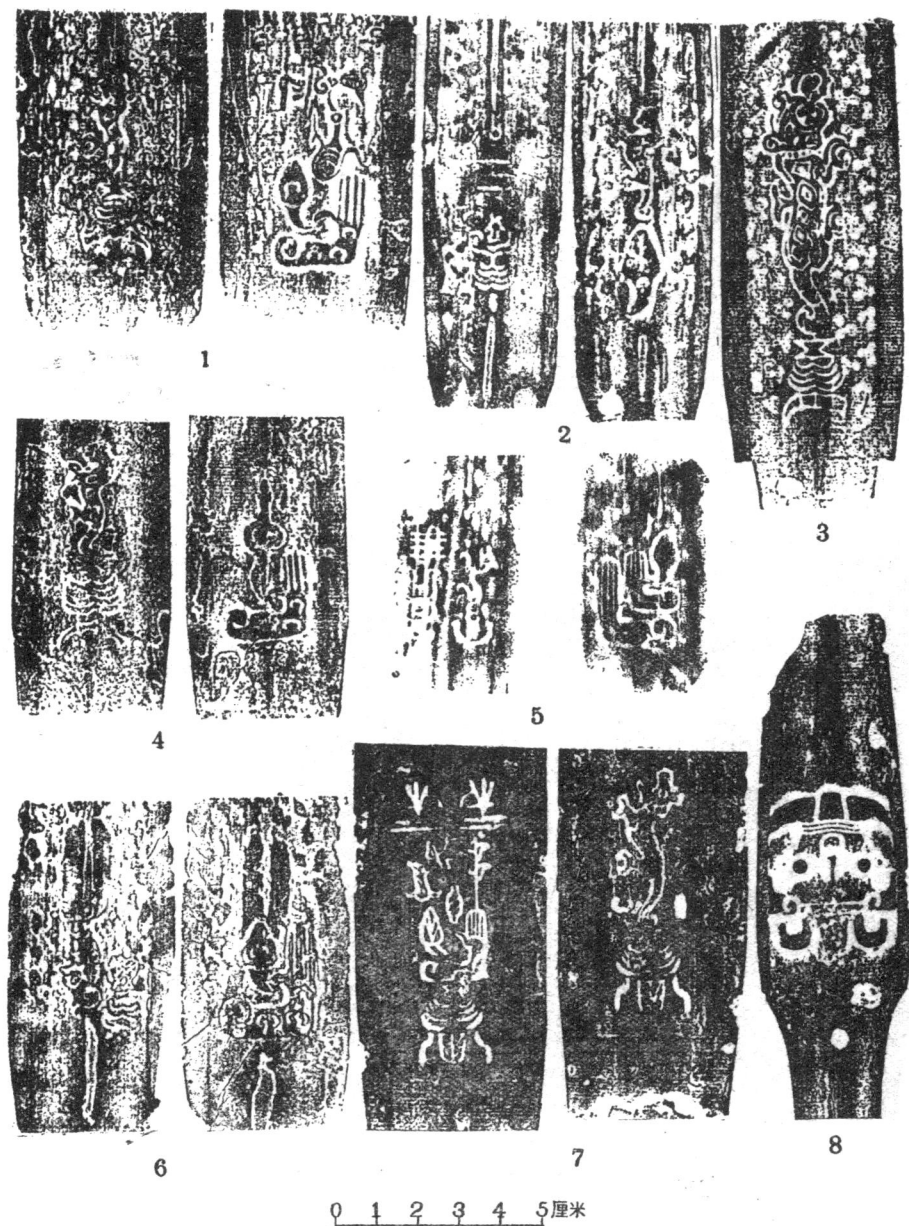

图六　铜剑上的纹饰拓片

1.0：22（宝）　　2.0：21（冬）　　3.14：2（宝）　　4.14：1（宝）

5.冬笋坝出土　6.33：4（冬）　　7.0：12（宝）　　8.35：10（冬）

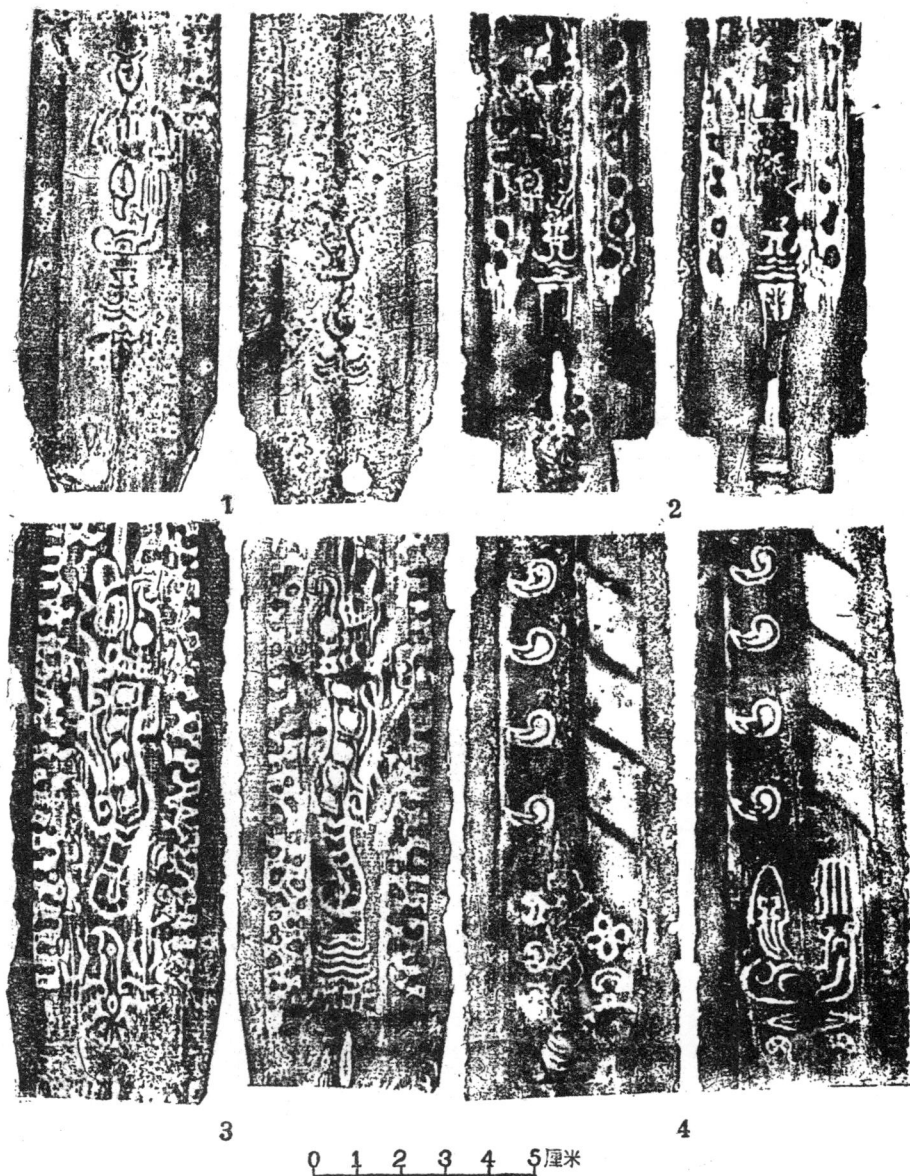

图七　铜剑上的纹饰拓片（冬笋坝出土）

1.34：2　2.0：3　3.4：1　4.0：122

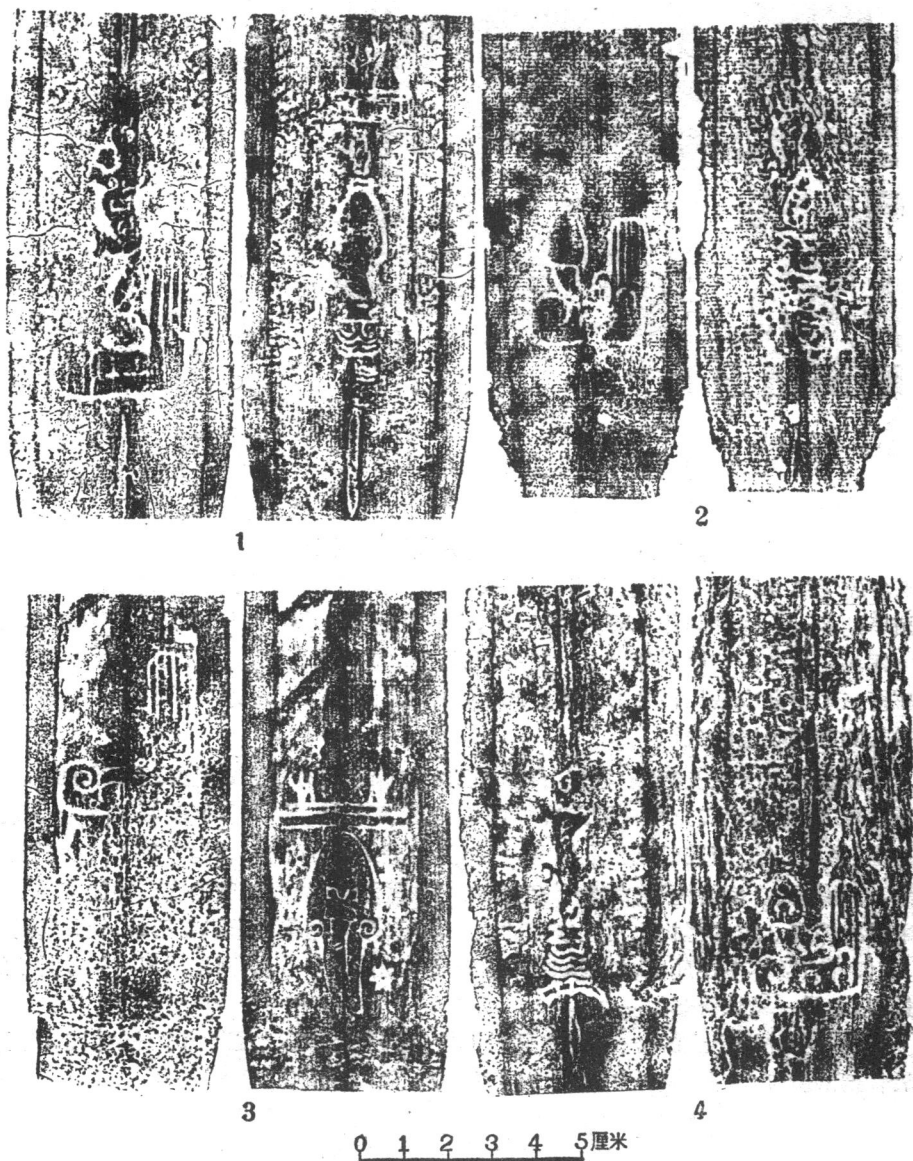

图八　铜剑上的纹饰拓片（冬笋坝出土）

1.7：1　2.37：2　3.9：6　4.9：7

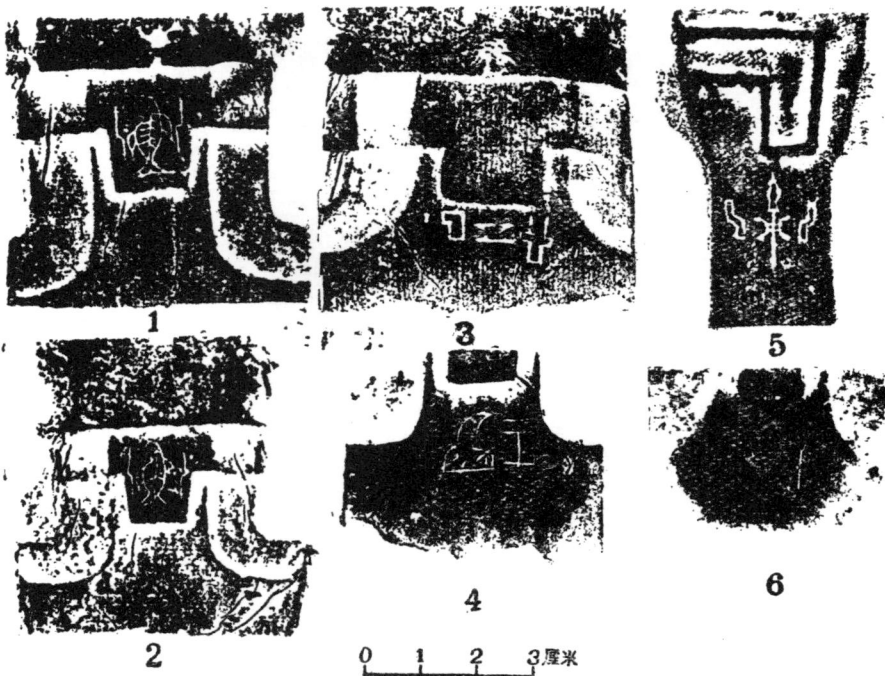

图九　冬笋坝出土铜钺纹饰拓片

1.9：4　2.9：14　3.0：123　4.50：4　5.4：3

戈　与中原战国及秦汉时期的戈相似，援略上翘，长胡三穿，内端有时有刃（图版伍，8—14）。柲上亦可装矛作戟用，如冬笋坝第50号墓中所出者（图版捌，1）。有的内上刻有"巴蜀式"花纹（图十一）。

冬笋坝第9号及11号墓中出有另一种异形戈，无胡，援上铸有花纹（图版伍，5），它颇类早期的戈。从其制作上看，甚轻而薄，大概是明器。冬笋坝只出两件，昭化则未见。

铜镞　只在冬笋坝两船棺墓中发现铜镞，即35号墓1枚，50号墓

2枚，我们认为这两座墓在船棺墓中是比较晚的墓葬。此两墓中均有铁斧，50号墓有半两钱。镞的形制亦同于外间战国晚期的矢镞。

铜炊爨器　有釜及甑。釜有两种：一种小口圆腹而有短颈，平圆底有四矮足，是专与铜甑合用的（图版陆，2）；再一种大口圆腹而无颈，亦无足，是单用的（图版陆，8）。甑则只有一种，侈口大腹，而底部凸出如圈足，以便置于釜上（图版陆，6、9）。釜与甑近肩处皆有两系，作双辫纹。铜皆极薄，故少有完整者。各器通体无纹饰。釜的底部往往有一层约一毫米厚的烟炱。这些器物上常见修补的痕迹。又因使用着力处多在两系，故其处易于破损，而修补痕迹亦多在此处，经修补后往往使系的辫纹不一致。两地尚出有较釜为小的单耳铜罐，亦为一种炊爨器。

铜鉴　冬笋坝出土的较多，昭化只出1件（图版陆，3），其在墓葬中的位置则相同，均置于骨架的胸部。在冬笋坝者，则面向下覆置（图版叁，2）。

铜壶　冬笋坝11号墓出1件，与中原战国铜壶大体相似，但不及其精美。

带钩　昭化共出4件，冬笋坝共出5件。位置均在人骨架的腰际，有的与剑伴出。就其形制来说，共有二种：一种与中原战国时期的带钩无异，此种占多数；一种为犀牛形（2件，皆出于宝轮院），牛体的各部用银错嵌，犀牛的体态生动逼真，制作精练，技术的造诣是相当高的（图版柒，4；图十二）。冬笋坝出有一件琵琶形的带钩，亦颇为别致（图版柒，5）。

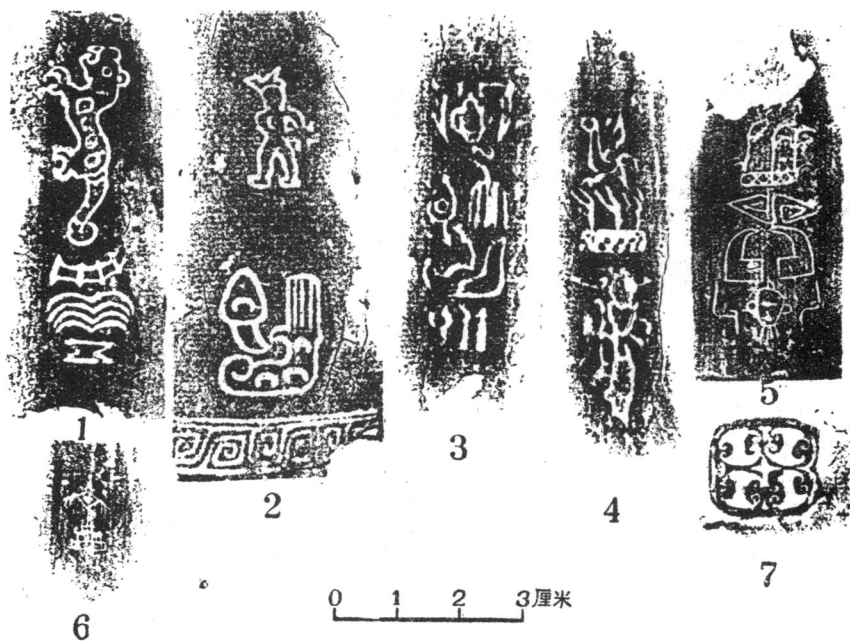

图十　矛上花纹拓片

1.6：8（冬）　2.6：8（冬）　3.14：2（宝）　4.0：4（冬）

5.4：5（冬）　6.35：1（冬）

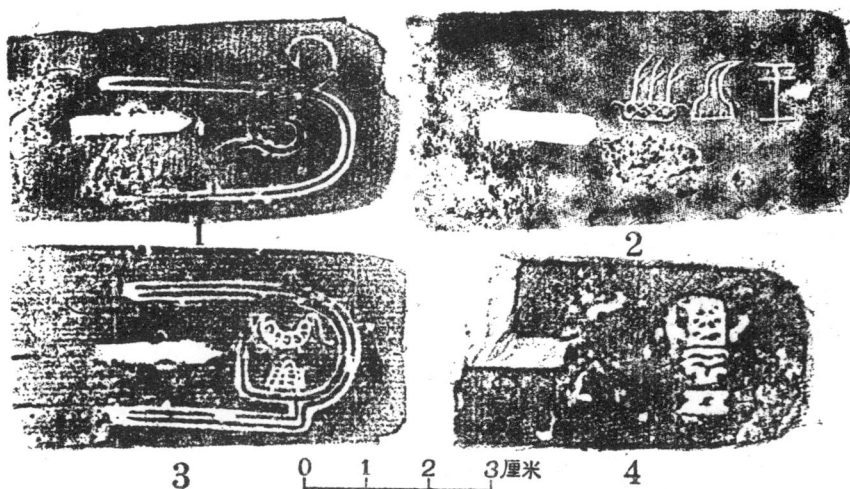

图十一　戈内上的花纹（或文字）拓片

1.4：4（冬）　2.50：3（冬）　3、4.3：11（冬）

图十二　金银错犀牛带钩纹样

　　小刀　大半的墓葬中皆有之，其形制与战国时者大体相同（图版柒，6—13）。

　　印章　冬笋坝出土较多，如第50号墓中即有5枚，昭化只出2枚。冬笋坝印章上的文字有刻"富贵""万岁""敬事"（上三印出冬第49号墓）、"中仁"（冬第50号墓）、"高"（冬第2号墓）等汉字者，其它文字多不能识①。玺印在中原开始盛行于春秋战国之际，由此可见与中原文化的关系。

　　钱币　均系半两，昭化有7墓中有之；冬笋坝只3墓（42、49、50号墓）中有之，而这三座墓都是我们认为较晚期的。冬笋坝第49号

---

① 印章的材料，已由沈仲常、王家祐同志在《记四川巴县冬笋坝出土的古印及古货币》（《考古通讯》1955年第6期48—54页）一文中发表，本文不再附图，共计冬笋坝十七个，宝轮院二个。不过该文中所举各印出土墓号在发表时被删去，致使出土情况不明，兹为补记：冬笋坝所出的17个铜印中，有12个为船棺墓中所出：计2号墓2个，41号墓1个，49号墓4个，50号墓5个。其它五印则为长方坑墓中所出，论时代则较晚：计8号墓1个，24号墓1个，32号墓2个，37号墓1个。宝轮院的两个铜印，则为坪上6号墓及县联社工地墓中（编号16）所出。出印章的墓葬，在两处墓葬群中，均系少数，而在时代上亦或者较其它的船棺墓葬为晚。

墓出有"两甾"钱1枚（图版捌，12），和半两钱叠在一起，外包以纺织品，位置在墓穴东部铜鉴下。又有所谓"桥币"者，冬笋坝出土较多（图版柒，14、16、17），往往数枚相叠，其为一种货币或系装饰品（璜之类），尚不明了。[①]

法码 冬笋坝第50号船棺墓中出铜环两个，位置在铜鉴附近，疑其为法码。一重一钱三分，一重二钱六分。

铜镜 只冬笋坝第42号墓出一面，位置约在骨架的头部附近。纽甚小而有三棱，背面有弦纹三道，无花纹。直径70，厚1.5毫米（图版捌，4）。

（二）铁器

在宝轮院及冬笋坝的26座船棺葬的墓葬中，仅有7座墓中有少数铁器及铁片的痕迹。在宝轮院仅第10号墓中有铁片一小块，因锈烂过甚，不能审其为何物，从其上附着有细纺织纹推之，可能是一小刀。在冬笋坝有6座墓中有少数铁器，即第41、42、43、49、51等墓中各出一小刀；35、51两号墓中各出一铁斧。

小刀的形制与铜小刀的形式相同；斧则为方銎斧，但与铜方銎斧的形制不同。

---

① 在冬笋坝出半两钱的三座墓葬，就整个船棺葬而言，时代为最晚，或已接近秦代。这从其中出土的其它物品中亦可以看出，如铜印、带钩、镜、"巴蜀"式剑柄端装玉琫、铁片痕迹等等。
冬笋坝出有所谓"桥形币"的船棺墓，亦只3座，即第4、41、50号墓。宝轮院只第3号墓出1枚。

（三）陶器

陶器是主要随葬品之一，亦为日常用品。各墓出土的数量，有一墓多至20件者，最少的亦有7、8件，10余件最为普通。以陶器的形状及用途而言，大致可分为以下各类（图十三）：

平底器　这一类，包括各种大小的鼓腹、缩颈、敛口的罐，少数有双耳。大半为储容器（图版陆，1、7；图十三，1—6、18）

圆底器　包括各种大小样式的釜，因其底圆，为置于火上的一种炊器，故底部常见烟炱痕（图版陆，4；图十三，7、8、10、11）。此两类的陶器，在数量上占最多数。

浅身大口器　包括盘、钵、盆等形状的陶器，均为饮食用具（图十三，12、13、16）。

圈足器　以豆为最多，一墓中有多至12件（如第12号墓）。

豆的形制，盘部浅而底平圆，竖口直唇，盘部与圈脚之间的校部甚短（图版捌，11；图十三，17）。

壶　宝轮院出土2件（图十三，14、15），冬笋坝出土者多不完整，但形制相同。

以陶器的质地论，都是夹砂陶，但有粗细之分。在宝轮院者，多数用细白砂石作羼合料，其中往往杂有细云母片。这种杂云母片的白砂，在清江河谷中到处可以找到。亦间有用陶片捶碎作羼合料者。陶器的颜色：宝轮院者多为灰黑色，亦有作土红色者，但不多；冬笋坝出土的则以土红色者为主，又红色中往往局部带灰色。两处陶器的火候均不高，所以质地松软，很少有能取得完整之器的，有的因久浸于水泥之中，已成为粉末。

陶器均为轮制，俟其半干后，再用杵、模压成纹饰。在陶器内面用陶杵挤压的凹痕，往往清晰可见（图版捌，10），在冬笋坝亦发现此类陶杵①（图版捌，3）。纹饰亦极简单，多为绳纹、篦纹及槽纹，多只施于平底类及圜底类的陶器之上。用白色在黑地上画过的，只有宝轮院第5号墓出土的1件陶壶（图十三，15）。冬笋坝出土的陶豆上往往有涂朱及涂黑色的。

陶纺轮亦有出土，但不多（图版捌，8、9、13）。

（四）竹、木、漆器及其它

在宝轮院的若干墓葬中，均有竹、木器及漆器的痕迹，但皆腐朽尽净，有些只能从印在土层上的痕迹作大概的推测。在冬笋坝的墓葬中，漆器的痕迹更为普遍，且有红黑二色，但皆残腐过甚，不能推知其形状。

宝轮院第12、14号墓，在靠骨架头部的地方各出木梳1件，形式与长沙战国墓出土者相同（图版捌，5）。第14号墓保存竹木器的痕

---

① 陶杵发现于第36号长方形的非船棺小墓葬中，其中有铁斧伴出，可能为秦汉之际的墓葬。因其能说明此类陶器的制法，故附于此。此种陶杵，在山东城子崖及河南安阳附近均有发现，（见《城子崖》图版贰拾，5；图版叁拾贰，6。又吴金鼎：《高井台子三种陶业概论》，《田野考古报告》第一册，图三。又马得志等：《一九五三年安阳大司空村发掘报告》，《考古学报》第九册，图版陆，7。又安志敏：《1952年秋郑州二里岗发掘记》，《考古学报》第八册，图版拾贰，10。又郑州市文物工作组亦有发现。此类制陶工具，大概在四川遗存得为最晚。

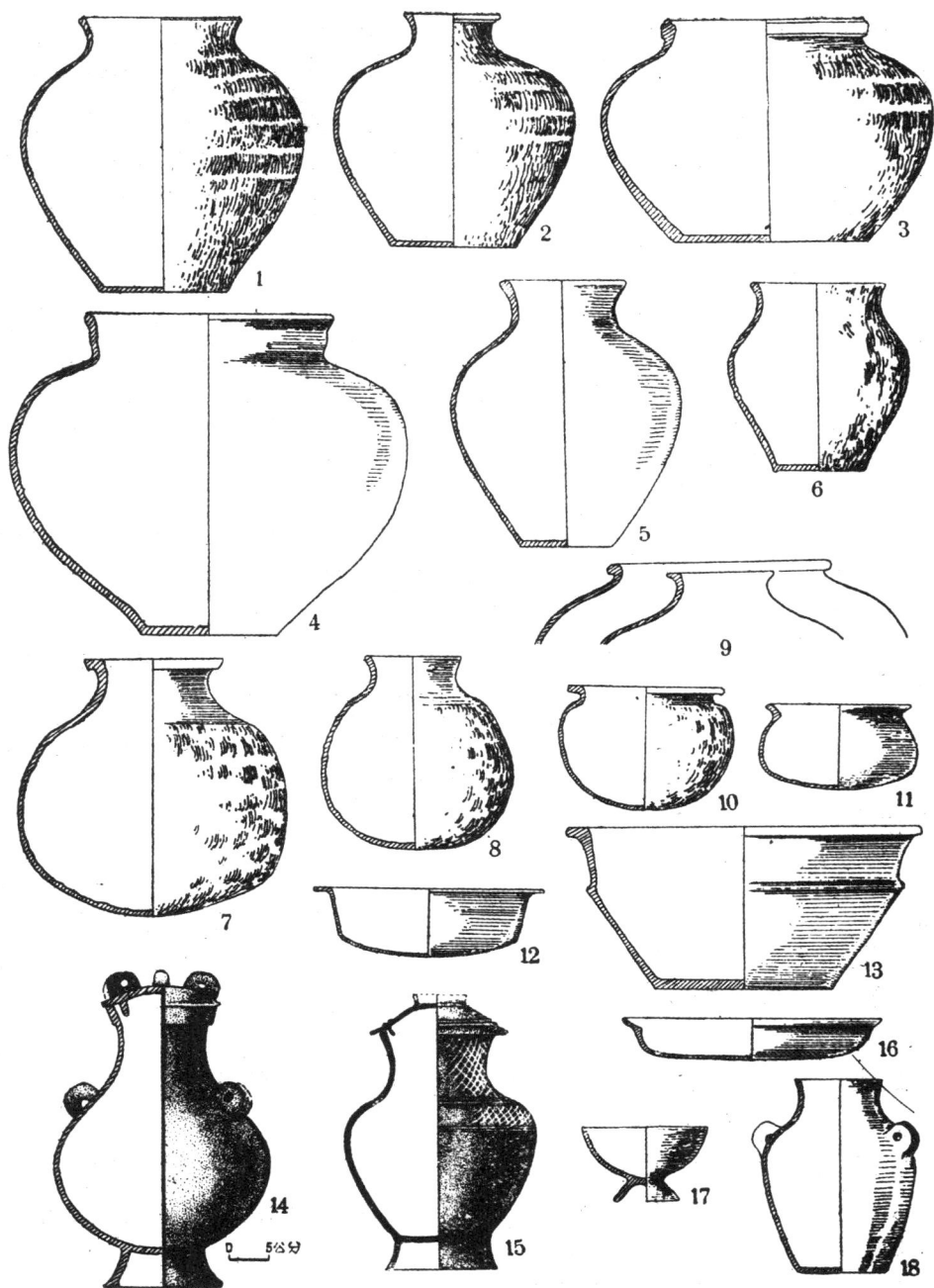

图十三　坪上出土陶器复原图

迹较多，除木梳外尚有有柄木器1件，可能为一木勺，已朽腐不能取出。又同出蔑编圆形器的残部，直径约26厘米，编织与髹漆的痕迹尚清楚，表面有金色涂料的痕迹。由制作的大小来推测，可能为一篾编漆器的胎骨（图版捌，2）。此外尚有木胎髹漆的圆盘残部的痕迹。

宝轮院第13号木椁墓中，有竹、木残器6块，其中两片为竹编器，放置在棺内骨架足部的两侧，右侧的一片痕迹尚完整，是篾胎漆盘的底部。左侧的是六棱孔眼的编织物。据当时清理的情况，各墓棺底时遇有这种篾纹，但边界不清楚。又因墓坑中潮湿多水，对于此种痕迹的找寻颇为不易。因此种痕迹的发现较为普遍，可能是一种篾垫。棺底中部有木制残器2件，是圆形漆盒的木胎。其一盒盖尚完好，子口都很清楚，但底部已完全朽腐。又棺内靠着后端墙板处的泥层中，发现木器2件，位置倾斜不整齐，其一可以推知其为木盘。

宝轮院第5、13、14号墓的船棺底部及铜釜内发现果核24颗，其中有桃核、李核及枣核（图版柒，1、2）。又由铁路工程方面交来的一件残铜釜中，泥土内有鱼骨及一动物的头骨，头骨只剩上颚，可能是獐的头骨。

纺织品的痕迹，在宝轮院及冬笋坝的墓葬中均有发现。在宝轮院者，一处在剑鞘上，是用来修补剑鞘皮革裂口的，布纹稍粗；一处是缠绕着木柲尖端装入矛筒内的布条，布纹很粗。这两种都可能是麻织品。又第10号墓内一小块锈铁上印有纺织品的痕迹，织纹很细密，似是丝织品。在冬笋坝者，粗布纹往往附着铜器上，细者多见于铜小刀上。它如第49号墓中的半两及两甾钱，原系用纺织品包裹，其上的纹痕很清楚，亦似是丝织品。

　　此外冬笋坝第5及第10号墓葬中，各出琉璃珠1枚，位置皆在靠骨架的头部，似为耳坠。珠皆为管状，孔口一端略大，一端略小，碧绿色，表面有光泽。最长的长2.4，短者1.6，径在0.6厘米左右。第35号墓及49号墓各出有金色珠1粒，表面涂金一层，内似为陶质。形状则中间粗而两端略细，长1.7，中部直径约0.5厘米。第49号墓中出圆形琉璃珠2枚，一在骨架的头部，一在腹侧。珠体作蓝色，杂以黄白相间的椭圆形花纹。在宝轮院第10号墓中出有陶珠9粒（图版柒，3）。

五、结束语

　　昭化宝轮院和巴县冬笋坝的船棺墓葬群，从其性质上讲，是同一类型的。不过在宝轮院所发掘的墓葬少，而在冬笋坝所发掘的较多，所以就时代的推论上则以冬笋坝为主，宝轮院的只作为补助材料。

　　冬笋坝虽前后发掘了八十多座墓葬（1955年及1957年又作过第三次及第四次发掘，共作三十余墓，均为秦汉时墓葬，非船棺葬，故未附在本文之内），但我们推测，尚不及整个墓群的五分之一。其他五分之四，绝大部分为修筑铁路及砖瓦厂取土时所掘毁；另有一少部分，可能尚埋于厂房和厂中运动场之下，现在尚不能发掘。

　　这一墓群的发展，据现在已经明了了的事实来推测，是从江边而逐渐向内地发展的，所以由修筑铁路所掘毁的为比较早期的墓葬，而由砖瓦厂取土所掘毁者则为比较晚期的墓葬，而发掘者则似为整个墓葬群中的中期的墓葬。这一情况，由"中区土台"上发掘的现象即可推见。

中区土台上的墓葬可以确知为船棺墓者，有第2、5、7、14、18、9、10、11、8、16、35、50、49、43、42、41等16座墓。第1、6、34、31、32、52、19、33、51、47、46、48、37、36等14座墓可能是木椁墓（其中亦可能有船棺墓）。第44、45及38则为空坑，其中空无一物。第30为西汉初的土坑墓，第29为西汉土坑墓（将第28号墓打乱），第20为西汉末或东汉初的土坑墓（将第16号船棺墓打乱一部分），第40号为东汉初的土坑墓（将第43号船棺打乱一部分），第13号则为东汉砖室墓。以上是中区土台的墓葬全部情况（参看图二）。

第12号墓在土台东边坎下，是船棺保存最完整的一座墓，在时代上也是我们认为比较早的，所可惜者此墓已被掘毁一半，不能据之作正确的推断。

中区土台上16座（坎下第12号墓除外）船棺墓中，当以第2、5、7、14（第一列）及18、9、10、11（第二列）为比较早。这两列墓排列密集而整齐，且靠土台的东边（靠江的一边），其中均无半两钱及铁器的痕迹。比较晚的则为第8、16、35、50、49、43、42及41等船棺墓。它们靠近土台的西面及北面，其中大多数有半两钱及铁器（如铁小刀、铁斧等），而印章亦较多。至于长方形（木椁？）墓可能与此批船棺墓同时，因其中多有铁器及半两钱，在分布上亦多在西北面，而往往与船棺墓相杂。

　　至于宝轮院的一批船棺及木椁墓，可能与冬笋坝的第二组船棺及长方形（木椁）墓同时；而比较早期的一批墓葬，可能在铁路线南的第二级河阶上。

　　在决定这一群墓葬的比较年代上，半两钱的出土，是一比较重要的材料。前已言及，半两钱只出于第二组比较晚的船棺墓及木椁墓中，所以这一组墓葬，不能早于秦行"半两"以后若干年。但是，秦在什么时候开始行"半两"呢？一般均据《汉书·食货志》以为秦之行"半两"是在统一六国以后，不过我们觉得这种说法是值得商榷的。《史记·始皇本纪》有秦惠文王二年（公元前336年）"初行钱"之文，此时所初行之钱，是否为"半两"，则史无明文。有人以为秦惠文王所初行之钱，不是"半两"，而是如周代所行的圜钱，但亦缺乏实据①。现在我们暂假定秦行"半两"的年代为统一六国以后，即公元前221年以后，那末出"半两"钱的一组墓葬，当不晚于秦及西汉初年，因其中绝无西汉以后之钱故也。其不出"半两"的第一组墓，当为战国末年所葬，或者稍早。②

---

① 言"半两"者，一般均以为厚大者为秦半两，薄小者为汉半两（其中又可以字形的直与横划分之）。此种看法，亦不尽然，而《史记》《汉书》明有"然各随时而轻重无常"之言，故秦"半两"亦不一定"重如其文"。但一般言之，秦钱则较汉钱为重，故《史记》及《汉书》均有"秦钱重难用"之文。船棺葬中所出之"半两"，无有重及十二铢者，平均皆在五六铢之间。

② 秦举巴蜀之年，据《史记·秦本纪》及《六国年表》为惠文王后元九年（公元前316年），《华阳国志》为周慎王五年，与《史记》同。不过据《史记·张仪列传》及其它材料，证明《史记》所举之年实有误，见马培棠：《巴蜀归秦考》（《禹贡》卷二、第二期）：钟凤年：《论秦举巴蜀之年代》（《禹贡》卷四、第三期）：郑德坤：《四川古代文化史》，19—21页。《史记》"后元"应为"初元"之误。秦灭巴蜀之年，应提早十三年，为公元前329年。不过此问题对于本文所讨论问题的关系不大。

这一结论，从其中出土的铜器亦可以得到一些旁证。例如：带钩、印章、镜等在中原地区盛行于战国时期，对四川来说，应是从外面输入的，或是在外面的影响下而制作的。在第一组船棺墓中少有这类东西的发现（只第2号墓中出印章一枚），想不是偶然的。当第二组船棺墓埋葬时，这些东西已经传入了，故在墓葬中也次第出现了。铁器也是如此。

至于长方形及木椁墓，其中之早者当与第二组船棺墓同时，晚者可到西汉初，但不能晚过武帝以后。[①]

现在将冬笋坝船棺墓群的时代略为说明以后，关于它所属的民族问题亦当略为论述。按秦未并四川以前，四川是分为巴蜀两国的[②]。巴蜀在当时所占地域的分界线，现在虽不能确指，但亦可得其大概。《华阳国志·巴志》言巴的疆域说"其地东至鱼复，西至僰道，北接汉中，南极黔涪"；又言蜀的疆域说"其地东接于巴，南接于越，北与秦分，西奄峨幡。"（卷三《蜀志》）。这虽然只是一个大概，但由此可见现在发现船棺墓地方都是在巴的区域以内的，特别是巴县附近，是春秋战国时期巴人活动的中心地区。所以船棺墓与战国时期的巴人应有一定的关系。

巴蜀两国的起源，在传说中各为不同，发源地亦各异，且累世

① 其比较资料，可参看沈仲常：《成都羊子山的西汉墓》，《考古通讯》1955年6期，24—27页，又四川省文物管理委员会：《成都东北郊西汉墓发掘简报》，《考古通讯》1958年2期，14—29页。

② 《尚书·牧誓》只言蜀而未及巴，而一般言巴蜀者，谓言蜀则可以统巴，故《华阳国志》（《巴志》）说："周武王伐纣，实得巴蜀之师，著乎《尚书》。巴师勇锐，歌舞以凌殷人，前徒倒戈，故世称之曰'武王伐纣，前歌后舞'也。"

互相战争[①]。他们在地域上虽相毗邻，在文化上似当略有不同，不过在成都方面所发掘的关于战国时代的墓葬尚不多，且不成系统，不能作确切的比较。但以船棺墓中所出的器物与川西区（蜀的疆域范围）同时期墓葬中所出的器物相较，大体上相同，但亦有不同的地方。若以所谓巴蜀式的兵器而论，如柳叶形的剑及钺，均为两地所共有，不过钺在成都方面出的较少，而在船棺葬中几为每一墓所必有。两地所出的戈亦略有不同；如成都方面最普通的戈，援为三角形而宽，援中部有一大孔，此种戈在船棺墓中尚未发现过。船棺墓中所出的铜甑及铜釜，在成都方面的战国墓中虽也有发现，但为数不多。其他如铜器上的花纹或文字，如所谓"手""心"纹、"虎"纹等，虽两处均有之，但成都方面所常见的"鸟"纹，则不见于般棺墓中的铜器之上。

中原文化的影响，到第二组船棺墓（即秦汉时期的）中方才明显。兵器中如方銎斧，有首有鼻的剑，服用器中如带钩、镜、印章，钱币如半两，陶器中如壶等，到第二组船棺墓中及其同时的长方形或木椁墓中方始出现或渐多。

（与杨有润、王家祐合作，原载《考古学报》1958年2期）

---

① 见《后汉书》卷86《南蛮西南夷传》"巴郡南郡蛮"；《华阳国志》卷1《巴志》，卷3《蜀志》。

图版壹　昭化宝轮院街镇及清江远景

（前面的一道宽白线即铁路基，亦即墓地。远处的白线为清江。宝轮院街镇在左上角。）

1. 宝轮院出土船棺

2. 宝轮院出土船棺

3. 宝轮院船棺清理情况

4. 宝轮院第13号墓清理情况

图版贰

1. 冬笋坝第12号船棺墓

2. 冬笋坝第50号墓

3. 冬笋坝第51号墓

4. 冬笋坝第52号墓

图版叁

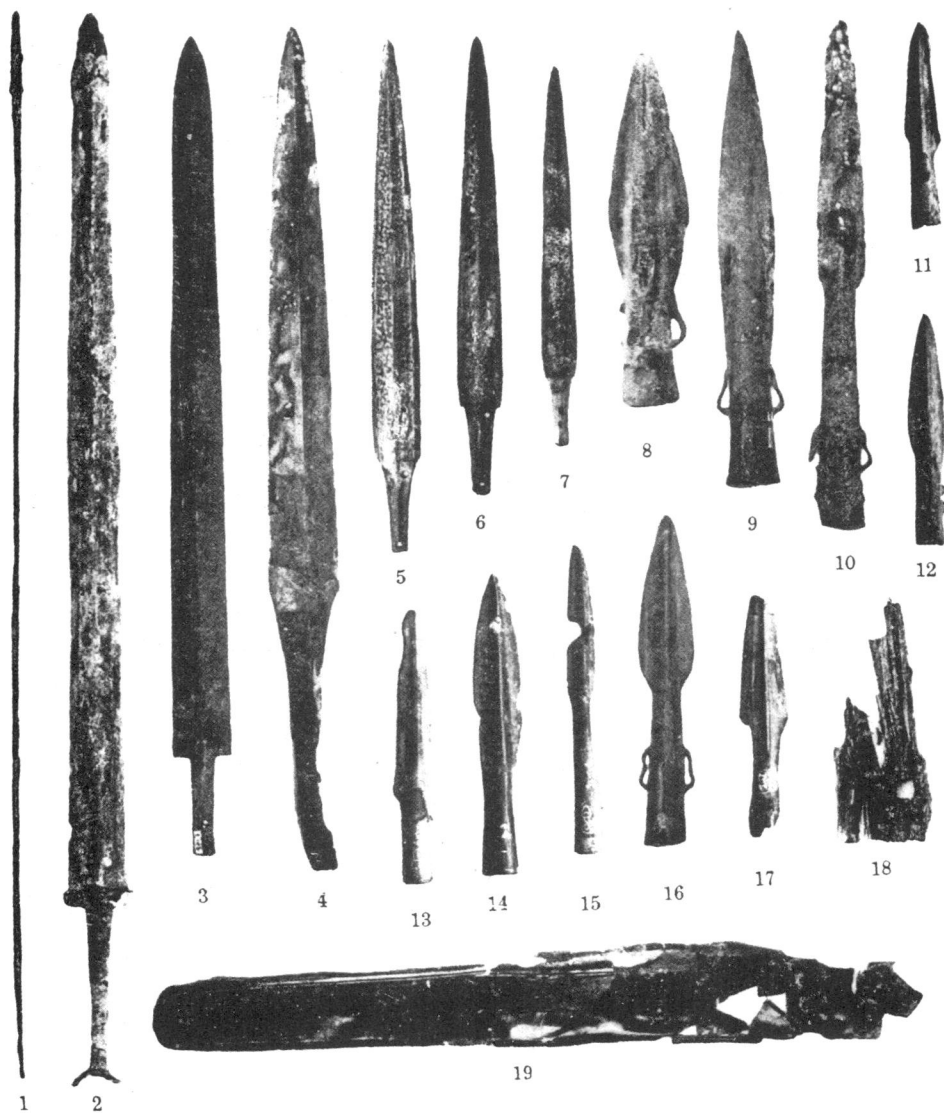

图版肆 四川古代船棺葬出土铜兵器

1.铜矛和木柲（宝，14：2） 2、3.铜剑（宝） 4.铜剑及茎上接长的木柄（宝）

5、6.铜剑（宝，0：22、8：3） 7.铜剑（冬） 8—10、16.各式铜矛（宝）

11—15、17.铜矛（冬） 18.铜剑茎上的残木条（宝） 19.革制剑鞘（宝）

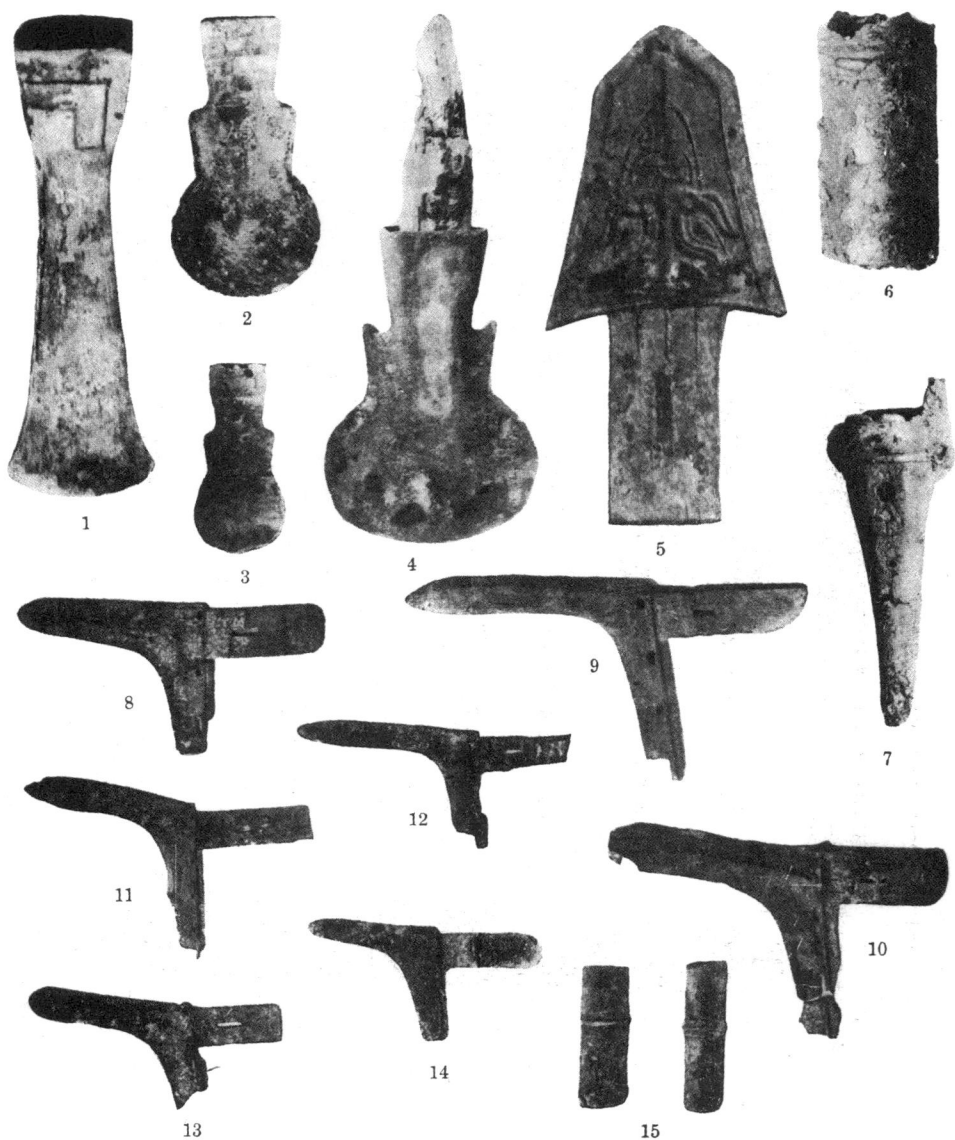

图版伍　四川古代船棺葬出土铜兵器

1.铜斧（冬，约1/2）　2、3.铜钺（宝，1/3弱）　4.钺和残柲（宝，1/2弱）　5.异形戈（冬，约1/2）　6.铜镦（冬，1/2）　7.铜鐏（冬，1/2弱）　8—10.铜戈（冬，约1/3）　11—14.铜戈（宝，约1/5）　15.铜镦

图版陆　四川古代的船棺葬出土随葬品

1. 平底陶罐（宝）　2. 铜釜及甑（宝）　3. 铜鉴（宝）　4. 圆底陶罐（宝）
5. 陶壶（宝）　6. 铜甑（侧视，宝）　7. 平底陶罐（宝）　8. 铜釜（宝）
9. 铜甑（俯视，宝）

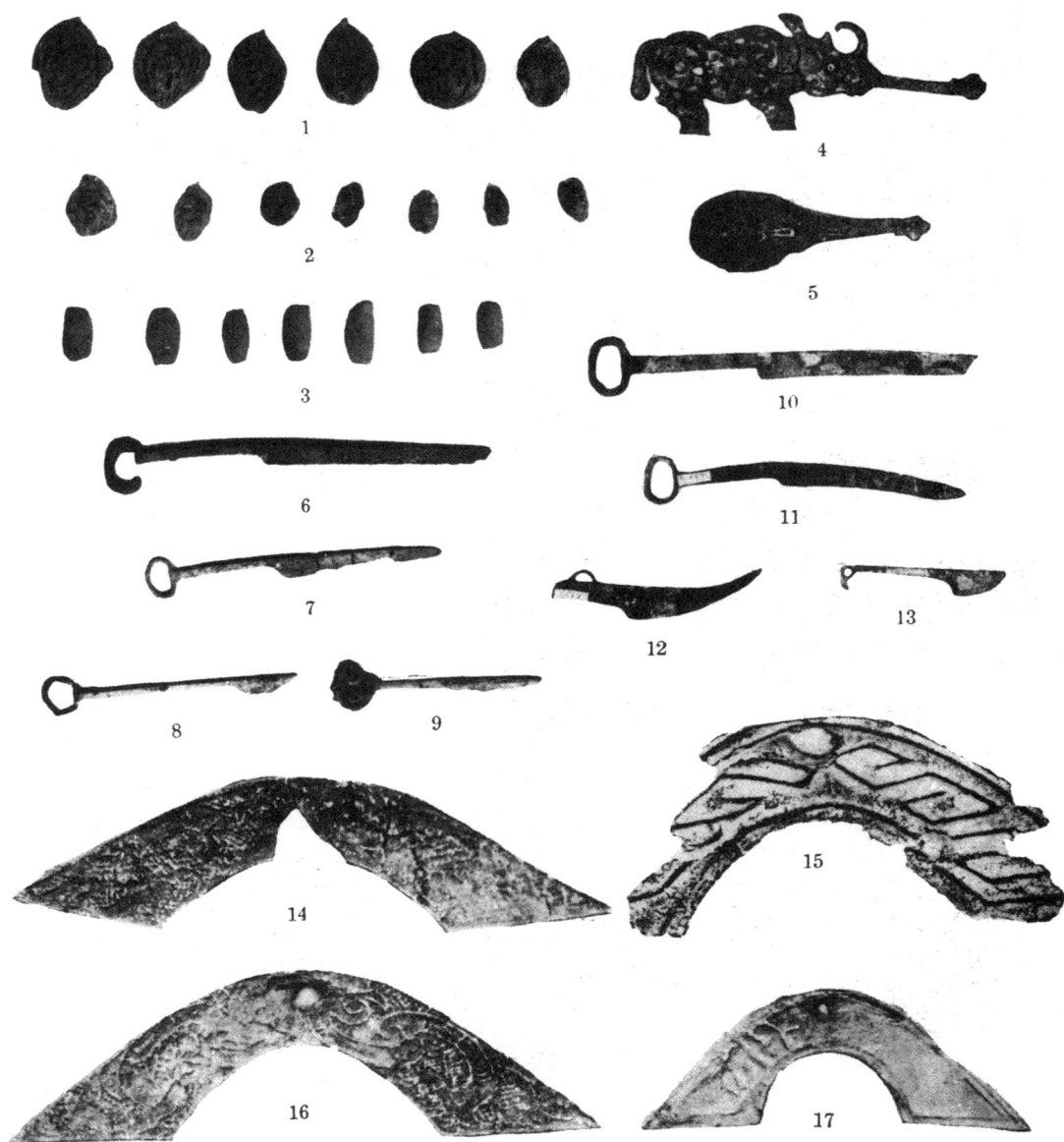

图版柒　四川古代的船棺葬出土随葬品

1、2. 果核（宝）　3. 陶珠（宝）　4. 犀牛形带钩（宝）　5. 琵琶形带钩（冬）

6—9. 刀及削（冬）　10—13. 刀及削（宝）　15. 桥形币（宝）　14、16、17. 桥形币（冬）

图版捌　四川古代的船棺葬出土随葬品

1. 墓50戈矛同出情形（冬）　2. 墓14的蔑编器残片（宝）　3. 陶杵（冬）　4. 墓42铜镜（冬）　5. 木梳（宝）　6. 玉瑗（冬）　7. 陶盆（宝）　8、9. 陶纺轮（冬）　10. 陶器内壁之杵痕（宝）　11. 陶豆（宝）　12. 两甾钱（冬）　13. 陶纺轮（宝）

云南晋宁石寨山出土文物的族属问题试探

    云南晋宁石寨山西汉墓所出的一批文物，从其数量性质言之，均是十年来考古学上最重要的发现之一，是研究当时滇池区域的文化及其民族的最真实的资料[①]。创造这一批精美青铜器和其他器物的主人，以及他们属于当时的哪一种民族，应该是研究这一批文物首先要解决的问题之一。作者于1958年冬承云南省文化局之约，曾短时期参加过晋宁的发掘，1959年6—7月间，又承云南省少数民族社会历史研究所之约，对于这批文物作了一些初步分析。兹将个人所能观察到的，发表于此，以供研究者和关心这一批重要文物者的参考。因为仅仅是对这一问题的初步分析，故称之为"试探"，还望读者予以严正驳正。再者，在研究这些文物时，承云南省文化局陆万美局长及云南

[①]　云南省博物馆：《云南晋宁石寨山古墓群发掘报告》，文物出版社，1959年（以后简称《报告》）。

省少数民族社会历史研究所侯方岳副所长多方面的鼓励及指导，和云南省博物馆许多同志的热诚协助，并许发表，特此表示谢意。

在探索考古学上所发现的文物的族属问题时（指无文字发现者而言），可从许多方面入手，最普通者，乃根据出土文物的性质、样式、花纹等特征，与已知的古代或现代民族的文化特征相对勘，从而找出其族属关系。但是，这种方法局限性很大。因为文化特征往往可以离开民族的本身而独立传播，除非各种特征相同的幅度甚大，不然，所得出的结论往往是不甚可靠的，或者仅能证明他们之间有着历史的接触关系而已。如果其中有人物图像发现时，则可以根据人物的形象、头髻和衣饰的样式等等来探索其族属关系。这虽然比前者的可靠性较大，倘用之不慎，亦易引入歧途。不同的民族亦可能有相似的服饰，特别是表现在相近的民族之中；在同一民族中，其间也可能有稍为不同的服饰，尤其是人口众多、分布区较广的民族。并且同一民族的服饰在时代的推移上是要变动的，虽然在古代及较原始的民族中其变动较为绥慢，但演变是必有的。

利用人物图像来探索他们的族属关系，在方法上虽然有它很大的局限性，但在研究晋宁出土文物的族属关系上，却有着它的许多长处。因为晋宁出土的文物，其中很多的人物图像，包括高至三、四十厘米的铜俑，小至二、三厘米的铜铸像和在各种铜器上镌刻的人物图像，约略计之，不下二三百个。这些大大小小的图像，在造型艺术的造诣上都是很高的，往往能重点突出，把所要表达的特点活现出来。特别是这些图像都在各种不同活动场面中出现，这就更增加了他们的真实感。像这样的材料，在考古学的发现中是少有的。它们若能得到正确的解释，对于阐明当时的社会性质及民族情况，其准确性当不下于文字。而且，正因为它们是图像，更具有文字所不能表达的真实感。

利用这种方法来研究晋宁出土文物的族属问题时，还另外有一种长处，即可以用来与古籍中的记载相对勘。因为在古籍的记载中，往往以髻式和服装的样式来区别当时不同的民族，如"椎结""编发""左衽"等等。这种描叙虽然太简略而且不甚准确，但如能得到当时真实图像来加以对照，那就更为具体了。

利用服饰头饰来区分民族，虽然不一定可靠，更非唯一的方法，但也有它的实际用处，因为每一民族都有它特殊的头饰和服装，以自别于其他的民族。这种情况，特别表现在古代的民族和比较后进的民族中，是一望而知的。这也是在古籍记载中往往以此来区别不同民族的原因之一。

所以，根据晋宁文物的特点，先从其人物图像分析出有几类不同形象的人物，何者是主要的，何者是从属的。将各种类型确定之后，再从各种活动场面中来加以核对，以视能否构成一种族属，最后再推论它可能是当时的某一种民族，及其相互间的关系。

据初步分析的结果，其中除此一文化的主要民族而外，至少尚有七种族属。兹将其男性者分为七组，用拉丁字母代表之；女性者分为七式，用罗马数字代表之。

一、"滇族"

　　晋宁文化中的主要民族，在服装上和在各种活动中，是表现得非常清楚的。由于现在还不能将其与古代当时的某一民族或者是现代的某一民族相比合，所以暂称为"滇族"，因为在汉代称此一区域为"滇国"，在墓葬中又有"滇王之印"发现，所以这些文物是当时"滇国"的东西；更确切些说，是属于当时"滇王族"的东西，这是无可置疑的。

　　《史记》称当时滇池附近的一些民族为"靡莫"，而"滇"为其中之一。《西南夷列传》说："西南夷君长以什数，夜郎最大；其西靡莫之属以什数，滇最大。"从《史记》的文义推之，"靡莫"似乎是一种民族的名称，而滇则为其中的一个国名，或者君长之名①。《华阳国志》称此地区的民族为滇或滇濮，故说者以为滇为濮人中之一种②。按靡莫自西汉以后即无闻，不知其为何种民族。而濮人之说古

---

① 在古代，国名与族名往往不分，如"巴""蜀"等皆是。
② 《南中志》说："南中在昔盖夷、越之地，滇、濮、句町、夜郎、叶榆、桐师、嶲唐侯王国以十数……"，有的将"滇濮"连读，并认为滇应该是濮人中的一种。按此种解释，不仅与《史记》所载不合，而与《华阳国志》本书中所载亦不合。在《南中志》中，凡言濮者，均为单用（加形容词者除外，如裸濮）。如在叙述永昌郡的民族时说："有穿胸、儋耳、闽、越、濮、鸠獠，其渠帅皆曰王。"又说："有闽、濮、鸠獠、僄越、裸濮、身毒之民。"三国时，"李恢迁濮民数千落于云南、建宁界。"晋时"祥（吕祥）子元康末为永昌太守，值南夷作乱，闽、濮反"。其所言之濮，均在永昌郡，想濮族是当时南中西南部的一种民族，与滇相去颇远。

今以来更是众说纷纭①，今若称晋宁文化中的主要民族为靡莫，或者为濮，则不如称之为滇，似属更为有据。

从晋宁出土的许多铜俑及镌刻的人物上来看，古滇族与其四周的民族在服饰上及风俗上是有着显著区别的。又从晋宁的各种人物图像场面中，所描写的对象，都是滇族的一些主要活动，或者是与滇族有关的其他族的一些活动。从服饰而论，滇族的服装是相当统一的，而特别以女子为然。滇族女子的头髻，与其他族的迥然不同。将发于额前中分而全部向后梳掠，于后颈上将发重叠而从中束之，成一在《云南晋宁石寨山古墓群发掘报告》（以下简称《报告》）中所谓"银锭式"的长髻（图版壹，1、2；又见《报告》82页，大铜俑，图版陆玖，1）。在髻的中部系带时可使上部稍宽而高，下部稍狭而短。有的髻可下垂至于背上，大概贵族阶级的髻多系如此。有的于额前留发一小撮如"刘海"式，而后垂之髻则相同。头上及髻上均不戴其他饰品。此种髻式，因其拖垂于后，今姑名之为"垂髻"。"垂髻"为滇族妇女贵贱之通式，如乘肩舆者（见《报告》图版伍柒），坐而指挥者（图四，9之中坐者），劳动操作者（图一，3），舞蹈者（图一，1），无不作此种髻式，亦为此一群人物中最多的一种髻式。

再有一种发式，即将发总掠而披于背后，于后颈以下用带宽束

---

① 按濮人首先见于《尚书·牧誓》，孔传以为"在江汉之间"。濮又称"百濮"，《左传》文十六年："麇人率百濮聚于选，将伐楚。"疏谓："建宁郡南有濮夷，无君长总统，各以邑落自聚，故称百濮。"按此建宁在今湖北省石首县南。此所谓濮或百濮，均距后来云南的濮甚远。关于濮人的族属问题，有的以为属壮、傣族系民族，有的以为属于彝族系统，有的以为与古代的"巴"有关。众说纷纭，未有定论。

之。此种发式，骤视之可能认为系另一种民族者，但其装束则与滇族妇女完全一致，可能为滇族女子的另一种发式。因自正面视之，与梳垂髻者完全无异，惟后垂之发有挽髻与不挽髻的不同。此种发式不多，仅见一杖头俑上（原编号M14：9；图版贰，1、2）和"杀人祭铜柱场面盖虎耳细腰铜贮贝器"上有三四俑作此式[①]。再者，此种妇女髻式上的区别，可能与妇女的社会地位和已婚、未婚、已寡等有关，或与个人的嗜好与时髦性有关。其究系如何，须待更多的资料发现，方能决定。

滇族妇女的服装也是很统一的。无论贵贱皆服一宽大对襟式外衣，衣长仅及膝下，袖宽大而短，长仅及肘。衣领及缘边皆有数道线条纹，衣上有垂直线条作饰。着时不系不扣，使前胸之内衣微露。内衣因大部分均为外衣所掩盖，故样式不甚明了。其样式大概紧称身躯而较外衣略短，圆领，领边及衣的下脚均有线条作饰。此种内衣是否为贯领式或另有衽，亦不得而知（图一，1、2；图版壹，1）。膝以下无饰，跣足。上层阶级与贵族妇女的外衣亦均如此，惟衣上加各种纹饰，袖亦较长，此于几个较大的铜俑上可以见之（图版壹，1）。耳皆戴环，环有两式：一种仅为一小圈，大概为常人所戴（见《报告》图版壹壹肆，3）。再一种为"叠片式"，大概为贵族所用（见《报告》图版壹壹肆，1）[②]。再者，贵族妇女下臂上戴扁形镯四五

---

① 见《报告》图版伍贰及伍叁。
② 用递相缩小的极薄块形玉片相叠而成"蚌蛤"形，戴于耳上时则向两旁突出。这类的耳环是男女通用的。又在《报告》123页列有"Ⅱ式"耳环（图版壹壹肆，2），形如野兽的尖形犬齿，但图像中未见有戴此种耳环者，亦或系我个人观察的疏略。

图一　晋宁铜器上的纹饰

　　1.舞蹈者（取自贮贝器M12∶2拓片，见《报告》图版壹贰叁）　2.抬肩舆者（取自贮贝器M12∶2腰部纹饰拓片，见《报告》图版壹贰贰，注意其衣的后幅）　3.运粮者（其所著外衣和内衣甚为清晰，取自《报告》图版壹贰壹，贮贝器M12∶1腰部拓片）　4.牧猪者（取自贮贝器M12∶1，第二层器盖纹饰拓片，见《报告》壹贰零）

　　道，亦有很多实物发现①，几将整个下臂笼罩。有的腕上还戴一璧形的玉环（见《报告》图版壹壹贰，4—7）。

　　作以上所述装束的，又何以知其为滇族妇女？这于他们的生产活动和社会活动中可以见之。滇族的农业生产，大概主要系由女子任之，男子仅从事牧畜、狩猎和战争。此或为当时的一种男女分工。所

————————

　① 见《报告》图版壹壹叁，2和壹零肆，2。有金和玉两种，M20∶40为金制，M11∶17为玉制，但形制则大体相似，仅金制者更薄而已。

以有关农业活动，或有关农业活动的祭祀中，均以女性为主体，而男性副之。又在许多社会活动中，如斗牛（原编号M6：41，图版叁，1）①和M3：140（见《报告》图版柒叁，3）两铜扣饰上，她们往往与滇族的男子并列杂坐。再者，滇族的若干服饰是男女相通的，如叠片式耳饰、璧形玉臂环等。由以上诸端，我们可以肯定凡是作此种装束者，均系滇族的妇女。

　　滇族男子的头髻，将发总掠于顶（有的稍后）而叠成长形，从中以带束之，有的将带两端突于后（少数突于前）以作饰（图一，3、4；图二，1、2）。此种发髻，从各种图像中看，为一般的通式，上下贵贱得通用之。从另一方面看，男子的头髻是比较复杂的，往往在不同的场合中，则有不同的髻式，但皆是从此种基本形式稍加变异而来的。大概滇族无冠，故在不同的仪式中或者用不同的发髻来表示之。例如，有一种髻，将发向上梳掠而总结于顶，样式特别松大，亦从髻中束之，髻根甚大而以发或窄带盘于根际。如执盖铜俑（图版壹，3、4）②、铜舞俑等③，均作此种髻式，此或为青年或贵族的一

---

① 　按此一铜扣饰，《报告》中未载。
② 　《报告》图版陆捌，2、3；陆玖，3。在《报告》中将此等俑均认为系女性，但从他们的头髻、服装和所戴的饰物等来看，均为男性，绝不能认为系女性，说详后。
③ 　《报告》图版陆陆，1—8。在《报告》中亦将此四个舞俑误为妇女（见80页）。此四俑"制作精细，造型优美"，且作舞蹈姿势，故极易误其为女性。若以滇族男女服装的差别来稍一仔细观察，其为男性是极为明显的。此种高大的发髻虽极易误其为女性者，但通观滇族的女子，绝不作此种发髻，凡作此种髻者均为男子。从此四个舞俑的服装上看，如肩披帔巾，腰系皮带，带前有大扣，股后拖三叉形后幅，腰佩短剑等，则均为男子服饰，滇族女子绝不如是。此虽系舞装，样式特别新颖巧丽，其为男性舞童，则一望而知。女子的舞装与此不同，一望仍知其为女，可参看《报告》图版壹贰叁，及本文图一，1。

种髻式。再者有一种高髻，髻根高出于头顶五六寸，形如圆桶，再于上面结一如上式的髻。此种髻式，发中必实有物，否则绝不能如此高大。在所有滇族人物中梳此种髻者甚少，仅"杀人祭铜柱场面盖虎耳细腰铜贮贝器"上所铸平台上正中高坐（垂足坐）者一人，台下执事数人（但不如前者之高，二者均见《报告》图版伍贰），以及一"铜戈銎"上一乘马者（可能系滇王）等数铜俑而已（图版贰，3）。梳此种发髻或仅系少数人的特权，或仅在重要的仪式中用之，详情尚不明了。以上滇族男子的几种髻式，骤视之似均不同，但基本上是相同的，不同之点仅在髻根的大小与高矮，其顶上之髻则无不从中以带束之。以带从发髻的中部束之，男女相同，不过男子的髻在头顶上，女子的髻拖在颈后而已。此亦可能是古代汉族中所谓束发。滇族男子中亦有梳椎髻的（参见《报告》图版陆玖，2）①，但为数不多。

滇族男子的服装，其外衣基本上与女子的略似，但衣袖甚短，男子则腰中束带，前有一大圆形带钮。外衣内尚着有内衣，但均为外衣所掩盖，不知其详（图二，1）。滇族男女似不着裤，由少数半裸的铜俑视之，男子胯下仅系一宽带，而上束于腰际（见《报告》图版陆陆，舞俑）。膝以下裸露，跣足。耳皆戴环，环式如女子所戴者。

以上不过为最基本及一般人所通用的服装。此外，似乎尚有阶级、仪式、舞蹈上的附加服饰，形式颇为繁缛复杂②。例如有一种人着上述之服装，而腿后拖一长幅，幅下端作三叉形尾饰。自抬肩舆、

---

① 此虽系"椎髻"，但其服装则完全为滇族者，故仍认其为滇族。
② 如《报告》图版陆柒所列之两铜饰物上所铸之人物，应为巫觋在仪式中的服装。

仪式中执事者以上、牧畜者，多如此（图一，3、4），仅劳动者后幅短，而其他者则曳于地[①]。至于舞装，此后幅更为繁缛华丽（见《报告》图版陆陆，舞俑）。

有的在肩背上加一帔巾，前用带系于当胸，后面覆于背，而于尻上突起[②]。帔巾上往往饰有极细的花纹。着此种帔巾者大概仅限于少数的统治阶级。如系乘马，肩上亦披毡，有如现在的彝族（图二，2）。

贵族的耳上戴"叠片式"耳饰向两旁突出，腹前垂一大圆形带扣。此种扣饰的实物发现甚多，铜制鎏金，上镶各种宝石，精工华丽[③]。两下臂上戴扁形铜镯四、五道，致将整个下臂罩住。腕上亦戴璧形玉环，有双腕皆戴者，亦有仅一腕戴者[④]。如佩短剑，则悬于左。但无论如何盛装，皆跣其双足。如系舞装或在仪式中，膝下胫上往往系缨带以作饰[⑤]。

男子的服装在不同的场合中，虽有各种不同的附加服饰，但其基本形式在仔细的观察下，是不难看出的。

---

① 见《报告》图版壹贰零，畜牧者；图版壹贰贰，抬肩舆者；图版陆陆，舞装。此种后幅虽在极端诡异变异下，还是可以分辨的，如《报告》图版壹壹玖："铜鼓形双盖铜贮贝器"第一层器盖上所刻的所谓"羽人"，即是一例。此上所刻绘者，大概为一种仪式中的舞蹈。

② 如《报告》中图版陆陆；陆捌，2、3；陆玖，3等。其它如贮贝器M12：26（图版贰，2）上所铸的人物，其中"执事者"亦着此种帔肩，参看图版伍叁，又本文图版壹，3、4。

③ 《报告》图版柒拾、柒壹。此类带扣亦有作长方形者。见《报告》86—87页，图版柒贰，但在图象中少见于佩戴。

④ 参见《报告》图版壹贰叁，贮贝器M12：2面上所刻之坐于铜鼓旁之男子；他如图版陆捌，3，其下臂所戴者，亦清晰可见。

⑤ 少数劳动者亦作此饰，如《报告》图版壹贰零中之"畜牧者"，图版壹贰贰中之抬肩舆者，膝下亦均系缨带。

图二　晋宁铜器上的纹饰
1. 乘马滇族男子，可见其所着内衣的下部　2. 乘马滇族男子，其所披之毡有似现代彝族者（两图取自一件铜鼓的残片拓片，共有十骑，均为此二式，或小有不同，今取其二）

作以上装束的男女，在出土的铜俑和各种镌刻的人物中，均占多数。如系在活动的场面中，则皆居于主导地位，故认为他们是这一文化的主要民族，即滇族。他们的服装，轻便而美观，富有民族色彩，既不同于当时汉族的服装，也不同于其他铜俑所表现的不同民族的服装。从其式样看，宽大而称体，是适合于当地的气候的。

二、滇族所统属下的各族

滇族的男女，在各种人物的图像中虽极易辨识，但除滇族以外尚有其他何种民族，则必须先找出一个大概轮廓，然后再从各种图像加以核对。我们可先从M13：2贮贝器上所铸的人物开始[①]。此贮贝器为两铜鼓相叠的形式，下大上小，两鼓之间铸有立体人物一周，人物高约9—10.4厘米，作牵牛马负物之状，制作极为精工逼真，为晋宁出土的贮贝器上面塑铸人物最精美的一件。所可惜者其盖部已经失去，不知其作何图景。

在《报告》中称之为"赶集场面"，这是与实际情况不相合的。按贮贝器为滇王族的重器，其上若铸有图像的话，都是表现滇族的重大事件的，如战争、祭祀等，若将赶集的情况铸在上面，则失其意义了[②]。此一群人物，很清楚地表现出七种不同装饰及姿势的人物。每一种中最多者四人，最少者二人。每一种中为首之人皆盛装带剑或披毡，其后随者各作牵牛马或作负物之状。从其所表现的情况观之，当系滇王统率下的各种不同的民族（或部落）来向滇王进贡或献纳的图景，正如《华阳国志》所谓"牵牛负酒，赍金宝诣之之象"的图像。对滇王来说，这是一件重大的事件，故将其形象铸于"国之重器"的

---

① 此贮贝器出于第13号墓，据《报告》中的分类，属于"第二类型"，推定的年代约为公元前175—公元前118年，大致上是可靠的（《报告》14、133—134页）。

② 见《报告》74页；图版肆陆、肆柒。《报告》中关于此一场面的解释中，把"编发"者均释为妇女，以及在分组上均有可商榷之处。

贮贝器上，有如中国所谓"王会图"①。可惜此器的上部已不存在，如其存在的话，此种意义可能更为明显。此图景的各群人物中为首之人，想系《汉书》中所说的"邑君"之流。如在成帝时陈立为牂牁太守"乃从吏数十出行县，至兴（夜郎王兴）国且同亭，召兴。兴将数千人往，至亭，从邑君数十人入见立，立数责，因断头。邑君曰：将军诛亡状为民除害，愿出晓士众……"按当时夜郎王、钩町王、滇王等为南中较大的王国，其下的"邑君"实相当于各族的酋长。而此图景所表现者，当是来"进献"的，其为首之人的穿着，应能充分代表该族服装的特点。所以这一图景中的人物对分析当时的民族，具有特别重要的意义。这也应是"滇王"统治下的各民族最具体的表现。

此一群人物，依其发髻、服饰的样式，及进行的行列，可分为七组，因尚不能与记载中当时各族的名称相比合，故暂用拉丁字母以代表之。兹由其服饰、动作及地位，分述于后。

（一）A组（图三，1；图版叁，2）

此一组共四人。首二人皆挽长形髻直贴于脑后，头顶髻上叠带为饰，并以窄带系于颔下。第一人短须，着短窄称身之衣，窄袖长过手，窄裤长至足背。衣上有半圆形纹饰，裤上饰斜方块纹。右手持杖（杖已失去）；左带长剑（剑的下半段已断失），剑以带负于右肩。

---

① 《新唐书》卷222下，东谢蛮："贞观三年，其酋（谢）元深入朝……中书侍郎颜师古因是上言：昔周武王时远国来朝，太史次为王会篇。今蛮夷入朝，如元深冠服不同，可写为王会图。诏可。"

1. A组

2. C组

3. B组

4. E组

5. D组

6. F组

7. G组

图三　男子各组

第二人须长过腹，服装同于第一人，惟上衣饰斜方格纹，裤饰半圆形纹。亦佩长剑持杖（杖的上半段已断失）。此二人应为酋长或邑君之类。

第三人短须，头髻装束与前二人同，惟发顶无带饰，不带剑。背负一筐而以带承于额，筐内另贮一箱。此人之地位低于前二者，应为随从之类。

第四人挽长尖形髻突于脑后，无髻饰，无须，身裸无裤，仅以宽带系于胯下，跣足。左悬布袋以带负于右肩，袋中有物，但不识为何种物。左手执绳鞭，右手牵一高峰牛，牛不穿鼻，以绳系于项，此人似为牧奴。

此种（前三人）服饰的铜俑，亦见于同墓出土的鎏金扣饰上（原编号M13：38，见《报告》图版陆捌，1）。此扣饰上二人双手各执盘而舞，服装与所佩长剑和上述前二人相同，应为一种民族。

（二）B组（图三，3；图版叁，3）

第一人髻挽于顶，缠帕，右前方伸出一段帕端为饰。左耳有环。衣长下及股半，窄袖及腕。短裤及膝下。肩着帔巾，前系于右肩，中束于腰际，其后曳于地。左佩剑而以带负于右肩，剑长中等，鞘宽，似为铜柄铁剑。跣足。此人应为邑君之类。

后随二人，均髻挽于顶，缠帕，衣长及膝，似不着裤，或裤甚短。腰束带，腹前有圆形带扣。二人右肩共抬一物（杠与物已失落），各以右手作扶杠状。此二人应为随从或奴隶之类。此族与滇族的关系是很密切的，如滇族之男子乘马时，往往有缠如以上第一人之头帕者，腰间之圆形带扣大体相似，但衣式不同，头髻亦异。而作后二人之装束者，亦往往于其他场合中的服役者见之，如有些为滇族女奴隶主抬肩舆者，似亦为此种人（参见《报告》图版伍柒）。他们可能是构成滇族中的一种，而同时又与彝族有关。

（三）C组（图三，2；图版肆，1）

前一人髻挽于顶，双层，下大上小，甚高，左右有两股小发下垂为饰。衣长及膝，肩着帔巾，巾前以带系于胸前，腰际束于带内，其后下垂但不曳地。剑佩于左，短而宽。这类剑的实物发现很多，亦为滇族所常佩的一种。如《报告》43—45页，插图九，8、9、15、16各短剑上镌刻之裸体持剑搏兽之男子，自头髻上看，应均为此族。其下臂上所戴之钏及环，亦大体上与滇族者相同（见上引插图九，15、16）。此族或者为长于狩猎的民族，除剑上所刻的裸身搏猛兽外，M17：14"八人猎虎镂花铜饰物"（《报告》图版捌壹，1）所铸之八人，自其头髻、服装上看，亦当为此一族。

后随一人，发髻略如前状，但无双股下垂之发。衣长及膝，似不着袴。右肩有带，故左腰部原来似悬有物，但已失。右腕戴钏，衣袖甚短。背负筐而以带承于额。筐为小底大口（与A组之筐形式不同），筐中置猪腿一支。

以上第一人应为酋长，其后为随从或奴隶。

滇族之男子在举行仪式时亦往往梳类似此式的高髻，但又有不同，如无下垂的双股小发和无髭根等。所以他们应与滇族有一定的关系，也可能与当时的彝族有关。

（四）D组（图三，5；图版肆，2）

前一人梳双辫垂于背后，额系带一周，额前带内有平突之饰，亦可能系一种发式。耳戴环，衣长及膝，袖长及手，腰束带。衣上以垂直纹作饰，衣脚另接一段。不着裤，胫上似有裹腿。刀佩于左而以带负于右肩。

后随一人，发髻如前，衣亦略如前人，惟较简，无胫上之裹腿。不佩刀，双手执一鞭，后牵一无峰垂角牛。

此类民族少见于其他场合之中，故与滇族的关系似乎不太密切。他们应为如《史记》所称的一种"编发"民族，可能为当时云南西部的游牧民族中的一种。

（五）E组（图三，4，图版伍，1）

前一人的发分梳为两辫垂于背后，另分两股短发垂于耳前如髻，顶又有小髻。左耳戴大环垂于肩上。衣宽大，长过膝以下，左衽，袖短而小，衣的下方另有一节，均以垂直纹为饰。左袒。腰间系窄带。剑佩于左，以辫形带负于右肩。

后随一人，发辫亦如前，惟无顶上之小髻。衣为圆桶式，长仅及膝，无袖。其衣因无下方的另一节，故短。双手捧盾负于右肩，盾为上圆下方的长形，盾中有一脊，两边各有二圆形牌，以长钉钉于盾上。此类形式的盾，于战斗场面中往往见之。

这种民族与滇族的关系是疏远的，并且是滇族战斗和虏掠的对象。

此一"献纳图景"中虽然有他们，或者仅是被滇族征服的一部分，其中的大部分，滇族不能加以役使，而仅是作为战斗和虏掠的对象。

（六）F组（图三，6；图版伍，2）

第一人发挽于顶作圆形髻，额以上束带一周，故髻露于顶上。衣仅及股下，着短裤。衣上饰垂直纹。肩披长巾，上端以带系于胸前，巾的下端为方角而曳于地。左佩短剑而以带悬于右肩。

后随一人，发挽于顶作圆髻，但无带饰。身所着者似为"贯头衣"，无袖，似亦不着裤。双臂前伸与胸平，作捧物之状，但双手及所捧之物已失。

前一人应为酋长，后一人应为随从捧物的奴隶。

作第一人的装束者于其他活动场合中亦往往见之，但多不着帔巾①，例如在祭铜柱及祭铜鼓中的抬肩舆者，似为此种民族。他们可能是滇国附近役属于滇族的民族之一。

---

① 如《报告》图版柒玖，1、2骑士狩猎铜饰之铸像，发髻、服装与此略同，惟无帔肩。此二像可能有两种解释：一为F组的骑士，二为滇族中之作F组装束者，但以第一种解释为适当。他如《报告》图版伍捌M10∶53贮贝器上之骑士，则可能为滇族之作F组装束者，亦竟可能为"滇王"之造象（？），M10与M13为同期的墓葬。

1. I式（右侧面）2. 同前（左侧面）　3. II式　　　　4. III式

5. IV式（正面） 6. IV式（背面）　7. V式　　　　8. VI式

9. VII式　中座者为滇族女奴隶主，其右捧巾者为滇族妇女，
其前之捧盘及其后之执伞盖者（伞盖的上部已断落），为VII式妇女

图四　妇女各式

（七）G组（图三，7；图版伍，3）

前一人头戴一圈形帽，帽前窄后宽而无顶，正中有一绳形梁，帽巾有"人"字纹三道，似为编织而成。帽前当额处有一大扁桃形饰片，帽圈的左边内面有一片突起的饰片。双耳戴大环，衣长及胫，衣下脚有线纹一道，线纹上又有回纹一道。跣足，无袴。左悬铜剑而以带负于右肩。右手下垂似握一带形物横于腹间。

后随一人戴帽如前，惟梁特高，而帽左无突出之饰。衣仅及膝而无下脚的饰纹。跣足，无袴。佩剑如前，腹前亦有一带形物。右手执鞭，左手牵马，马后随一高峰牛。此一人应为前一人之随从而非奴隶。

此类民族于其他的活动场面中虽亦见之，但不甚多（见《报告》图版捌贰，1之骑士；本文图版贰，3之前一骑士及后立者）。他们既非居于显著地位，亦非执役者，亦有时与滇王（？）并骑（图版贰，3）。他们大概是滇族统属下的民族之一，地位亦不甚下。从他们的服装上看，亦可能与彝族有关。

此一图景上所表现的人物，均系来向滇王"献纳"或"朝觐"者。其领导人所服的服饰，应系该族的一种正式服装，在样式上可能代表该族的特点。又从其随从人员或奴隶的服装上，不仅可以看出每一族在服装上的等级差别，亦可看出他们的服装上的变异。在其他的场合中所表现的人物，虽然在服装上或小有不同，但某者可能系同族，某者可能不同族，是不难决定的。

在此图景中的酋长皆佩剑，其随从人员则否。所佩的剑虽各有样式及长短之差，但皆悬于左。在骑乘之中有极少数将剑悬于右者，或剑首出于右者，此或与乘马有关，而非民族的不同。因古代乘马无足镫，若剑悬于左，上马则不便。

以上所描写的七种不同装束的人物，均系男子，至于女子，我们可先从"奴隶生产俑贮贝器盖"上的人物开始[①]，然后再推测他们之间的关系。

此贮贝器发现于墓1中，系最早的一个发现。墓1为西汉中期以后的一个墓葬，大体上与墓13约为同时。

此贮贝器盖上所铸的铜俑共有十八人，均属女性，系一家庭奴隶生产最生动的场面。此中滇族的女子占七八人，发式服装皆一律。女奴隶主（滇族）坐于盖的上首矮榻上，较其他各俑为大，且通体镀金。发式及衣着皆为滇族的标准样式。其他各俑（除其后为之执"伞盖"者而外），均向之而坐。此中除作滇族女子的装束者之外，其他尚有七式（图版陆，1、2；图四）。

Ⅰ式（图四，1、2）：发分梳成两辫拖于背后，另有二小股垂于耳前。衣左衽，左袒。下臂戴钏，端坐于器盖右前，其右置一袋，双手撚线。

Ⅱ式（图四，3）：发挽成螺髻于顶后，双耳戴大环，衣长及膝，

---

① 云南省博物馆考古发掘工作组：《云南晋宁石寨山古遗址及墓葬》，《考古学报》1956年1期。在文中称此器为"鼓形飞鸟四耳器"。文中误其中的三人为男性，并误鹦鹉为鸡。见该文图版伍。

自衣上所刻的纹样看，似为对襟，但为织机所掩，情况不大明了。此人箕坐于前者之右而面对女奴隶主，以足蹈腰机而织。

Ⅲ式（图四，4）：发于脑后挽成一髻，肩上披巾而垂于后，将背露出。衣的样式不明，但长及膝下。衣的下脚刻有横线纹三道。箕坐而织如前（坐于前者之右），右手执扣，左手执断线至口以津润之，作接线之状。

Ⅳ式（图四，5、6）：发梳髻垂于右耳上，肩上披半月式之巾，垂于后而露背，巾前以带系于颈。衣长过膝，但式样不明。箕坐而织，双手执扣。

Ⅴ式（图四，7）：髻挽于额前成尖角状，甚高，余发则披于后。此种高角髻似为一种假髻，其中似实有物。衣过膝而腰束带，背后之衣带以上凸出，如其中实有物然。箕坐而织如前。此种发髻为此一群铜俑中之最显著者。又在M12：26贮贝器盖上的图景中亦有梳此种髻者三四人，但其民族成分则不明了（《报告》图版伍叁，右）。

Ⅵ式（图四，8）：将发结于后而扭成绳形，挽盘髻于脑后，余一节垂下至腰际。短衣，长裙。裙似为布一幅围于腰际而以宽带束之，裙幅后部出两角尖而曳于后。此人立于器盖前首中部，双手捧盘于胸前，盘中所盛者似为鸟类二只。

M12：26贮贝器盖上图景中亦有同样装束的一人，又M6：13之乘马者亦作此种装束（见《报告》图版捌贰，2）。此类俑因数量过少，其民族成分亦不能明了，其为滇族以外之民族则可知。

Ⅶ式（图四，9）：发挽椎结于顶际，额缠帕一周，项戴珠圈。

衣仅及膝而腰束带。衣上刻垂直线纹，衣的襟式不明。端坐于女奴隶主之后，双手所执者似为铜伞盖，但其上部已断失，故不明。此种铜伞盖发现有实物（见《报告》图版陆玖，1铜俑之所执者）。又女奴隶主之前右端坐一人，双手捧一长形盘以进，盘中盛一鹅。此人之头髻及装束与上者略同，当为同族。

以上是这一场面中所表现的妇女主要人物，除了滇族的而外，尚表现有七式不同头髻及装束的女子，每式一人（仅VII式有二人），想这仅是象征式的，因在此种"器盖"面积的限制下，不可能将每一式铸成很多的人物来代表。每一人即可象征着其所统辖的族属在为奴隶主服役。如果这一推测有可能的话，那末，问题是她们与"献纳图景"上所表现的七组民族是否有关系，或者能将其等同起来。在两者之上所表现的均为七种，这不仅是一种偶合，或者在滇族当时所统治或役属之下的，主要的有七种民族，也是极有可能的。

其中的E组与I式，可以大体上断定他们是同族的，不仅他们在发辫上相同，而在服装上亦大体相似，并且均系左袒。所不同者，仅男子耳戴大环而女子无之。女子则下臂戴钏，上臂有珠圈，而男子则无之。在原始社会中，男子与女子的服饰大体上相似者，亦往往有之，但为例是不多的。E组与I式的服饰大同而小异，所以可能是同族属的。如果此一假定可以成立的话，那末这一女子当系被虏掠而来的奴隶，因为从几个战斗及虏掠图景中，此编发民族系滇族战斗及虏掠的主要对象。亦可说明此一场面中的服役者均系女奴隶。

其他各组的男子与各式的女子之间，因资料不足，尚无法比附。不过在这里不妨先提出一种意见，以备研究参考。

B组与VII式

C组与IV式

D组与V式

F组与III式

G组与II式

A组与VI式

以上每列组合，可能系同族。

这种各族间男女的互相比附，是非常牵强的，不过也是经过了一番仔细的考虑，根据各种情况，而暂时加以拟定的。例如，在前面曾认为B组这一族与滇族的关系是很密切的，此VII式的女子则系为滇族女奴隶主个人服役的，一人为女奴隶主执铜伞盖，一则进食（双手捧盘），并且杂在滇族妇女之间，其与滇族的关系比较密切，是可以想见的。再则两者在服饰上也有相同的地方，例如：皆顶挽椎髻，缠帕，腰束带，衣上的纹饰也大致相类似。所以，照上面情况，暂定他们系同族。其他可以类推，并在"推论"中再加以详述。

我们回转来用以上所定的"滇族"以及其他的"七组（男）""七式（女）"来观察晋宁出土文物上所有的人物图像，则很少有溢出以上所举的种类之外的。无论他们在服装上如何变异，每一种类的最基本的形式，在仔细的观察之下，是不难看出的。这些人物图像有的虽然极小（最小者不到二厘米），但其造型艺术很高，表现力也甚强，这就给我们在研究上提供了很大的方便。

三、推论

我们从晋宁出土的文物上所雕刻的各种人物活动场面上看，滇族是他们所要表现的主要对象，其他各族都不过处于从属地位。从滇王族的墓葬群中所出土的文物上所表现的此种特点，应该是正常的，也是预料中的现象。

"滇族"有它独特的高度的青铜器文化及其别具风格的服装，这种服装既不同于当时的汉族，也不同于在铜器上所表现的其他各族。这种服装，显然与滇池区域的气候相适应（无严寒酷暑），虽可以说它主要的是由滇族自己所发展的，但也不能说不受到当时其他邻近各族的影响，特别是汉族，因骤视之，其服装稍具有一些汉族的风格之感。

关于"滇王"的来源，《史记》言之颇详。《西南夷列传》中说："始，楚威王时，使将军庄蹻将兵循江上，略巴、蜀、黔中以西。庄蹻者，楚庄王苗裔也。蹻至滇池，地方三百里，旁平地肥饶数千里，以兵威定属楚。欲归报，会秦击夺楚巴、黔中郡，道塞不通。因还，以其众王滇，变服从其俗以长之。"按"庄蹻王滇"之说，开始于《史记》的这一段记载，后来言滇事者，无不以此为本。司马迁是到过当时的南中的，不与其他得诸传闻者可比，其言当不尽诬[①]。而

---

① 《史记》卷130《太史公自序》："……于是，迁仕为郎中，奉使西征巴、蜀以南，南略邛、笮、昆明，还报命。"司马迁之南游，正当平西南夷之后（元鼎六年），其对于南中的情况必甚为了解，此于《史记·西南夷列传》中所叙述者可以见之。按汉时昆明，略当现今洱海及其以东地带，故司马迁足迹所到，离滇池区域亦不远。也可能到过滇池，因其言"昆明"，可能是泛指南中而言。

在《西南夷列传》中记滇事亦最详，最后更在赞论中说："楚之先岂有天禄哉？！在周为文王师，封楚；及周之衰，地称五千里；秦灭诸侯，唯楚苗裔尚有滇王；汉诛西南夷，国多灭矣，唯滇复为宠王。"司马迁对于"庄蹻王滇"之说如此重视，想当时在滇族中必系一种很普遍的传说。

虽然这一段记载中有若干问题，后来有不同的说法，例如，庄蹻入滇的路线，《史记》言"循江上……"此所谓"江"，当系指大江而言。而《华阳国志》则以为系"泝沅水，出且兰"。又如庄蹻入滇的时代，《史记》以为系在楚威王时（公元前339—329年），而《后汉书》则改为楚顷襄王时（公元前298—263年），俾与秦攻夺楚巫、黔中郡的年代（公元前277年）相吻合。像这些记载上的错乱，虽然削弱了它的史实性，但"庄蹻王滇"这一史实，从各方面来看，则当是可信的。如果我们从晋宁出土的文物所表现的情况来看，庄蹻王滇之事似乎对当时滇东北区的文化发展上，还起了一定的作用，并且对"滇族"的形成，想亦不无关系。

按庄蹻从楚行数千里而征滇，并且能以"兵威"临之，其人数当不至过少。以两汉时期每次征滇所用的兵力推之，庄蹻所带的人数，至少也当在几千人或者万人以上，"食重"者或尚不在内。庄蹻的本意是原欲"归报"于楚的，后来因为不得已而留滇，其所带领者应尽是有战斗力的男子。以这样众多而具有当时楚国文化的男子，在当时的一个少数民族地区住留下来，娶妻生子，其所发生的影响一定是很大的。其所娶的女子，想绝不都从同一个民族中而来的，因为以当时边区少数民族人口的情况而言（《史记》称滇王有众数万人），除非将一族中的青年男子尽行屠戮而夺其女子外，一时之间或者找不出这样多的未婚女子。从这样众多的男子而娶其当地和四周的不同族的女子，其下一代必定会形成民族上和文化上的融合，其于风俗习惯和物质文化上所保留者，也不一定是属于哪一个民族的，或者其女子所属的各族皆有之，而演成一种新的风俗和服装。这些人都是属于统治阶级的，其所直接统治的民族或者将起而效之。这样就可能在当地演成一种与前不同的更进步的文化。我们观于晋宁出土的文物所表现的高度文化，想像这样的现象是可能出现的。所以庄蹻之从其俗而王滇，也许不是从某一个民族的风俗，而是所取者广，其中不仅有"楚"的成份，也有当地各族的成份。这种文化的混合，或者在当时滇池附近的生产及文化上也起了推动作用。我们试观滇族别具风格的男女服装，以及其地方性特别强烈，但仍在汉族文化基本范围以内的高度的青铜器文化，这种推测似乎是可以成立的。

我们再以滇族的服饰来说，滇族中无论男女皆系赤胫跣足，这完全是西南少数民族从古到今的习惯，即使到了唐代，南诏中的清平官以及大将军等皆跣足，可见这一习惯在西南民族中的久恒[1]。滇族在足下所表现的，虽完全是"西南夷"的习俗，但其发髻则颇具汉族的风格。

---

[1] 《蛮书》卷8《蛮夷风俗》："俗皆跣足，虽清平官、大将军亦不以为耻。"清平官犹唐之宰相。《新唐书》卷222上《南蛮列传》："官曰坦绰、曰布燮、曰久赞，谓之清平官，所以决国事轻重，犹唐宰相也。"

前面已经言及，滇族的男女皆束发，而不同于其他的"椎髻"或"编发"。而汉族在古代亦系束发，也是汉族在古代所以自别于其他的"编发"和"椎髻"的民族的①。但古代汉族的发如何束法，今虽不能知其详，但我们若看湖南长沙陈家大山战国墓出土的帛画上女子的发髻，其样式和滇族的女子的头髻是有些相似的，均系以条组束发，仅比之稍上而滇族者更下垂而已②。关于滇族男子一般的发式，在中原出土的一些人物图像上也有类似的情况。如河南辉县赵固镇战国墓出土的宴乐射猎纹铜鉴上所刻的人物，有的发束于顶使两端翘起，脑后拖一"三角形"组带，样式甚为奇特③，而滇族男子的一般头髻均系将发束于顶，使两带拖于后。所不同者，两带之间不相连结成三角形而已。大概在战国时期，汉族的男女或者有类乎滇族男女的髻式，而滇族的此种发式，可能是由庄蹻带去的楚发式演变而来的。关于战国时期这一类的材料发现尚不多，所以比较是很困难的。

总之，从服装上言，以及从人物图像的各种活动上言，滇族的人物形象是特别突出的，他们是这一文化的主人，是这一文化的创

---

① 按汉族古代的"束发"，颇多异称，如髻、髻、括、髻……。《说文》："髻，絜发也。"段注："絜发，指束发也。……《内则》丧服之'总'，《深衣》之'束发'，《士丧礼》之'髻'，同为一事。"按其他如"紒""总""鬟""髻"等，均系指束发而言。《说文》："鬟，总发也。"又说："髻，总发也。"《释名·释首饰第十五》："总，束发也。总而束之也。"

② 郑振铎：《伟大的艺术传统图录》第一辑，图版十二。又郭沫若：《关于晚周帛画的考察》一文中有较清晰的摹本，《人民文学》1953年11期。

③ 考古研究所：《辉县发掘报告》，116页，图一三八，铜鉴1：73摹纹。又如山西长治所出的铜匜上刻者亦同，见《考古学报》1957年1期。他如河南汲县山彪镇出土的水陆攻战纹鉴上所刻的人物，有一些也作此种式样。见郭宝钧：《山彪镇与琉璃阁》，图一〇、一一、一二。

造者。

按滇族是当时南中文化最高的民族，以一般的情况而论，除非有强迫性的迁徙，是不会在短时期内就从当地消灭的。那末，滇族属于后来历史中的哪一种属，在这里也不妨略加以推测，作为我们研究这一问题的参考。

我们知道，在南诏奴隶王国兴起以前，南中各民族间的迁徙变动是不大的。当然，其中也有少数的移动，如蜀汉时"李恢迁濮民数千落于云南建宁界以实二郡"，以及少数汉族移入和汉文化影响的加强等等，但其中的主要各族，尚保持其原来区域。即使一些比较后进的民族如青蛉、弄栋、昆明等，自西汉时以迄隋唐，均大体住在他们原来的地段，并且在载籍中班班可考。至南诏兴起以后，始将云南境内的各族大量迁动，以便于统治。所以，我们推测，滇族自两汉以至隋唐之间，除有少数的向外发展之外，其中绝大部分仍旧住在滇池区域，而这一带也正是南北朝末期及隋唐之间所称为"西爨白蛮"的地区。

自西汉而后，记载南中之事者，均不如《史记》《汉书》之言其地的王侯的活动事实。《后汉书》虽为滇王立传，但除了追述庄蹻王滇的来由以外，并未提及当时的滇王的事迹，所言者均为整个南中的活动。大概自西汉而后，汉人在此一地区的统治力量加强，以前所谓侯王者均已式微，或仅保持虚名；其起而代之者，则为所谓"渠帅""大姓"。例如蜀汉时"先主薨后，越巂叟帅高定元杀郡将军焦璜，举郡称王以叛"。益州大姓雍闿为高定元部曲所杀，孟获则代之而起，而雍、孟则为益州的"大姓"。诸葛亮平南中后，"分其羸弱配大姓焦、雍、娄、爨、孟、量、毛、李为部曲"。此时并不言有滇王或夜郎王，而爨氏亦开始见于此。爨习在蜀汉曾官至领军。两晋南北朝之间，爨氏中之为南中郡守刺史者接踵相望，而当时在势力上能与爨氏相抗者，唯有孟、霍两大姓。东晋孝武帝时，两姓互讧，公元378年孟彦执霍彪送往广州，而孟彦亦死于丹州，两姓之势力大减。至梁侯景之乱时，已经很微弱的汉族势力，亦不得不最后撤出，南中遂为爨氏所独据。

爨氏的郡望，皆称建宁，亦即古滇国故地，而爨氏可能为滇族，但无论如何，其所统治下的人民当为滇族。因此时去滇王国未久，亦未闻其后有人民他徙的记载。

东爨的地域原属汉晋间建宁郡的东境及其附近地区，历来为爨氏所统辖的地方，但其人民的语言、服装以及风俗习惯均与西爨大异[1]。其中之主要成份大概为彝族。到了隋代前后，大概由于爨氏内部的分裂以及民族的不同，西爨对于东爨失去了统属能力，但其统治者仍为爨氏，故在汉人的记载中仍称为爨，因其居于原来爨氏统辖的东境，故称东爨。但西爨仍为当时南中的主要民族，西爨的首领例以汉人的官爵自称，或称"西爨王"，而隋时史万岁所征讨者亦主要为西爨，并未涉及东爨[2]。南诏强迫西爨迁徙时，东爨以言语不通，多散林谷，亦得不徙。东爨统治下的人民，大概因其为彝族之故，其首

---

① 参见《蛮书》卷4《名类》、卷8《蛮夷风俗》。
② 《隋书》卷53《史万岁传》。关于西爨与东爨的居住地域，可参见《蛮书》卷4《名类》。

领一般均称"鬼主"。

"爨"本为当时此一地区的统治者的姓氏，以统治者姓氏为族名或部落名，这在历史上和在原始部落中是极常见的事①。因为有些原始部落本来就没有一个固定的名号，其四周的外族往往以其统治者的姓氏称之，久而久之，统治者的姓氏遂变为族名或部落的名称了。《蛮书·名类》第四中说："风俗名爨也"，此即是说，爨本为姓氏的爨，后来变为风土或地域的爨了。爨虽然是从姓氏的爨逐渐变而为"风土"的爨，但爨人中所包括的民族，应与以其前在此一地区的民族有承袭的关系，除非我们能够证明爨氏所统属的人民是在两晋南北朝之间由外面迁徙而来的，不过这在历史之中是找不出这种记载的。所以我们推测，西爨区域，亦即古滇王国的区域，其中的人民，除了有不同程度的汉化及少数变动而外，应与两汉魏晋时期的古滇国的人民不殊。至于东爨，自两汉以来即为古代爨族聚居的地方，后来曾为爨氏所统治，其中之绝大部分应当仍为彝族，此于樊绰在《蛮书》中，对于东爨乌蛮及西爨白蛮的记载，是可以很清楚地看出的。

关于乌蛮与白蛮的问题，讨论者颇多，有的以为从其汉化的程度而言，有的以为从其中的贵贱之分，有如后来彝族中的黑彝与白彝，但皆无由证实。按乌蛮、白蛮之说，开始于樊绰的《蛮书》。在《蛮书·名类》第四中，对于当时云南的各民族有较全面的叙述，其中言为白蛮者有西爨、弄栋、青蛉等；乌蛮有东爨、独锦、长裈、施蛮、顺蛮、磨蛮、六诏等族。对于其他各族，均未言其为"乌"或

---

① 如唐时的东谢、西赵、茫蛮等，皆以其首领的姓氏为种号。

"白"，有的仅称为"杂种"。樊绰对于乌、白二蛮的分类，并未给予任何说明，从其所记载中亦看不出有贵贱之分，如青蛉蛮中的首领尹辅酋、尹宽求，曾作过南诏的清平官，而唐亦拜宽求为左散骑常侍，封高溪郡王①。不过《蛮书》在后面曾有这样的记载："粟粟两姓蛮、雷蛮、梦蛮皆在茫部台登城东西散居，皆乌蛮、白蛮之种族。丈夫妇人以黑缯为衣，其长曳地。又东有白蛮，丈夫妇人以白缯为衣，下不过膝。"又在《云南界内途程》第一中说："邛部东南三百五十里至勿邓部落大鬼主梦冲地方，阔千里，邛部一姓白蛮、五姓乌蛮。初止五姓，在邛部台登中间，皆乌蛮也。妇人以黑缯为衣，其长曳地。"从上面所引，似乎明说乌蛮、白蛮系以其所衣的颜色而分，乌蛮衣黑缯，白蛮衣白缯。

不过，此亦不尽然，如"青蛉蛮，亦白蛮苗裔也"，但衣服、语言与蒙舍略同。而蒙舍（南诏）为六诏之一，据《蛮书》则应为乌蛮，而此则言乌蛮与白蛮之语言服饰略同，或其间有混合情况，故樊绰称之为"白蛮苗裔"，而不直言其为"白蛮"。《蛮书》叙述南诏的衣饰特详，但亦不尽为黑、白，或者南诏跃为统治者以后，或模仿汉族，在服饰上有所改变，如剑川石窟所凿南诏王者像，其服饰虽具地方色彩，但大体上则系模仿汉族。总之，此一问题，须待进一步的资料发现，才能解决。

《蛮书》对唐时的云南民族中明言为白蛮者，除西爨外，仅有青蛉和弄栋二族。青蛉、弄栋自两汉以至隋唐皆居于滇族的西北边

① 《新唐书·南蛮传》的尹仇宽，当即《蛮书》中的尹宽求。

境，他们可能系与滇族有关的民族，也可能系受滇族文化影响最深的民族，因此樊绰称他们为"白蛮苗裔"，而非纯粹的白蛮。

关于爨氏应属于古滇族的苗裔一问题，也可以另有一些旁证。据《爨龙颜碑》，自谓系楚令尹子文之后，寄居河东，食邑于爨，因以为姓。此或系汉化后的一种依托，然其假托于楚，亦必有由，或与庄蹻王滇之事有关，即为夷化了的楚人。按滇族地区在两汉时期为汉族统治者在南中推行汉化的中心，如西汉末季时文齐为益州太守，"造起陂池，开通灌溉，垦田二千余顷"，引入汉人的先进生产技术。东汉肃宗时王阜为太守，则"兴起学校，渐迁其俗"，来推行汉化。是则滇族的子弟必有读汉文书籍者。爨氏既为滇族中的大姓，而且跻于高级统治者之列，其汉化必然更速。如文体书法，均被誉为系汉晋正传的《爨龙颜碑》，其作者即为爨氏之中的爨道庆，亦可见爨氏中汉化的程度了。

前已言过，爨氏的郡望，皆称建宁。《华阳国志》建宁郡同乐县下有"大姓爨氏"。按东晋时的建宁郡，仅为蜀汉和西晋时建宁郡的东部，爨氏郡望之称建宁，大概是指蜀汉及西晋时的建宁而言。因自东晋以后，爨氏的驻牧地并不在当时的建宁，而实在晋宁郡的滇池县，即今晋宁县。《蛮书·云南城镇》第六说："晋宁州，汉滇河故地也，在柘东城南八十里。晋平川幅员数百里，西爨王墓累累相望。"这些西爨王墓现尚未有发现。明李元阳《云南通志》载："爨王墓碑在昆明县东十五里，题曰：大周昆明隋西爨王之碑。"但现已不存①。樊绰所记是否与此有关，不得而知，将来这些墓葬若有发现的话，对于爨氏族属问题当便于阐明。我们知道樊绰记事是相当精确的，其言当不虚。

依照前面的推测，西爨下的人民为古滇族的苗裔，而爨氏是其中的大姓，后来又因其统治者之姓氏，以称其民族。因为爨氏所统治下的地方有东部彝族，故别之为东爨。而西爨实为爨氏统治的中心，东爨在经济上、政治上和文化上不过处于从属的地位。

到了唐天宝年间，爨氏中各酋内讧，遂为蒙氏所灭，并徙西爨二十余万户于永昌城。此一强迫的迁徙，其人数之众，在西南的历史上是少有的。而此二十余万户人民的下落，亦当为研究西南民族史应当解决的问题。前已屡言，西爨在当时云南民族中是汉化最深的民族，以如此之众，任其迁徙到什么地方，绝不会于短期内就同化于其他的民族，相反的，只有其他民族同化于他们之中。现永昌平原均为汉族，较远则为其他兄弟民族。在文化方面，除汉族外，似未有能与西爨相比拟者。因此问题未获得解决，有人以为西爨原为傣族，今德宏区域的傣族，即西爨的苗裔。这完全是不可能的。我们知道，现在爨族的文化与隋唐时西爨的文化，是完全不同的，这在《蛮书》中叙述得是很清楚的。

据我个人的看法，徙于永昌城者大概仅为西爨的统治家族，故

---

① 《新编云南通志》卷85对此碑的考证颇详，碑题应为"大周昆州（刺史）隋西爨王之碑。""昆明"应为"昆州"之误读，而"昆州"之下亦应有"刺史"，其说甚确。该志并以爨翫当之，亦颇近是。

《蛮书》在西爨后说："（爨）日用子孙今立在永昌城界内。"但西爨中之大部分人民，可能并未徙往永昌，或仅泛指古代的永昌郡而言，即现在南华以西及大理白族自治州区域（两汉时永昌郡的东北部），亦即现在白族所聚居的区域。将被击败者的统治阶级与其人民分开，系古代统治者的一种策略，也是南诏所惯行的一种策略。他如南诏破浪穹、邆赕以后，皆迁其诏主于永昌；破施蛮后，迁其统治宗族于蒙舍；破顺蛮后，则迁其统治宗族于白岩，皆其例。所以南诏击灭西爨以后，想不至将其人民与其统治宗族迁于一处。

再者，西爨是当时西南民族中文化最高的民族，同时也是汉化最深的民族，南诏将他迁居于其国都的周围（大理周围）来为他的生产服务，也是古代统治者一种惯行的政策。所以南诏时期大理区域的文化和生产，很快地就超过了滇池区域，这种情况想不是无因的。我们认为现在的白族与西爨当有一定的关系，这于语言方面也可以得到一些线索。樊绰说："言语音白蛮最正，蒙舍蛮次之，诸部落不如也。"樊绰所谓"最正"，自是以汉语为标准，因白蛮的汉化程度最深，或其语言中接受汉语词汇为多，故从汉人来说，觉其语音"最正"。现代白语的词汇中，汉语词汇占一半以上，故白语中有"汉白楚江"或"汉白秋江"之语，意为汉语白语各为一半，可见白语受汉语影响之深且久，而这种影响想不始于近代，或者自"滇""爨"以来就不断进行着。我们又看《蛮书》中所记的少数白蛮词汇，其中均可在现在的白语中找到对音，而于现在云南其他种语言中则不能找到。此种词汇虽然是很少，想亦不会是偶然的。

　　白族语言的分类，历来是语言学上的一个问题，各人有各人的看法。但最近语言学家对白语研究的结果，认为白语语法与彝语比较接近，但此实不足为异。在前面已经讲过，大概古滇族是在古代彝族的基础上发展起来的，如果白语语法接近于彝语，则正是预料之中的。当然，此点并不能证明现在的白族即是隋唐时代的西爨，或西汉时期的"滇"，但至少在研究上是一些线索。

　　以上不过是比较合乎事实的推测，其证明则有待于将来考古学上的发现。

　　至于其他七组，A组是其中最特殊的一组，从其服装的各方面来看，都与历来西南少数民族的习尚不合。长窄过手的袖，下及足背的长裤，均非西南民族的一般习惯，而可能与西北气候较寒地区的民族有关。特别是长须，在西南的少数民族中是少见的，一直到现在还是如此。例如在晋宁出土的这样多的人物图像中，除此一例而外，从未见有留须者。此组的首两人左悬长剑，自其样式观之，可能是铜柄铁剑，因青铜剑少有如此之狭而长者。此类铜柄铁剑在晋宁墓葬中出土甚多，有一墓多至十余柄者（如M3中共出13柄）[1]。根据晋宁墓葬中出土的各种文物来看，滇族在当时尚未掌握炼铁的技术，故此类的剑，当系自外族输入的，其中之精者，往往再加上滇族风格的华丽金鞘。这类剑的输入，也可能与此一组的民族有关。

　　按此种形式的铜柄铁剑，除在晋宁有大量的出土外；在四川岷

---

[1]　见《报告》108页。

江上游的汶川县和理县的石棺墓中亦有大量的发现[①]。两处所出的此类剑，形制完全相同，时代亦略相当，且同样大量的出土，其间想不无关系。不过在云南方面除昭通外，尚未发现有如岷江上游的石棺葬者。

从各方面看，A组在服饰上所表现者，多与西北的游牧部落有关，他们在当时可能是云南西北的游牧部落之一。他们少见于其他活动之中，其与滇族的关系，可能是很疏远的。

Ⅵ式女子的服装，也同样是特殊的。西南少数民族妇女的一般服装，大半皆衣（或裙）仅及膝下，下则裸胫跣足。此则长裙及地，足上是否着有鞋或靴，因铸造不清，不得而知，此类装束，亦可能系一种游牧部落女子的装束，可能与A组为同族亦未可知。又观M6：13的乘马女子，亦可作为旁证[②]。

A组和Ⅵ式相当于当时记载中的何种民族，因材料过少，尚无法推断。

E组和D组两组同为"编发"民族而有不同。特别是E组，是滇族战斗和虏掠的对象，如贮贝器M6：1（《报告》图版肆捌、肆玖）、M13：356（《报告》图版伍拾、伍壹）盖上铸造的大规模战斗中，滇族的对方都是此种民族，而且都是被击败者。有头被割下用发辫系于马颈下者，有被俘获用绳索将双手捆住者。又如在一铜扣饰

---

① 见拙著《岷江上游的石棺葬》，《成都工商导报》副刊《学林》10期，1951年5月20日。
② 《报告》图版捌贰，2。在这样多的妇女图像中，除此而外，未见有乘马者。滇族的贵族女子则乘肩舆而不乘马。

（M13∶109，《报告》图版捌叁，2）上铸有俘获的图像，前后有甲士二人，中间为所俘获的牛羊及俘虏二人，被俘虏者亦为此种民族。后一甲士手提一首级，即以手握其双辫。又如刻纹饰片（M13∶67）所刻之戴枷者，双手被缚者，亦为此种民族（《报告》105页，插图二六，1）。再者，此种民族很少出现于他种活动之中，纵有之，亦仅以旁观者的姿态出现①。I式女子，因与此服装相同，当系同族。

　　D组也是一种编发民族，与E组大概是相近的民族。又V式的女子，可能与D组是同族，其衣饰虽男女不同，但有类似的风格，又髻盘于额的发式，在古代滇西一带少数民族的妇女中是比较普遍的一种头髻，与苗、瑶妇女尖形髻基本上是不同的。

　　《史记》将云南当时北部以及西部的民族分成两大类；一种为"魋结，耕田有邑聚"的农业部落，其中包括夜郎、靡莫、滇、邛都等族；再一种为"编发，随畜迁徙毋常处，毋君长"的游牧民族。其中以"巂、昆明"为代表。其所占据的地区，大概为自今四川会理以南，洱海以东一带。E和D两组大概是属于此种的，他们是"巂"还是"昆明"，则不得而知，也或者是属于"昆明"这一族属。昆明是当时云南西部的强悍民族，汉王朝的使者不能西通身毒，主要的是为昆明所阻。或者他们时常剽掠以东的农业部落，所以为当时滇族战斗的主要对象。他们的武装装备如兜鍪、甲、盾等，均与滇族者不大

---

① 第1号墓中所出之"鼓形四耳器"上所铸的祭祀场面中，有一作此种发式及服装者，其神态则全为旁观者，而非仪式中之活动人物（见《云南晋宁石寨山古遗址及墓葬》，《考古学报》1956年1期55页，图版伍）。

异，惟所佩的剑则形式不同，大概在战斗中所用的盔、甲等，当时在南中是各族相通的。昆明至唐时尚存在，除有时仍称昆明以外，又称为"昆弥"，以其居于西洱河区域，故又称"洱河蛮"，或简称"河蛮"。至南诏兴起后为蒙归义所败，迁其大部分于云南郡东北、柘东一带（即与西爨互易其地），此后就少见于记载中。说者或以为昆明与现代的白族有直接的血缘关系，则尚待考古材料的进一步证明。

B、C、F和G四组，大概系《史记》《汉书》中所称为"椎髻之民"的。他们头上或缠帕或不缠帕，或戴冠或不戴冠，但髻均挽于顶成椎（或作魋）状，其妇女的髻亦多如此。其中除G组而外，皆着帔肩，帔肩的样式虽各有小异，但大体则相似。女子中亦有二式着短帔巾（III式、IV式）。服装的风格亦大体相类。他们大概为互相近似的民族，是可以一望而知的。

《史记》称滇以东北的各族为"靡莫之属"，或又称"劳浸靡莫"。他们与滇族为"同姓"，是十分近似的族类。《西南夷列传》说："其旁（指滇）东北有劳浸、靡莫，皆同姓相扶……"他们在当时已可能结成一种松懈的部落同盟，滇王未得到他们的同意以前，不敢单独降汉，直等到汉兵击灭他们以后，滇王才敢"举国降"。

虽然"劳浸靡莫"到西汉以后即无闻，而以上的四组及四式，也可能即是"靡莫之属"，或者与他们有关。这四组与滇族的关系是非常之密切的，可于各种活动场面中见之。滇王族的个人，也时常披上他们的一点服装。他们所佩的短剑，在晋宁的墓葬中，也发现有很多的实物。从服装上看，他们一方面可能与当时彝族有关（滇东北一带，为当时彝族活动的中心）；另一方面，滇族在开始时也可能是在他们的基础上发展起来的。

以上七组，归纳起来，可以合为以下三类：A组自成一类，不与其他类同；E和D两组为"编发"一类；B、C、F及G为"椎髻"一类。证之以司马迁所记，晋宁出土文物中各种人物的图像，实可表现当时滇东北民族情况的大概。

（原载《考古》1961年9期）

云南晋宁石寨山出土铜器研究

——若干主要人物活动图像试释

晋宁石寨山出土的若干铜器上铸有或镌刻有许多当时人们的活动图像，在一个场面中少的十余人，多的有达一百二十余人者，情况是相当复杂的。此类图像，在发掘报告中仅作了一些简明的叙述，有者未加解释，或阐释不足。但这类资料，不仅是考古学上所少见和近十年来国内考古学中最重要的发现之一，而且是当时"滇人"重要活动的最真实的写照。若能对它们作出正确的解释，对于当时滇池地区的生产活动及社会习俗的阐明，当有极大的帮助。作者不揣谫陋，作为试释，聊供参考。

一、"祈年""播种"

贮贝器M20：1盖面铸有一相当复杂的场面，在《云南晋宁石寨山古墓群发掘报告》（以下均简称《报告》）中定为"杀人祭铜鼓场面"①。从表面上看，此一图景中"铜鼓"固为最明显的现象；但若进一步考察，其间似乎尚含有另外的重要意义。

此一图景，很明显地可以分为两个部分，其间不仅有极明确的分界线，而且在布局的位置上，亦各有相当的距离（图版壹，6；《报告》图版伍陆、伍柒）。大致上以器盖的双耳为中线，器盖左边系以"祭祀"为中心，参加者共有十八人（包括被牺牲者在内），其中各人的动作，似皆围绕此一中心而来。此一部分在《报告》中已详加叙述，兹不赘。

器盖的右边，一行共十六人（其中抬肩舆的四人中一人已断失）②。其中虽有坐肩舆③、有骑、有步，而面向均为一个方向，有如出行者然。最前一骑前导，后随步行者一人。肩荷在《报告》中所

---

① 云南省博物馆：《云南晋宁石寨山古墓群发掘报告》，1959年，文物出版社，76—77页，"杀人祭铜鼓场面盖贮贝器（M20：1）"。（以后再引用时，均简称《报告》）

② 在《报告》图版像时，其上的人物似尚未修补齐全，故本文内共言34人（包括已失落的抬肩舆者一人在内），而《报告》中仅言32人。在《报告》图版伍柒右边前导的一骑在照像时方向似反置，故亦与本书图版壹不同。

③ 此处似应称"步辇"。《韵会》说："世称辇车为步辇，谓人荷而行，不驾马也。"又班固《西都赋》（见《文选》卷1）中说："乘茵步辇，惟所息宴。"李善注引《汉官仪》说："皇后婕妤乘辇，余皆茵，四人舆以行。"情形与此有些相似。步辇之制不知起于何时。不过先秦文献中似未见（？），其源或为南方。又按："肩舆"古亦称"平肩舆"。《音书》卷80《王献之传》言："尝经吴郡，闻顾辟疆有名园，先不相识，乘平肩舆径入……"即是。其制大概有如现今南方之"兜子"，四川之"滑杆"，两人抬以行。本文中仍从《报告》称"肩舆"，以便参照。

称的"铜犁"[①]。此二人均为男子。后为四人抬肩舆一乘，抬舆者皆为男子，舆中坐者当为女奴隶主，通身鎏金，背拖大髻，首略向右而俯视其前面跪于地上者。

舆左紧随一人，头已失，左肩负一编织之大囊形物，囊由左肩出于右下，于胸前以右手扶之。其后随一女子，双手拱起而注视舆中之人，腰中缠一宽带。此人之后一女子箕踞于地，左置筐以左臂挽之，筐中盛食物，右手执盂。此或为于途中迎谒及进饮食者。此踞地者之前右有一行动女子，左手前伸，右手执二圆形梃，倚于肩。梃之上部似已断缺，或为工具。舆后靠右随一骑；舆后随三人皆为女子，右者双手捧桶形器，左者右手执一大棍，棍的下端似有断失，亦可能为工具。此二人之后随一人，头顶巨筐，以左手扶之。

这一群人物的活动，必有其特殊的意义。自其中各人活动的情况来看，如有荷"铜犁"者，执杖（此亦可能为农业工具）者，负囊顶筐者（其中所贮可能为种籽），可能系一前往播种仪式的图景。再者，若将此一图像与贮贝器M12：2腰部所刻的图景合而观之，其意义则更为明白。贮贝器M12：2腰部之图景，在《报告》中以为"似巡狩之图"[②]，若如《报告》所言，肩舆中皆为女子，则"巡狩"之解释似为不当，因"巡狩"应为"滇王"之事，而非女奴隶主之事。细察此图，亦为一种前往播种的仪式图景，与前面所述贮贝器

---

① 见《报告》20页"铜犁"及图版伍、陆。
② 《报告》78页"7·铜鼓形铜贮贝器（M12：2）"，及图版壹贰贰。

M20：1盖上的活动是相同的①。兹将其描述如后。

首一人为女子前导，其后一女子肩荷"铜犁"，后一女子首顶一大筐，其后一女子荷一梃形器。此四人之傍有大犬二。此后四人肩舆一乘（已缺其大半）。后随一男子。其手所执之物不明。又四人肩舆一，舆中坐女子一人，舆傍有小女子一人随侍。肩舆后男子一人，右手持一物，一犬向之。其后一女子头顶一巨盘。其后又一肩舆与前肩舆同。肩舆后有男子二人，前者执杖。其后有女子二人，后者头顶一筐以左手扶之，筐上置一盘形器。后随一小女子，再后为四人肩舆一乘（图一，1）。

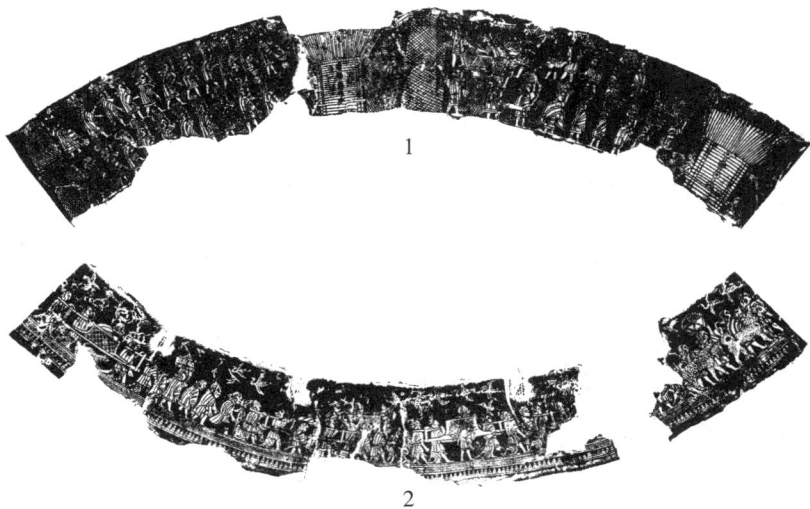

图一　晋宁铜器上的纹饰

1.上仓图景　2."祈年""播种"（此图系铸于圆形器上首尾相接的图，从何处分割，使其首尾分明，应是详细考虑的问题。《报告》的图版自其破裂处分割，致使其意义不明。今参考图M20：1分割如上。）

①　此两器所出的墓，同属于第Ⅱ类型，时代约为西汉中期。

这两种行列的进行及其活动是十分相似的。自其内容看，除了以播种仪式来看它以外，似乎没有其他较适当的解释。每年在播种以前，须先举行一次仪式性的播种，这在古代农业民族中差不多是一种不可缺少的过程。在有些地方一直保留到封建社会之中，如中国从前封建帝王的"亲耕"和皇后的"亲桑"，即是这种风俗的遗留。滇族是以农业生产为主的民族，他们有这种仪式，是可以预料的。

倘若我们把上面的活动认为是一种播种仪式的话，那末，祭铜鼓的意义就容易得到解释了。这并不是单纯的祭铜鼓，大概是一种"祈年"的祭祀，所以不仅其牺牲为女子，而主祭者亦为女子。故在一边为"祈年"，一边为前往"播种"，构成一整个程序。

在初级农业民族中，"祈年"是一种普遍而必要的典礼。特别是用人作牺牲，在古代民族中，非系有关他们生活的最重要的部分外，是不轻于举用的。再者，在许多原始民族的信仰中，只有用人的血才能恢复地力，使农作物得到丰收，所以不惜用各种方法去找寻祭祀的人牲。

若是我们认为此是一种祈年的仪式，则另外几件鎏金铜扣饰上所铸的人物活动场面，亦可附带地得到说明。

二、"孕育"

在石寨山出土铜器中有三件被称为"人物、屋宇镂花铜饰物"

者，其上铸有相当复杂的人物活动场面。此类"铜饰物"均系木器上的装饰，故其后均有扣形闩，可以插于木器之上。木器已朽腐，故仅留下此类铜质的部分。此三件分别出土于墓3（64）、墓6（22）和墓13（239）。此三墓在发掘报告中认为系西汉中期的墓葬①，也是殉葬品最丰富的三座墓。此三件"铜饰物"上所表现的人物活动的场面，虽有繁简的不同，但大体上则相类。

铜饰M3：64和M6：22两件的布局皆系自平地用巨木桩建一平台，台高约与人齐（以铜俑作比例）。台周有栏楯，前有阶梯以备上下。台后边建一屋宇，亦为木建筑。屋脊的两山向外突出，其下各挂牛头一。屋有墙，正面中间开一小窗，窗中供一人头。窗外台上置一圆形器。如铜饰M3：64的平台上坐有十二余人，男女均有，皆为滇族。平台右前立有男子四人，后曳三叉形长幅，双手举起，似在舞蹈。又平台前面梯左地上有四人在烹饪食物。平台上置有长案、壶及勺等器。平台正中有一犬。平台下及旁有牛、马、豕等家畜（图二；《报告》图版捌陆，2）。

铜饰M6：22在布局上基本与前者相同，惟人物较少。平台前当梯处竖立一板，上宽下窄，上端靠拢屋檐，有一蛇蜿蜒而上。屋宇的前面小窗中亦供一人头。平台上立者、坐者约十一二人，男女均有，皆为滇族。平台中间近梯处亦有一犬。台前地上有三人作烹饪

---

① 墓3和13属于II型墓，大概是属于武帝前后的墓。两墓中仅墓13出小半两三枚，而不出五铢。两墓中均出铜犁（共11件）、铜锄、铜镰等。墓6属于III型墓，时代当略晚，"滇王之印"金印即出于此墓中。此墓亦出铜犁（4件）、铜锄（2件）、铜铲（2件）。

图二　铜饰M3∶64

食物之状，台下及旁边有牛、羊、豕等（图版壹，4；《报告》图版捌陆，1）。

铜饰M13∶239体积较前二者约大一倍（10×13厘米），建筑较复杂，人物亦较多；但从人物活动的布局上看，大体与前二者相似，仅场面较大而已。

整个建筑为"干阑"式[①]。平台的后部为屋宇，也即是此建筑群的主体。屋顶的两山再出小屋顶，其下以柱承之。右边山尖下又出一小凉台，中坐女子二人（图版壹，3右上）。屋宇的前面正中开一小窗，其中供一人头，自其后面视之，为一梳"拖髻"的滇族女子之首。

---

① 即《魏书》卷101《蛮獠传》所言之"依树积木，以居其上，名曰干阑"者。此种"干阑"式建筑为西南少数民族中较普遍的建筑形式，一般其上居人，其下圈畜。

屋宇小窗前靠右置一大鼎，鼎中有勺。鼎前坐一人，右有盂，左置尊，右手高举。小窗左置一大釜，其旁坐一人，当为炊釜者。

屋宇的前檐下，窗左坐三人，右坐一人，其前置案，并以双手料理案上的物品。案前右角亦坐一人，其首已失。

屋宇之右边柱后，有二人似在立而交合（图版壹，5靠左）。

平台前地下立一牌，正对窗口，牌的上部已失。牌前立一犬，昂首面向阶梯。

屋宇的外左直出一长廊，正中又横出一短廊，其上皆有顶，周围无墙而有矮栏。长廊靠外缘坐男子一排，奏葫芦笙。横出的小廊中靠外缘坐男子一排四人，其后坐女子一人。

长廊前部较整个台面为高，其下立一马，首露于外。其前立男子三人，为首者吹葫芦笙，后一人以双手抚其肩，其后又有一人以双手抚后者之肩，似为舞蹈。

在平台的右前尚有敞棚二；台下有马、牛、豕等家畜。其他多残缺不明，不具述。

以上三铜饰所铸的活动场面，虽各略有微异，但在大体上是相同的。自其所表现的现象观之，大概亦为与农业有关的“孕育仪式”（fertility rites）之一。按照若干古代和原始民族中的信仰，必须每年举行仪式使土地恢复其孕育力，否则农作物即不能萌芽生长。这种意义，可由几方面推之。

屋宇小窗中所供之人头，应为一种牺牲。台上之男女杂沓，笙歌乐舞，以及各种食物的准备，皆系所以悦之者。其仪式及意义为对于所猎之头的供养①。

铜饰M13∶239上有在仪式中交合，此亦为孕育仪式中较普遍的动作，在解放前西南各民族中往往有之。此种遗意即使在以前中原地区亦所不免。例如宋释文莹《湘山野录》卷中载一则云："冲晦处士李退夫，作事矫怪。携一子游京师，居北郊别墅，带经灌园，持古风以饰外。一日老圃请撒园荽，即博物志张骞西域所得胡荽是也。俗传撒此物，须主人口诵猥语，撒之则茂。退夫固矜纯节，执荽子于手撒之，但低声密诵曰：'夫妇之道，人伦之始'，云云，不绝于口。无何客至，不能讫事，戒其子使毕之。其子尤矫怪于父，执余子咒之曰：'大人已曾上闻。'皇祐中，馆阁遂以为雅戏。凡或谈语清淡，则曰宜撒园荽一巡。"

此虽作为一种谐谑而记之，亦可反映当时农业中的一种风俗信仰。至于这类事实在各原始民族中的例证，则不在此具引了。

再者为此类图像中的"蛇"的解释。蛇的形象在此类图像中颇多，例如铜饰M6∶22中台前牌上有一蛇，又如铜饰M13∶239台前亦有一残牌，因其上段已残缺，其上是否有蛇如铜饰M6∶22者，已不得而知。铜饰M3∶64亦似有残缺，是否有如M6∶22者，亦无从推知，但可能相同。因为在祭祀中的"铜柱"上缠绕着有蛇（见贮贝器M12∶26，《报告》图版伍肆），《报告》遂认为蛇是滇人的图腾。不

---

① 按"猎头"的风俗，在东南亚分布颇广，其原因有数种，而"农业祭祀"仅为其中的一种，可参看A.C.Haddon：《南洋猎头民族考察记》（ *Head-hunters: Black, white and Brown* ），商务印书馆，1937年，351—362页。

过这种解释，尚待商榷。

从各种图像中对于蛇的表现来看，蛇在滇族中，大概系"土地"的象征的动物。例如《报告》图版陆捌双人盘舞铜饰物（M13：38）二人所踏者为蛇，其他人物和动物之踏于和立于蛇上者，一共不下二三十件（《报告》图版壹肆至捌伍中的各图）。以此种情况观之，蛇非图腾而是"土地"的一种象征，似乎是很明显的。

在古代和原始民族中以蛇象征"地""蕃殖力""女性"或"阴司"等等，是常见的。特别是在温带地区，蛇的活动与季节的循环是相符合的。在春天万物发生时蛇就开始活动了，到冬天植物枯槁时蛇亦入地而蛰了，所以人们往往以蛇来象征"地的蕃殖力"。例如印度的地力蕃殖女神Ellamma或其化身Mātangi，均附以蛇的象征[1]。再者，因蛇出入于地中，故蛇往往具有与"地府"（chthonic）有关的性质。另一方面，在原始的神话和传说中，蛇又往往与女性相联系。不过从石寨山发现的各种实物中观之，"蛇"可能与"地"或"地的蕃殖力"有关，故在农业祭祀中，往往以之作象征。又因其为"地"的象征，故在各种图案中，人物和动物往往皆踏于蛇身之上。

对于蛇的尊崇，在当时的云南，想必系一种很普通的信仰。如《东观汉纪》卷12《梁冀传》中说："永昌太守铸黄金蛇献之冀，益州刺史种嵩发其事。"此虽未言明铸蛇的意义，但以金铸蛇而不铸他物，其对于蛇必有一种特殊的观念。

当然，此不过是一种解释，但无论如何，似乎比"图腾"的解

---

[1]　参看 James Hastings ed., *Encyclopaedia of Religion and Ethics*, vol XI, p.416.

释较为适合。因为若以蛇为滇人的图腾，在许多有蛇的祭祀图象中，则为一种"祭图腾"或"祀祖先"的祭祀了，其意义已经不大；而对于其他踏蛇的图像则就无法解释了。

三、"报祭"

滇族在农业上不仅有"祈年"的仪式，而且亦有"丰收"的仪式，即我国古代所谓"报祭"。例如墓1中出土的一个铜鼓形贮贝器，其盖上铸有所称"祭铜柱"的图像[①]。在此圆径约30厘米的器盖上，除铸有铜柱、铜鼓之外，尚铸有高3—4厘米的立体人51个。在此小小的面积上，各人物的布置，骤视之似觉杂乱，而实际上却井井有序（图版壹，1，此图像复原中，有一些错误，肩舆中女奴隶主像被反置，肩舆的杠杆及抬法的复原错误，应依照本文的图版及插图的肩舆复原）。

盖面前半中间靠左立一铜柱，高约三人（以俑的高度为比例），柱圆形，下为础，础高约半人。础上所蟠者是否为蛇，因不甚清晰，不能肯定。柱身则有二蛇缠绕，柱顶立一虎。

柱之右立一牌，一人裸身反接缚于牌上，发则上绕牌顶而系于牌后，乳甚长，当为女性。其前右坐一人，左足枷于足枷中。其前一

---

① 云南省博物馆：《云南晋宁石寨山古遗址及墓葬》，《考古学报》1956年1期，55页，"④鼓形四耳器"，又图版伍。

人裸身反接跪于地。此三人大概为祭祀的牺牲者。

　　铜柱与牌之两侧各置大铜鼓一面。铜鼓和铜柱与牌之后列坐四排滇族女子，前面两排每排四人，后两排每排三人，排列整齐。前三排各人膝前皆置有系之筐一，筐中盛物。第四排每人旁所置者形似束薪，但可能是收获物。一排与二排之间立一男子，右肩披巾，双手按于胸前，作察视之状。

　　此四排列坐（坐皆箕踞——即南方的坐法）者之左，靠器盖的边缘又列坐女子四人，各人膝前置筐，筐中盛鱼肉等各种食物。列前立一男子，作视察之状。

　　此四横列、一直列之间，一女奴隶主乘四人肩舆前进，其后随女子二人，手中似皆持有物，但残缺不明。舆右一男子傍随，左手伸出，右手执一物似杖，但弯曲。此乘肩舆之女奴隶主可能为主祭者。

　　以上所述为其中之主要者，其他各人的动作此处不赘[①]。

　　此一活动场面，自其表面视之，似以祭铜柱为主要现象，所以在《报告》中，即以为"此盖上所显示的内容，不能是一种祭祀的仪式，铜柱或为他们信仰的图腾……"的说法[②]。此系一种祭祀仪式，则是肯定的；若以为铜柱为滇人的图腾，则似乎与实际情况不合。因为此中之"主祭者"，及绝大部分活动的人物均为滇族女性，男性仅处于辅助地位。滇族当时已非母系社会，自不能以女性来祭图腾了。

---

① 以上所述者均为滇族男女，其旁观者中尚有其他种民族，如左面铜鼓后即有编发如拙著《云南晋宁石寨山出土文物的族属问题试探》，《考古》1961年4期中所举之E组者等。
② 云南省博物馆：《云南晋宁石寨山古遗址及墓葬》，《考古学报》1956年1期，55页。

此一祭祀的内容，很明显系一种"丰收"或"收获"祭祀（harvest festival）。铜柱后各列女子前筐中之物及所执之物，皆当为新收获之农作物，其主祭者为女子，亦与"祈年式"中者相同。

祈年与秋收，皆为农业民族中最主要的祭祀，一所以"祈"，一所以"报"，故皆用人作牺牲。

祈、报的仪式，在所有的农业民族中都有其遗留，在汉族古代亦为最重要的祭祀，文献过多，此处不具论。即至宋代，陈旉所著的《农书》，其中除论述诸农事蚕桑外，特著"祈报篇"以论其重要[①]。滇族主要为农业民族，报祭自为必然之举。

如果前面所推测者为正确，则滇族有一系列农业仪式，从"孕育""播种""收获"等举行隆重的典礼，以保证禾稼的生长。滇族的农业作业，大概均由妇女任之，故在此等仪式中，不仅主其事者为女子，而其中大多数之活动者，亦均为妇女。再者，在孕育仪式中，窗㸌中所供者，为一滇族女子的首级，但不知是否代表一种"禾稼女神"，有如亚齐克人（Aztecs）中的"玉蜀黍女神"（Maizegoddess）一样[②]，不过其情况是很相似的。如在其前宴乐歌舞，似有以娱之者。如果其非神的代表，此等举动，似不可解。因原始民族的信仰，

---

① 现在中国的"中秋节"，北美的"感谢节"（Thanksgiving day）等，皆可以视为系"报祭"的遗留。现在苗族中的"吃新节"更是最隆重的节日，每于秋后举行。其最近通俗的报道，曾见于《光明日报》1962年8月23日第一版，《黔东南清水江沿岸苗族人民欢度吃新节》。其他云南少数民族中均有这种节日，如侗族中的"花炮节"、景颇族的"吃新谷"等等，其起源均甚古。

② 关于亚齐克人的玉蜀黍女神奉祀，可参见Sir J. G. Frazer, *The Golden Bough* (abridged ed)，1930，pp.589—591。

禾稼之神年须一人的牺牲，以恢复其活力。亚齐克人之"玉蜀黍女神"是如此，而古代罗马之沙特恩（Saturn）[①]农神亦是如此。

四、"上仓"

滇族的农业直接生产活动，在各种活动场面中无所见，惟贮贝器M12：1上所刻的"上仓"活动，亦是颇有意义的。这一图景在《报告》中作为"领粮之图"（《报告》77页，图版壹贰壹）。不过细察此一图景，在《报告》的图版中对其分割似尚可商榷。因此为一圆形器，图景刻作一圆圈，视之似连环图画，且又部分破裂，从何处分割，则当细察其内容和布局。兹将其分割如本书图一，1所列，其意义似较明显。

此图分为两部分，但均为从临时堆粮的地方将粮运入仓房。其右部一组，最右边为仓房，木建筑，四壁用巨木纵横镶成。仓底为巨木板，距地三木，以避潮湿，前面有短梯以备上下。仓顶为木板，其

[①]　恩格斯：《家庭、私有制和国家的起源》，1955年，人民出版社，48页。恩格斯说："其时在一个短期间重新恢复旧时的自由的性交"一层，是与铜饰M13：239的情况相合的。按沙特恩为古罗马种植和农艺之神，其庆祝在罗马历十二月，是时各种阶级、礼教、禁制等等完全解除，甚至主、奴易位。每年选一貌美的青年以饰农神，在一月之内事之如王者，任其享受，至节日则将其为牺牲。可参见Sir J. G. Frazer, op. cit, pp.583—7，"The Roman saturnalia"。
　　在中国方面，西门豹令邺时之"河伯娶妇"（《史记》卷126），李冰守蜀时之"江神娶妇"（《水经注》卷33），可能皆为此类风俗的遗留。其他如古代希腊亦有每年将一奴隶投入海中作人牲（human scapegoat）者。

形式与其他铜铸像房屋相同。

左边为编织的临时堆粮的囷三，粮皆贮于编织的小袋中，自上系之，形如大罐。前一排十人，皆为妇女，最后一人正将粮袋自囷中取出，置于地上。其他九人皆头顶一袋或两袋往仓房运送，其最前一人已将粮卸下交与管仓的男子。后一排九人，亦皆为女子，其中六人头顶筐，二人各手执一圆圈，另一人所执不明。此种圆圈，或者系置于头顶以承筐者。此一排皆往临时的囷中取粮者，其最前一人正从囷中将粮一袋一袋的取下置于地下筐中。

左部者与右部者在组合上大体相似，其最右为木建仓房，形式与右部者相同，惟屋脊部分已断失。其最左为编织的圆形的囷。在仓与囷之间，有妇女二行，每行十一人，自囷运粮至仓房。仓房的梯上立一男子接最前一人所运至之粮，其右有一女子亦如之。二行之最后一人，各以手自囷中取粮袋以备运走。

此为禾稼收获后上仓的最生动的图景。此图景所描写者虽然是一种实际情况，但亦可能带有仪式的性质，以表示奴隶主的粮食的丰富，故将其刻绘于铜贮贝器之上①。

这些妇女所运的粮食系何种谷物？自其盛器推之，当为稻。此种编织的罐形器在古代称为"籧"，是盛稻的专器。后魏贾思勰《齐民要术》水稻第十一说："藏稻，必要用籧；此既水谷，窖藏得地气则烂败也。"

---

① 按现在云南的景颇族中，除了"吃新谷"的仪式之外号，还有"献谷堆"的仪式（参见朱华、李应川：《景颇族》，《民族团结》1962年8月号，46页），但其详情则不明。

　　"箪"本为一种草编织的贮容器，可以通风，以贮稻则不致霉烂。但《齐民要术》并未言箪的大小形状。元王祯《农书》及明徐光启《农政全书》对藏稻种的箪的大小形状言之颇详，且附有图（图三）①，其形状与此图景上所刻者几完全一样。王、徐之作此，想必有所根据，其相似自不是一种偶合，或与古代种稻、藏稻的普遍技术有关。所以我认为这些妇女所搬运的应该是稻，而稻米应是滇人的主要农产品。这种情况，与西汉末文齐在南中兴水利、溉稻田的记载也是相合的。

图三　"种箪"

　　农业生产的实际情况，因为未发现有与墓葬相当的遗址及相当数量的农业生产工具，故尚不甚明了。不过在十一座墓葬中发现有一些《报告》所称为铜犁、铜锄及铜镰的。此类青铜工具，大体上可以认为系农业工具。例如"铜犁"，在两种"播种"图像中均有之，无疑地可以证明其为一种农业工具；但是否是一种真正的犁，则颇有

---

① 　王祯：《农书》卷15："种箪，盛种竹器也，其量不容数升，形如圆瓮，上有罨口。农家用贮谷种，庋之风处，不至郁浥，胜窖藏也，古谓之修箪窖……"

疑问。自发掘的情况及"播种"图像中所刻画的图像观之，此种"铜犁"系安装于一细长的曲柄之上的，行动时则荷于肩上。自其形制上看，自不能为牛耕之犁，也或者仅系锄类的一种。此类铜犁，I、II、III类墓中皆有出土，而以II类墓中为最多，有一墓出四件者（如M12、M13），想系一种很常用的工具。在《报告》中又有所称为锄者，多出在II、III类墓中（共二十三件），而以II类墓中为多（共出十三件）。铜镰则颇少，II类墓中出四件，III类墓中仅出一件。

以上所述，虽均属农业生产上的工具，但实际上并不能表达当时农业生产上的全貌，又自其形制及质料（青铜）上言，似均非实用之器，或者仅为仪式中的用具。因所发现的此类工具，不仅铜质均薄，不堪实用，且其上大多数刻有花纹，实用的农具，想不致如此。在此时期（西汉中期以后），滇池地区在农业生产上或者多已用铁器，因四川卓氏、陈郑等所冶铸的铁器[1]，大半皆行销于南中，而此类铜工具或者仅系仪式上所用的铁工具的仿制品（仪仗之类），亦未可知。

五、"诅盟"

在晋宁石寨山所发现的活动图象中之最复杂及最难解释者，当

---

[1] 《史记·货殖列传》说蜀卓氏"即铁山鼓铸，运筹策，倾滇蜀之民，富至僮千人。田池射猎之乐，拟于人君"。又说："陈郑，山东迁虏也，亦冶铸，贾椎髻之民，富埒卓氏。"此其时，皆在西汉初叶也。

推贮贝器M12：26盖上所铸的立体图像（见《报告》图版伍贰—伍伍）。此一直径不到35厘米圆盖的平面上铸有人物一百二十余人（脱落者尚未计），此外尚有屋宇、铜鼓、铜柱、牲畜、猛兽等等。此一场面，在《报告》中称为"杀人祭铜柱场面"（见75页），并说："此盖上的场面，因人物过多，位置错综密集，很不容易描述清楚。就整个场面来看，当是表示一种祭祀的盛典，楼上坐者是主祭人，捆锁着和被蛇吞吃的是祭祀的牺牲者，铜柱和蛇可能是他们的图腾。这一场面和第一次发掘出的一件贮贝器上的杀人祭铜柱场面基本上一样[1]，而且两件主祭的人都像是女性[2]，这是一个值得注意的现象。"

此一图像，自表面骤视之，似觉其错综杂沓，难以名状；但细察之，则是主从分明，布局严整的。

其整个布局，当以器盖前部"干阑"式建筑上的活动为中心，其他人物的注视焦点均集中于此之上。此干阑式建筑的主要部分为一平台，高约与人齐。平台的四角用柱承之，正中前后各立两巨柱以上承屋顶。屋顶分为两层，下层四面出檐，恰覆下面的平台，其形式有如平棋，但中空。其上刻六角长方形的龟板纹。上层为"人"字形屋顶，用板覆之，板缝上再覆一板，有如盖瓦，其上交叉互出以作饰。屋脊的"山尖"斜出，而成两面檐短而屋脊长的形式。屋脊中部略下凹而成弧形，山尖两楣交叉处饰以铜鼓形大钉。自其形式视之，纯为

---

[1]　按即系本文中所言之"报祭"图像，参看云南省博物馆：《云南晋宁石寨山古遗址及墓葬》，《考古学报》1956年1期，55页，"④鼓形四耳器"，又图版伍。

[2]　按此图景中之"主祭者"实为男性，而非女性，说见后。

木建筑，但颇美观。

平台的四周无壁亦无栏杆，可知其为举行仪式的一种特殊建筑，而非平时居住的屋宇。平台的左右两边各置铜鼓六，后边置铜鼓四，有如平台左、右、后三面的边栏。前面敞开，左、右各建一阶梯，梯十一级（《报告》图版伍贰）。

平台后边圆柱之前置一高凳，一人（较其他铜俑为大）垂足坐于其上。在晋宁出土的铜俑中或刻像中，此为极特殊的坐法，亦仅此一例。此种坐法在古代称之为"踞"，即如现代的"垂足而坐"，在中原为一种不礼貌的姿式①。一般说来，"踞"为古代北方胡人的坐法。此人头顶梳成高大的桶形圆髻，髻顶挽成"银锭"式。挽此种髻者，大抵均系滇族中高级贵族，在其他处的铜俑中亦时见之，但皆处于特殊的地位，或作特殊的活动。双耳戴"蚌蛤"式大环，双腕戴璧形巨镯，腹前悬一巨型如圆镜的带扣（此等环、镯、扣等均发现有很多实物，有的制作极为精美）。跣足。自其所处的地位和服饰观之，可能为"滇王"，故"高座"以异于其他诸人。

此人之右而稍后置两铜鼓，后者大而前者稍矮，鼓上放置用器如尊、盂等。鼓前地上置巨盘二，其中盛物，当为食物之类。其左蹲一人，作侍候之状。

"高座"者之前靠左，一列五人背铜鼓席地而坐；右面三人一列，亦如之。髻皆挽于顶。各人面前地上、或手中执有盂形饮器。平

① 如汉高之踞床以见郦生，汉武之踞厕以见大将军青等，皆为不敬之貌。"踞"又或作"据"，如"据鞍"，皆谓垂足。

台前面一人方自梯升至平台，双手捧物而进。此人髻挽于顶，腿后拖三叉形后幅。此皆为男性。

平台的前面靠右角地上置一大鼎，高几与人齐，其上横置一大勺。其后靠外边有牛一头，已被宰杀而卧于地。牛前一人挽圆桶银锭式髻，后拖三叉形后幅，双手执短刀，大概系屠牛者。牛傍有羊一只，一人装束如前，大概为宰羊者。此外尚有同样装束者数人，似在交谈，并作指挥之状（《报告》图版伍叁）。

平台的前左角置一大镬，大小与鼎约相等。镬后有马一匹，系于桩上。猪一头，一女子正持器以饲之。此二者之旁皆立有多人，似为宰猪刑马者（《报告》图版伍肆）。

平台之左靠器盖的边缘有虎一头，昂首伏于地。其前另有一虎，头系于铜桩之上，其前有死犬一头，似为用以饲之者。虎后立一人，髻挽于项，双手前伸，亦似为虎之看守者。虎之前立一孔雀，一女子坐于其前持一蛇以饲之。将虎与孔雀置于此，其意义不明，或者系一种威武豪华的表示（《报告》图版伍肆）。

平台的左面，在虎与平台之间，有乐器四组，其中三组已经脱落（脱落的铸痕很明显），仅一组尚存。此现存一组为铜鼓与錞于，其演奏之法，立两桩于地而上架一横木，横木贯于铜鼓及錞于之耳而悬之。一挽顶髻拖后幅之男子，左、右手各执一锤，右手击铜鼓，左手击錞于（图版壹，2）。此大概为典礼中之乐队。

又在平台的前面左、右靠器盖的边缘，坐有滇族女子多人，均似无所事事，可能为观礼者（《报告》图版伍贰、伍叁，左）。在这一典礼中的执事及活动者，自其装束看，几全为滇族男子，自其头髻及服装看，且多为高级阶层的男子。女子之执事者，仅饲猪与饲孔雀者二人。所以说，这一典礼全为男子之事，与"祈年式"和"丰收式"中所表现以女性为主体的情况不同。

平台之后有相当距离置二巨型铜鼓于左、右，铜鼓高约一人有半（以铜俑作比例）。两铜鼓之间，左立一铜柱，柱上蟠蛇二条，柱脚所盘的巨蛇已将一人吞噬一半，仅胸、首露于外。此当为铸于柱上者，生蛇似绝不能如此。柱顶已断缺。其右立一圆首如碑形之牌，其上缚一人，裸体，男性，头髻挽于顶。此四者与平台成一正横列。平台上之"高坐"者适背之而坐（《报告》图版伍肆、伍伍）。

绝大部分的人物，特别是不同装束者，均布置在平台之后和两巨型铜鼓之间，但皆各事所事，或注视平台上，绝少注意及铜柱者。兹将其中人物的举动择其要者略述于后。

平台后立有二人，髻总于脑后，髻中间突出一簇甚长，显系与滇族不同的民族。二人皆举首仰观台上，似在观望台上的动作。其后立一负弩之人，其姿态亦是如此。此人髻总于脑后，但中不突出，短衣无裤，又显系另外一种民族。

铜柱后有一滇族女子坐于地上，膝前置一圆形器，双手伸出捧一物似递与人者。其对面另一滇族女子，右手提一有提梁的长形筐，试作蹲下之状而向之作承受态。在其旁有同样装束者二人，一人坐于地，膝前置一圆形器，器中置一盂形器。其对面有一人执一有提梁之长形筐，微曲其身，低首似向之如作询问状，有如在作交易者然。又如铜柱之后，一滇族女子头顶一大圆形盆，举双手捧之，其中盛满物品。其对面的一人，头戴"僧帽式"帽，举手向其中取物，而以右手抚其肩，似乎系购物。又如右面巨型铜鼓后，坐滇族女子四人，膝前各置方形筐，其中盛鱼及其他物品，颇似坐而待沽者。

在右面巨型铜鼓前有三人，将发在顶后脑上梳成宽带形，而叠结于顶后脑上，其下二叠以带束之，最后一叠向后复于其上，髻形甚大。双耳戴环向两旁突出，衣长及膝，不束带。衣襟式样不明。二人紧靠铜鼓而坐，膝前置圆形大盘形器。此三人作同样装束，自其姿势而言，亦似售物者。

器盖的后面边缘有五个较小的人，前一人立，其后一人自其腋下以双手抱之，其后之三人亦如此鱼贯而相抱。此种现象，可能为小孩之游戏者。因此五人均较小，且未梳头髻，故可能为小孩（《报告》图版伍伍）。

此五小人之前坐一滇族女子，双手拂筐而坐，似有所等待。其左坐一滇族女子，面向左边巨型铜鼓。其前伏一男子，髻挽于顶，以首着坐者之膝，双手抱头，女子以左手抚其头，右手抚其肩。此种情状，实不知作何解，此亦说明在人物中所表现的情状之复杂。此二人以装束言，均系滇族。

又在此等人物之前，有鱼贯乘马者三人。第一人双手挽缰，髻梳于后，顶上似戴一小帽（但是否是帽，或许铸造时之火口。因过小，不得而知），缓辔而行。后一人，发披于后，马首低着于地，后足上踢。骑者双手挽缰，作控马之状。最后一骑因受前马后蹄的影响，首向左上昂，而身向右歪斜，骑者亦作控缰姿态。此人髻挽于顶，双耳戴大环。此三人虽均骑马，但装束则各不同。

在左边巨型铜鼓之前立一人，发挽于脑后，双手笼于袖内而注视铜鼓，似在欣赏此巨型铜鼓者。以"袖手"而论，颇似汉族的习惯。

以上不惮繁琐而加描叙者，在说明其中情态的复杂，但所举者亦不过其中的一些例子，而非其全面。总之，此两巨型铜鼓之间，人物最为密集，各类头髻及各类装束的人均有[1]，自其动作言，看不出他们与铜柱或与平台上的典礼有什么关系。

从另一方面看，铸造一个这样复杂的场面，在当时必有它的意义。其中的人物虽小，但情态却是极为生动的，表现力也是非常之强的。可惜的是，因为很多人物锈蚀过甚，且有脱落的地方，不大能看得清楚了。以其整个的布局来看，这幅图像，自是以其前面平台上的活动为主体的，而特别突出的是平台上"高坐"的一人，而平台下面两傍的活动，如"刑牲屠马、杀猪宰羊"以及作乐等等，都是围绕着这一主体面进行的。

平台后面的一群人物所表现的最为复杂，其中各种不同髻式不同装束的个人，至少不下七、八种，可能是代表滇族统率下和其邻近的不同的民族。其动作有注视台上者，有游行观望者，以及除前面所叙述者外，其中有荷《报告》中所称之"大型铜铲"者[2]，有抱大鱼

---

[1]　绝大多数人物，均可从冯汉骥：《云南晋宁石寨山出土文物的族属问题试探》（《考古》1961年9期）一文中提出的七组、七式包括之，此处不详叙。

[2]　见《报告》图版玖，1—2。

一尾者，有披毡而用帕于当额挽一角如现在之彝族者，有戴足枷者等等。这些人的动作与姿态，除戴足枷者外，似与台上的活动没有什么直接关系，只能说他们是来"观光"，或者趁此机会而来进行交易的。值得注意的是，几乎凡是持器盛物的都是女子，其中又以滇族的女子占多数。这种现象，或者说明当时的交易，像现在云南境内许多少数民族中一样，是由女子来进行的。

这一图像的意义，可能有两种解释。一种为滇王"即位"的典礼，再或者为一种"诅盟"仪式。我个人则趋向于"诅盟"的看法①。

据《史记》《汉书》所载，滇王为楚庄蹻之后，王位的传袭为世袭。在每一新王即位时，是否举行隆重的典礼，是值得怀疑的。而"要盟"或"诅盟"则为西南古代民族中的极重要制度。如《华阳国志·南中志》中论当时南中的习俗说："其俗征巫鬼，好诅盟、投石、结草，官常以盟诅要之。"又《建宁郡·味县》（建宁郡治所在地）条下言："有明月社，夷、晋不奉官，则官与共盟于此社也。"

可见当时"诅盟"在他们的生活中是一种极重要的制度，而汉官亦利用"盟誓"以"要"之，凡有重要事件，都以盟誓来约束。例如与滇人相去不远的巴人、秦人亦以盟誓来申明束约。如巴人在射杀白虎之后，秦人"乃刻石为盟要，复夷人顷田不租，十妻不算，伤人

① 也可能为"社祭"。晋宗懔《荆楚岁时记》中说："社日四邻并结综会牲醪，为屋于树下，先祭神然飨其胙。按郑氏云：'百家共为一社，今百家社，即共立社也。'"细味《荆楚岁时记》所言，颇有此情景相似者？而滇王自称为楚庄蹻之后，其间或有关系乎？不过一年一度的"社祀"，恐不能如此之隆重，故不取。

者论，煞人雇死俵钱。盟曰：'秦犯夷输黄龙一双，夷犯秦输清酒一钟。'"像这样的重要盟誓，在当时或者要举行一种隆重的典礼，以示其郑重，亦未可知。

以此图像而言，其中间的有屋顶的平台，似乎是特为此一盟会而建的，其用意可能有如中原在春秋时盟会中所筑的"坛"。其中之"高坐"者，可能是"主盟"者，其前所列坐者可能是与盟会的部族首领或"耆老""邑君"之类。平台下两边的椎牛刑马、屠豕杀羊等等活动，都是围绕此一仪式而设的。我们知道在汉武帝开西南夷的前后，此一地区是结成一种部族联盟的。在联盟中一切重要事件的执行，都必须通过"诅盟"的形式，似乎是可以想象的。

立柱要盟之事，至唐末五代时犹有行之者。如楚马希范即是一例，《十国春秋》卷68："溪州西接牂牁两林，南通桂林象郡，王素称马援苗裔，敬法伏波将军故事，以铜五千斤铸柱立之溪州。柱高丈二尺，入地六尺，命学士李宏皋铭之，勒誓扰于上。自是宁州蛮莫彦殊以所部温那等十八州，都云蛮尹怀昌率其昆明等十二部，牂牁蛮张万濬率其彝播等七州，皆前后来附。"

马希范虽假托于伏波，但当时必为西南少数民族中的习惯，这是可以易见的，故李宏皋铭文中有"溪之将佐，衔思向化，请立柱以誓焉"之语（见《十国春秋》卷74《李宏皋传》）。是以立柱盟誓之后，其附近诸族皆相率而归附于马氏了[1]。

关于此一图像，虽可以作如前面的解释，但对于铜柱的问题，

---

① 欧阳修：《五代史》卷66《楚世家》，所记与此略同而较简。

还须另加说明，因铜柱在图像中并不在一处出现，曾在数处见之。除前面所言的两处外，在《报告》中所谓"五人缚牛镂花铜饰物"（M6：30，《报告》图版捌壹，2），其上亦有铜柱。此一饰物，形体不大，系木器上的饰片。"柱作圆形，上端有伞状圆顶，顶上蟠绕一蛇，昂首而视"（《报告》89页）。此示显系一铜柱，并用绳将牛缚于柱上。《报告》中认为系"一种祭典中的仪式"，是正确的。但是一种什么祭祀，因为场面过于简单，不易明了。从五人的服装看，可能是一种巫术仪式，此五人均为巫觋，但是什么巫术，则不能知道了。

《报告》中在论到"杀人祭铜柱场面"时，认为铜柱可能是滇人的图腾，这种看法，似乎还值得商榷。从各种有铜柱的场面看，铜柱都不是活动中注意的中心，自不是单纯的祭铜柱。从有铜柱的活动场面看，铜柱可能是代表"社"所在的地方，或者是"社"的象征，有如《南中志》中所说的"明月社"之类，故各种重要活动或祭祀，都在"社"的地方举行，所以在前面所论到的几种重要活动中都可以看见铜柱。再者，铜柱几无不有蛇的形象，在前面曾说明蛇可能是"地"的象征，而"社"则是与土地有关的组织，亦可旁证铜柱或与社有关联。

往籍中凡提到铜柱的，都归诸于马援，此乃根据已佚的裴渊《广州记》所说："援到交趾，立铜柱"而来的[①]。不过《后汉书·马援传》仅言："与越人申明旧制以约束之，自后骆越奉行马将军故事。"以文义推之，马援不过依照越人的旧习（申明旧制），或者于

———————————

① 见《后汉书·马援传》注所引。

社（有铜柱处）与越人"要盟"，后人遂以为铜柱为马援所创，这大概是一种误解。

唐末刘恂的《岭表录异》卷上中记韦公干为爱州刺史，闻其境有汉伏波铜柱说："公干利其财，欲摧镕货之于胡贾。土人不知援之所铸，且谓神物。哭曰：'使者果坏之，吾属为海人所杀矣。'公干不听，百姓奔走，诉于都督韩约，移书辱之，公干乃止。""土人不知援之所铸，且谓神物。"这自是汉人的看法，但自其文义推之，似乎还是以铜柱为"社"的标识较为合理。

（原载《考古》1963年6期）

1.筩形四耳铜器盖上的"报祭"铸像

2.錞于和铜鼓的击法

3.铜饰(13:239 正面)

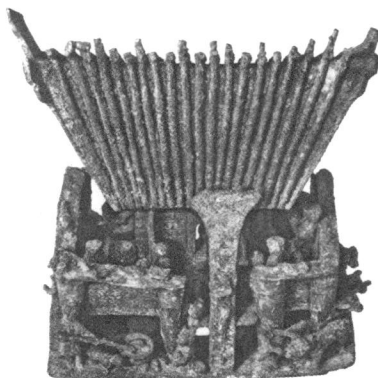

4.铜饰(M6:22)

5.铜饰(13:239 背面)

6.铜贮贝器盖(M20:1)

图版壹　云南晋宁石寨山出土铜器

云南晋宁出土铜鼓研究

云南晋宁石寨山古墓群中共出土铜鼓十七面，又出土与铜鼓有密切关系的铜鼓形贮贝器三十一具。从考古学上言，在一个地区出土数量如此之多的铜鼓，是没有先例的。并且出土的情况比较明确，时代也极为肯定，所以是值得进一步加以研讨的。这不仅对古滇族的生活习惯的阐明将有所帮助[①]，而且对于铜鼓的创制、发展等问题的推断，亦将有其一定的意义。

晋宁出土的铜鼓十七面，以及铜鼓形贮贝器三十一具，其在各墓中的分布如表一。

---

① 本文为方便起见，仍暂用"滇族"一名，其说见拙著《云南晋宁石寨山出土文物的族属问题试探》，《考古》1961 年 9 期。

表一　铜鼓和铜鼓形贮贝器*在各型墓中分布情况

墓　型	墓　号	铜　鼓	贮贝器
I	M14	2	1
	M15	2	1
	M16	3	1
	M17	1	1
II	M1◎	2	3
	M3	1	1
	M10	1	1
	M11	3	2
	M12	×	3
	M13	2	5
	M18	×	2
	M19	×	1
	M20	×	2
	M22	×	1
III	M6	×	5
	M7	×	1
总数	16	17	31

★　贮贝器虽非铜鼓，但系与铜鼓有关连的器物，故附列于此，以作参考。

◎　此表除M1外，系根据《云南晋宁石寨山古墓群发掘报告》，M1系根据《考古学报》1956年1期《云南晋宁石寨山古遗址及墓葬》。从墓I的型制及其中所出的器物看，当属于第II型墓。

由此表可以看出铜鼓仅出于第I和第II类型墓中，而以第 I 类型墓中较普遍，在第III类型墓中绝迹[1]，按第II类型墓的时代下限，不

---

① 石寨山前后共发掘了四次，共得墓葬50座，其中第I类型墓4座（14、15、16、17），第 II 类型墓11座（1、3、10、11、12、13、18、19、20、21、22），其他均属于III、IV类型。

晚于汉武帝元狩五年（公元前118年）①，所以晋宁铜鼓中之最晚者
亦当在西汉早期，其中之较早者，可以到战国晚期。再者，本文所研
究的，虽以晋宁铜鼓和若干铜鼓形贮贝器上的花纹为主，但云南地区
其他地方出土而时代相同及相类似的铜鼓，如广南铜鼓②、开化铜鼓
③等，亦用作重要的辅助材料④。

　　此十七面铜鼓，连同广南、开化两铜鼓在内，基本上都是同一
形式的，即胴部膨胀，鼓体作圆柱形，足部复展开作喇叭形。此种形
式，海格尔在其铜鼓的分类中列为第Ⅰ类型，并认为是最早的一种铜

---

① 　参考云南省博物馆编：《云南晋宁石寨山古墓群发掘报告》，1959年，文物出版社，
　　132—134页，"年代推断和墓葬分期"。《报告》（以后引用时均简称《报告》）中的年
　　代推断基本上是正确的，其中第Ⅰ类型中的个别墓，也可能要稍早一些。

② 　此鼓1919年间出土于云南省广南县南乡阿章寨，现存云南省博物馆。《新纂云南通
　　志·金石考》著录，并有较详的叙述。《云南省博物馆铜鼓图录》（1959年）著录第四
　　鼓，图版拾一拾叁。此鼓通体完整，为国内现存铜鼓中之最早及最精美者。
　　　　此鼓可能系古滇族的遗制，其形制与晋宁出土者完全相同，属于早期的形式。其
　　上所铸绘的人物的装束，与晋宁出土滇族装束图像，是十分相似的，特别以"银锭式
　　发髻"为最显著，《云南省博物馆铜鼓图录》对于此鼓的说明中写道："此鼓的羽人和木
　　船图画……银锭式发髻，在晋宁石寨山出土大铜俑和贮贝器上的人物图画中也是常见
　　的。这些现象，决不是自然偶合……"《图录》的推断是正确的，此鼓上所描绘的，
　　可能是古滇族的活动景况。

③ 　此鼓发现于云南开化，故称之为"开化铜鼓"。据传说，原系从贵州南部带去，系一苗
　　族首领所有。此鼓早已为帝国主义分子盗出国外。见闻宥编著《古铜鼓图录》（1954
　　年）第七鼓，图版十二、十三。
　　　　此鼓的形式与晋宁出土者完全相同，其上铸绘的羽人亦是如此。此鼓纹饰中有一奇
　　特之处，即有四女子执杖坐于铜鼓之上。此种图像亦曾见于其他的早期铜鼓之上，解
　　释者对之颇多臆测，但皆与图像所表现者不符。按坐于铜鼓之上，是晋宁出土大铜俑
　　的一种普遍现象，例如出土的九件大铜俑，都是坐于铜鼓或铜鼓形贮贝器之上的。此
　　种现象的意义，现在虽尚不甚明了，但其为滇族的习俗，则是可以肯定的。所以此鼓
　　上所描绘的，亦当是古滇族的活动。

④ 　按铜鼓在东南亚地区分布既广，使用的民族亦多（特别是在后期），因之，有关铜鼓诸
　　问题的推测，各因时因地而异。本文非泛论或概括性质，不过仅就晋宁的资料提出自
　　己的看法，故对于以往其他研究者的推断，概不置论，仅有在涉及本文论据时，方略
　　加论列。

鼓形式①。

铜鼓的鼓面，中心除"光体"（即受击之处）及"光芒"外，均分成为若干圈带，铜鼓研究者称之为"晕"。鼓之胴、体、足上亦均如此。此种称法，习用已久，本文亦沿用之。

早期鼓上的花纹，除了人形、动物、船形等特殊花纹外，主要的有点纹、圆圈、圆圈中心加点、同心圈、圆圈或同心圈加切线（tangent）②，各种绚索纹、梯纹③、三角齿纹、双旋纹及其变体（亦可称回纹和云雷纹及其变体）等。这些花纹，一般说来，大半都曾见于战国（或更早）至两汉间的铜器（包括铜镜）上，所以有人指出，铜鼓的制作在部分纹样取材上曾受了汉族铜器花纹一定的影响。不过这些纹样也都见于晋宁出土的其他铜器之上，如戈、矛、剑、斧、钺等等，当然此中亦不排除有相互影响的关系。又铜鼓的鼓面，从花纹的组合上看，有些绝似铜镜的镜背花纹，遂有认为铜鼓的铸造，系受到铜镜上花纹的影响者。不过这一提法是值得商榷的，因为铜鼓上的花纹之似铜镜者，为晕带中的齿纹、各种圆圈纹、双旋纹、

---

① F.Heger, *Alte Metalltrommeln aus Südost-Asien;* Leipzig. 1902.海格尔根据他当时所能得到的材料，把铜鼓分为四个主要类型和三个过渡类型，并认为是铜鼓发展的顺序。祥云大波那和晋宁铜鼓的发现，证明他的分类中第I类型的提法大体上是合乎事实的，因为祥云大波那和晋宁所出的铜鼓，正是他的第一类型，亦即最早期的类型。其他三种类型为较晚的类型，也是肯定的，不过它们之间是否代表一种发展的顺序，或仅为地域的区别，尚待进一步的证明。

　　铜贮贝器亦基本上作此种形式，有少数作腰鼓形者，想系因其功用而异。

② 圆圈或同心圈加切线纹（　　　　　　），也可能是双旋纹（　　）的变体或形式化（ Conventionalization ）。

③ 西方研究者所称为梯纹（ |||||| ）者，当为一种索纹（ /////// ）的变体，西汉中期以后的铜镜上亦盛行，但均称为绚纹或索纹。

绚索纹及其组合等。此类纹样及其组合，在西汉早期以前的铜镜上，多不经见，至西汉中期以后的铜镜上才渐为普遍。而有这类花纹的铜鼓，其中之最早者，则早于此类铜镜。例如铜镜最早出现于第 II 类型墓中，而所出的六面铜镜中，未有一面有似其中的铜鼓的面纹者。

再者，此类几何形花纹的分析，对于铜鼓的起源或最早使用民族等问题上，实不能有所阐明，因为此类几何形纹样，形式简单，是古今来世界上许多民族所共有的[①]。故本文中仅简略地说明其性质外，不多作讨论。

早期铜鼓上的花纹最能表现民族特征的，当推其中的各种人物、动物、船形等图像。因为它们别具风格，并且描叙了民族的生活习惯，所以对它们的各种臆测也特别多。在晋宁文物未发现以前，这些图像自然不易解释，现在若与晋宁出土的各种图像相较，其意义极为明显。我们可先讨论其中的所谓"羽人"。

舞人（羽人）

铜鼓上的"羽人"，并不是传说中所称的"羽人"，实是一种名

---

① 如三角齿纹，不仅早见于甘肃新石器时代彩陶罐上，而在石寨山与滇族墓群相连的新石器时代遗址中的陶器上亦屡见不鲜，见《云南石寨山古遗址及墓葬》，《考古学报》1956 年 1 期，图六：2，图九：3、12 等。其他如圆圈、双旋等这样简单纹样，在许多民族中均有之。

称上的误用①。此种"羽人"实是一种舞蹈中的"舞人"，有的头戴羽冠，手中执羽，或执干、戚。这种舞蹈，与古代汉族的舞蹈是相似的，也可以说是从汉族的舞蹈蜕变而出的。

古代汉族的正式舞蹈（用之于庙堂者），大体言之，可以分为两大类：即文舞和武舞，而统名之为"万"。《诗·商颂·那》："庸鼓有斁，万舞有奕。"又《鲁颂·閟宫》："万舞洋洋，孝孙有庆。"均谓文舞、武舞也。在文舞中，舞者手中必执籥、羽，《诗·邶风·简兮》："简兮、简兮！方将万舞……硕人俣俣，公庭万舞……左手执籥，右手秉翟。"籥为一种舞笛②，而翟则是舞羽。在武舞中，舞者手中则执干、戚。《毛传》说："以干、羽为万舞"，是兼文舞武舞而言。《礼记·乐记》中说得更明白："故钟鼓管磬、羽籥干戚，乐之器也；屈伸俯仰，缀兆舒疾，乐之文也。"又说："钟磬竽瑟以和之，干戚旄狄以舞之。"所以，在汉族古代的正式的舞蹈中，舞者的手中不是执干、戚（武舞），即是执旄、狄（文舞）③。

晋宁出土的铜鼓形双盖铜贮贝器第一层器盖上所刻绘者，当为

---

① 所谓"羽人"，在古代有两种意义，一为官名，《周礼·地官》："羽人掌以时征羽翮之政于山泽之农，以当邦赋之政令"。这种官名不见于其他先秦史籍中，可能仅系"周官"中的一种假想。再为仙人的一种别称，《楚辞·远游》："仍羽人于丹邱兮，留不死之旧乡。"王逸注谓："山海经言有羽人之国……或曰人得道，身生毛羽也。"洪兴祖补注谓："羽人，飞仙也。"所以后世道士著羽衣称"羽人"，亦称"羽士"，两义皆与铜鼓上的情况不合。

② 此系一种传说的解释，郭沫若同志谓"籥"为象形字，当为箫属的乐器，见其所著《甲骨文字研究·释龢言》，其说亦可从。

③ 关于汉族古代的乐舞，文献特繁，问题亦较复杂，此处仅言其大概，以便与滇族所作比较而已。不过我们须知，汉族古代的正式音乐，都是以舞为主，而以乐节之的，所以《宋书·乐志》说："凡音乐以舞为主，自黄帝云门以下至于周太武，皆太庙舞名也"。这是我们了解汉族古代乐舞和古滇族乐舞，所不可不注意的。

滇人的"文舞"或者"羽舞"（图一）。舞者头戴羽冠，上身裸露，腰下服三叉形或羽制前后幅，前短后长，跣足。手中执羽，八人执于右手，十四人执于左手。两队之间，有一人作滇族装束，髻上插羽，腰悬长剑（似铜柄铁剑），此人可能是领队。

图一　滇族的"羽舞"
铜贮贝器M12：1第一层器盖上主晕内人物（摹自《晋宁石寨山古墓群发掘报告》图版壹壹玖）

图二　开化铜鼓主晕内的舞蹈

这一图景所描绘的似乎为整队舞人，不过其"羽数"与汉族古代所记载者不同。《左传》隐公五年：

> 九月，考仲子之宫，将万焉。公问羽数于众仲。对曰：天子用八，诸侯用六，大夫四，士二。夫舞所以节八音而行八风，故自八以下。公从之。于是初献六羽，始使六佾（音亦）也。

　　以上所举的羽数，天子用八为六十四人，但自诸侯以下则有两说。何休以为当六、六（三十六），四、四（十六），二、二（四）人；服虔以为当六、八（四十八），四、八（三十二），二、八（十六）人。杜预则以为舞式宜方，行列既减，故每行（佾）人数亦当递减。故其注《左传》则用何说。不过《宋书·音乐志》则又痛驳之，以为宜从服说。故此问题迄今未有定论。但此图景所刻人数，与服、何二说均不合。证以其他铜鼓上的舞蹈行列，惟开化铜鼓上者为两组四列，每列四人，共十六人（图二），似乎与何说相合。广南铜鼓上共有二十六人，其中有二人可能为刑牛者而非舞人外，实得二十四人。此二十四人分成两组，各以羽葆幢为中心，但每组人数亦不相等（图三、四）。但总的来说，在分组和人数上与贮贝器上者，大体是相似的。或者滇族的舞蹈，虽大体上同于当时的汉族，但有其自己的舞法及行列，这也是发展中极自然的现象。

　　晋宁大铜鼓（M14∶1）腰部所刻绘者应为武舞的一种，舞者头戴羽冠，装束与前相同，惟左手执干，右手秉戚（图五），有的仅执干（图六），开化铜鼓鼓体上所铸者亦同。广南铜鼓所描绘者亦大体相同，而滇族之发髻则特为清晰。舞者手中执戚或戈，绝大多数徒手而张两臂（图三、四）。此一圈中的舞者，可分为两组，每组各建一羽葆幢，其下系一牛。此类羽葆幢，古代称之为"翿"（音道），《诗·陈风·宛丘》："无冬无夏，值其鹭翿。"又《尔雅·释言》："翿，纛也。"郭璞注："以为今之羽葆幢，盖舞者所建以为容。"此制至唐、宋时犹存，马端临《文献通考》（卷一四四）说：

图三　广南铜鼓鼓体上所铸之舞蹈图之一

图四　广南铜鼓鼓体上所铸之舞蹈图之二

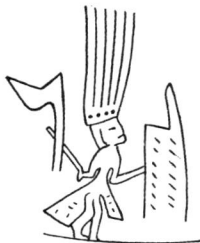

图五　晋宁铜鼓执
干戚舞人（M14:1）

图六　晋宁铜鼓执干
舞人（M14:1）

图七　滇族舞蹈女子
的手势（贮贝器M12:2）

今太乐所用，高七尺，干首栖木凤，注髦一重，缀縿帛画升
龙焉。二工执之，分立于左右，以引文舞，亦得古之遗制也。

《通考》所言，与此有些相似，此则杆顶插羽数茎，或更为近古。

在铜鼓上所表现的舞姿，尚有一种徒手舞，即以四指相并，拇
指张开而成"八"字形者（如开化铜鼓上的舞者，见图二）。因在表

现上略有夸张，将食指和拇指刻画稍长，因此就引起了许多臆测。有人以为所表现的为俚人、僚人庆祝铜鼓铸成时的仪式，舞人手中所执者为大银钗，并引《隋书·地理志》所记为证[①]，而实不知此不过为滇族舞蹈的一种姿式而已。此种姿式亦见于晋宁的其他铜器之上，如贮贝器M12：2上所刻者即是如此（图七），其他铜鼓上的舞者如仅一手执羽或干、戚，另一手亦作此种姿式，不必以俚、僚的银钗来作解释，其形亦不似钗。在汉族古代的舞蹈中，亦有此种舞法，称之为"人舞"。《周礼·春官·乐师》：

> 乐师掌国学之政，以教国子小舞。凡舞有帔舞，有羽舞，有皇舞，有旄舞，有干舞，有人舞。

注谓郑司农云：

> 帔舞者全羽，羽舞者析羽，皇舞者以羽冒覆头上，衣饰翡翠之羽。旄舞者牦牛之尾，干舞者兵舞，人舞者手舞……人舞无所执，以手袖为威仪。

由此可见，汉族古代亦有一种徒手舞，而滇人衣袖甚短，且男子舞

---

① 《隋书·地理志》："自岭以南二十余郡……并铸铜为大鼓，初成，悬于庭中，置酒以招同类。来者有富豪子女，则以金银为大钗，执以叩鼓，竟，乃留遗主人，名为铜鼓钗。"唐章怀太子贤《后汉书·马援传》注引裴渊《广州记》略同。

时，上身多半裸露，故仅能以手作"威仪"了。再者，汉族的古代舞蹈中，亦有戴羽冠者，如郑司农所说的"皇舞"，故"羽冠"不独止限于滇族。

由上面所讨论的看，滇人的舞蹈，与汉族古代的舞蹈，可以说是大同而小异，故早期铜鼓上的"羽人"，应称之为"舞人"。它并不是什么图腾主义的表现，也不是代表什么神话题材，仅不过是一种舞装而已。

翔　鹭

晋宁铜鼓和其他早期铜鼓上，多铸有水鸟形，这种水鸟，自其形状言，应该是鹭，或其图案化的变形。鹭与鼓和舞蹈的联系，在汉族中是很早的。《诗·鲁颂·有駜》：

> 振振鹭，鹭于下，鼓咽咽，醉言舞，于胥乐兮！
> 振振鹭，鹭于飞，鼓咽咽，醉言归，于胥乐兮！

《有駜（音必）》被认为系歌"颂（鲁）僖公君臣之有道"的诗，其时约当公元前七世纪中叶。注谓："鹭，白鸟也；以兴絜白之士。"以诗的义法说，固可作如此解释，而鼓之联系于鹭，当必有其习俗上的依据。《隋书·音乐志》言之颇详。《音乐志》说：

革之属五：一曰建鼓，夏后氏加四足，谓之足鼓；殷人柱贯之，谓之楹鼓；周人悬之，谓之悬鼓。近代相承，植而贯之，谓之建鼓，盖殷所作也。又栖翔鹭于其上，不知何代所加？或曰：鹄也，取其声扬而远闻。或曰：鹭，鼓精也。越王勾践击大鼓于雷门以厌吴，晋时移于建康，有双鹭呗鼓而飞入云。或曰皆非也。《诗》云："振振鹭，鹭于飞，鼓咽咽，醉言归。"古之君子，悲周道之衰，颂声之辍，饰鼓以鹭，存其风流。未知孰是？

《音乐志》虽举出了许多故实，但亦不能决定以何者为是，不过其起源甚早，则是可以断定的。从考古学上的资料言，也可证明这一点。如河南信阳楚墓和湖北江陵楚墓所出之鼓，即以鹭饰鼓架[1]，而沂南画像中之建鼓，其上亦饰以翔鹭[2]。所以，从文献和考古的材料言，其起源至迟当在春秋战国时代，至汉而转盛，沿袭直至于隋、唐。

中原古代又有用朱鹭以饰鼓的说法，汉代并以之名鼓吹曲。明杨慎《升庵诗话》（《函海》本，卷一）则谓：

古乐府有《朱鹭曲》，解云：因饰鼓以鹭而名曲焉。又

---

[1]　袁荃猷：《关于信阳虎座鼓的复原问题》，《文物》1963年2期，10—12页。我认为袁同志的复原是正确的，虎座之上应为双鹭。由《湖北省江陵出土虎座鸟架鼓两座楚墓的清理简报》，《文物》1964年9期，27—32页，而得到确切的证明。它如战国时期的"宴乐画像椭栖"上所刻的鼓，亦以双鹭承之。见马承源《漫谈战国青铜器上的画像》，《文物》1961年10期，26—30页。

[2]　曾昭燏等：《沂南古画像石墓发掘报告》，文物出版社，1956年，图版48、88。鸟的颈后有"羽冠"，故可确定其为鹭。

> 云：朱鹭咒鼓，飞于云末；徐陵诗有"枭钟鹭鼓"之句；宋之
> 问诗："稍看朱鹭转，尚识紫骝骄"；皆用此事。盖鹭色本
> 白，汉初有朱鹭之瑞，故以鹭形饰鼓，又以朱鹭名《鼓吹曲》
> 也。梁元帝《放生池碑》云：元龟夜梦，终见取于宋王；朱鹭
> 晨飞，尚张罗于汉后。与"朱鹭飞云末"事相叶，可以互证，
> 补《乐府解题》之缺。

按以朱鹭饰鼓，或者亦不始于汉，汉以前或已有之，吴陆玑《毛诗草木鸟兽鱼虫疏》谓：

> 楚威王时有朱鹭合沓飞翔而来舞，则复有赤者，旧鼓吹
> 《水鹭曲》是也。（按《艺文类聚》卷92引作楚成王，想系威
> 成形近而误。）

此语不知何所本（《尔雅疏》所引此段想系本自《陆疏》），其传说或颇早。鼓吹朱鹭曲虽均认为系汉曲（西汉时方有铙歌鼓吹之名），其辞今多不可解[①]，其源或者颇古。

白鹭、朱鹭自动物学上言，虽同属涉禽类而形体相似，但不同种属（白鹭 Egretta gurzetta，朱鹭 Nipponia nippon），朱鹭的羽色

---

① 宋郭茂倩《乐府诗集》（四部丛刊本，卷一六）载汉铙歌朱鹭曲："朱鹭，鱼以鸟，路訾邪，鹭何食？食茄下。不之食，不以吐，将以何诛者。"其义不甚可晓，亦不知是否如上句读。此曲可能是采自当时的民间歌谣，也很可能是南方民间歌谣。

虽呈白色，但微带桃红，脚长而赤（白鹭则脚黑），此为朱鹭名称之所由来。或者古人以其形有相似，故皆用之饰鼓。

所以，我们可以认为铜鼓上的鸟，应为翔鹭，虽其形状有些图案化的趋势，但为鹭的形像，则是很清楚的（图八、九）。"鹭为鼓精"和"朱鹭咒鼓"，也可能是中原汉族（特别是楚地）的很早的民间传说。

图八　翔鹭（云南晋宁铜鼓M14：1）　　　　图九　翔鹭（云南开化铜鼓）

竞渡（船形纹）

在晋宁的铜鼓上，多铸有船形纹。这种船形纹也是早期铜鼓上最特殊的纹样之一，所以对它曾引起了不少的推测，有的以为是婆罗洲逹亚克人的"黄金船"，有的以其上有羽冠的人形纹，遂以为系表现图腾主义，如"鸟图腾"等。这些说法，实未细察这些船形的内容。从各种船形的内容来看，还是以"竞渡"说法似较为合乎实际。

这些船，自其各种形式看，虽不是由巨木所挖成的独木舟，但船身皆狭窄轻便，如要在大海中航行，似必需有"船舷侧出的横木（Outrigger）"，行驶时——特别是驶风时——方不致倾复，但铜鼓上的船从未见有作此种装置者。再者，船上亦从未有表现桅和帆的图像，而都是用短桨，船舵则皆以"梢"代之，皆与在海中航行的装置不合。像这样的船，仅可在内河，或像滇池这种小水上行驶，是不堪在大海中航行的。所以，有人根据船纹便推测应用铜鼓的人为海滨民族，是不合乎实际的。

至于船中的人物，亦皆作游戏或舞蹈的装束，其中比较简单的，也可以说比较原始的，头上插羽，裸形而划船。晋宁铜鼓上的人物即是如此（图一〇、一一）。大概在滇族中，头上戴羽可能为一种游戏的表示，因其不仅在船形纹上是如此，而在其他的游戏中亦是如此，例如在所谓"剽牛"图像中的"剽牛者"，亦均头插长羽（《报告》图版柒叁：4）。有些比较复杂的则头戴羽冠而划船，有的立于船中，手中执羽或翳及矛。其中虽然有少数人物装束和姿势有类舞蹈，亦为水戏中所常有，长江流域的水戏中亦有如此者[1]。

铜鼓上的船形纹尚有另一特点，即有好些船纹首尾饰以鸟首和鸟羽。以鸟首饰船，特别是"鹢鸟首"，是西汉以至六朝间的最通行的船身纹饰，其起源当在西汉以前[2]。《汉书》（卷57上）司马相如传《子虚赋》中说："怠而后发，游于清池，浮文鹢，扬旌枻"。注引张揖说："鹢、水鸟也，画其像于船首。"《淮南子·本经训》："龙

---

[1]　关于这种"水嬉"的装束，《旧唐书·杜亚传》（卷146）说："江南风俗，春中有竞渡之戏，方舟并进，以急趋疾进者为胜，亚乃令以漆涂船底，贵其速进，又为绮罗之服，涂之以油，令舟子衣之，入水而不濡。"

[2]　《太平御览》卷770引《说苑》有言："楚鄂君乘青翰之舟，张翠羽之鹢"，但后一句不见于今本《说苑》。

图一〇　晋宁铜鼓船纹之一（M1：1）

图一一　晋宁铜鼓船纹之一（M14：1）

舟鹢首，浮吹以娱。"注谓："鹢，大鸟也，其画像著船头，故曰鹢首也。"故在汉晋之间，船亦可称"鹢首"。扬雄《方言》则作"艒艏"，注谓："鹢，鸟名也。今江东贵人船首作青雀，是其像也。"

　　再者，铜鼓上的若干船纹从其鸟首看，似乎在倒驶，即鸟首在后，鸟尾在前（图一二、一五）。这种现象实得不到适当的解释，但不知是否与"鹢退飞"的传说有关？《左传》僖公十六年正月："六鹢退飞过宋都，风也。"自此以后，"六鹢退飞"之事遂成了诗、赋中的"后退"或"不进"的掌故。梁简文帝书有"楼船写退鹢"之句，语义不明，但不知在其他地方是否也有置鹢首于舟尾之事。不过以"鹢首"饰舟，则是汉、晋间很普遍的风气。如《晋书·王濬传》言其伐吴，大船皆"画鹢首怪兽于船首，以惧江神"，即是其事。

此中最能表现"竞渡"的形式者，当推晋宁出土的一个残铜器上的船纹（图一三、一四）。船为狭长的轻舟，划船者为滇族男子（因此图较大，描画极为清晰），头插羽，每两人并坐而划，中有一人指挥，使动作齐一。这种形式，几与现在长江中游竞渡的船，完全一样。其次则为广南铜鼓上的船纹（图一六）。船亦为狭长的轻舟，两端有羽饰，人皆裸形。首一人头戴羽冠，双手划桨。其后三人，坐而双手划桨。其后立一人，首戴羽冠，双手执羽饰棒，作指挥之状。其后为船上的栅台，上蹲一人，台后置一羽葆幢①，幢后一人划桨，再后一人搬梢。搬梢者之后坐一人，首插羽。这一竞渡的图景是很明显的，特别是船用梢而不用舵，因梢可离水，能使船急转，《晋书》夏统传中之"奋长梢"即其例。这是竞渡必要的条件，为胜负所系。长江流域的竞渡舟几无不如此。尤其是有些铜鼓上的船纹首尾皆有梢，更为明显（图一五）。因在竞赛时如须舟急转，则将前后之梢压离水面，至适当的角度时，再入水急搬之（前后搬的方向须相反），船可急转而驶，超至他舟之前。如用不能离水的舵，则须转大弯而落后了。

从铜鼓上所有的船形纹看，特别是将各种船纹排列比较来看

---

① 此种图像，也见于其它的船纹上，遂有人认为系"船桅"者，但全不似。此可能是司马相如《子虚赋》中所言之"扬旌枻"之"旌"。注引张揖曰："扬、举也。析羽为旌，建于船上也。"郭璞曰："枻、船舷。树旌于上"。按《子虚赋》此段乃言楚王水嬉之事者。

图一二　晋宁残铜鼓上船纹之二　　　图一三　晋宁残铜鼓上船纹之三

图一四　晋宁残铜鼓上船纹之四（按一三、一四系一个残铜鼓上的船纹，图一二——一四为云南省博物馆提供）

图一五　玉缕铜鼓船纹之一（摹自《铜鼓考略》）

图一六　广南铜鼓船纹之一

（图一〇——一六），是一种"竞渡图"，则是无可怀疑的。以舟作水戏，古代盛于长江流域，《荆楚岁时记》说：

> 五月五日为竞渡，俗为屈原投汨罗日，人伤其死，故并命舟楫拯之。舸舟取其轻利，谓之飞凫。一自以为水军，一自以为水马。州将及土人，悉临水而观之。邯郸淳曹娥碑云：五月五日，时迎伍君，逆涛而上，为水所淹。斯又东吴之俗，事为子胥，不关屈平也。《越地传》云起于越王勾践，不可详矣。

又《隋书·地理志》说：

> 屈原以五月望日赴汨罗，土人追至洞庭，不见，湖大船小，莫得济者，乃歌曰："何由得渡湖？"因尔鼓棹争归，竞会亭上，习以相传，为竞渡之戏。

竞渡本来是长江流域多水地区的一种水上游戏，虽在楚者依托于屈原，在吴越者托始于子胥或越王勾践，其起源，当必远较三人为古。滇人自托为楚将庄蹻之后，其水上竞戏，或者与楚俗有关。

关于云南铜鼓的起源问题

由前面的讨论，我们不难看出，云南晋宁出土铜鼓上最富有特征及在解释上分歧最大的一些纹饰上，无一不能在汉族古代乐舞文献中找到适当的解释，乐舞中所铸绘的人物（舞人），又无一不作古滇族的装束，这当然不是一种偶然的巧合。铜鼓确是古滇族使用和发展过的一种重要乐器。我们可以在这种基础上追溯它的起源问题：

从早期铜鼓的形制来看，它似乎是从一种实用器（铜釜）发展而来的。大概在云南地区的青铜器时代早期，曾使用过一套鼓腹深颈的铜釜，这种铜釜既是炊器，又可将其翻转过来作为打击乐器。祥云大波那铜棺墓中这种形状的铜釜及铜鼓的发现，给了我们以明确的启示[①]，说明了早期铜鼓的一些特别形状的来源，例如鼓面为什么较小，胴部为什么特别膨胀，鼓身为什么缩小，鼓足为什么又复行侈开，鼓耳为什么在胴部与鼓体之间，等等。这都是因为：鼓面原本是釜底，胴部原是釜腹，鼓身原是釜颈的延长，鼓足原是釜口，鼓耳原是釜腹与颈之间的釜耳。又因为整个铜鼓是从铜釜发展而来，所以打击面只有一面而非两面。早期铜鼓的这些特殊形制，若不从它发展的过程上看，是不容易说明的。

---

① 云南省文物工作队：《云南祥云大波那木椁铜棺墓清理报告》，《考古》1964年12期，607—614页。以后引用时简称《清理报告》。关于铜棺墓的时代似乎订得过晚，其所考订的使用民族，亦有可以商榷之处，此处仅提出我个人的看法。《清理报告》中关于铜釜说："此釜形状和铜鼓十分近似，倒置过来看，其异于铜鼓者，只不过是打击面的直径较小，足边无折棱而已。过去，对铜鼓形式来源于何物，颇多揣测，迄无定论。此式铜釜的出现，又增添一个值得注意的线索。"

　　大波那铜鼓是素面的，这是合乎早期发展规律的。可以推测，这些铜鼓上花纹的发展主要是出于古代滇族。因为铜鼓上主要花纹如舞人、翔鹭、竞渡等，亦即是后期铜鼓上主要花纹演变的祖本，都与古滇族有关，人物亦皆作滇族装束。从另一方面看，这些纹样所表现的舞蹈和习俗，又与古代汉族大致相似，由此证明，在两千多年以前，汉族与滇地区兄弟民族已有很密切的文化交流和相互影响。这些交流和影响，以现在所有的考古学上证据而言，似乎不会来自古代的巴、蜀，而是来自古代的楚。证之以翔鹭纹和竞渡纹，似乎更为有据。将鹭与鼓相联系，最早可能是楚地的风俗。如现在所发现的以鹭形为鼓架的，都出于楚墓之中。征之文献中的记载，当不是出诸偶然。竞渡当然是长江流域的习俗。至于舞人手中所执之干、戚、旄、翟，亦是与汉族古代万舞中所执者相同的。楚在当时虽常自谓为"蛮夷"，但其乐舞则是与中原诸地不殊的。《左传》庄公二十八年："楚令尹子文欲蛊文夫人，为馆于其宫侧而振万焉。""万"即是万舞，是知楚人的舞蹈与当时其他地区是相似的①。所以滇族"舞人"的渊源当有所自。

　　当后来铜鼓传到其他地区时，这些具有滇族生活特征的纹饰，有的被放弃，有的图案化而失其本来面目。例如舞人在滇族中是有它生活上的意义的，在其他民族看来仅不过是一种美丽的图案，故在模

---

①　此不过从大体上言之，在当时人看来，楚音还是可以区别的，特别在音调上是如此。此层则不可不知。例如，《左传》成公九年晋归楚钟仪说："晋侯观于军府，见钟仪，问之曰：'南冠而絷者谁也？'有司对曰：'郑人所献楚囚也。'使税之，召而吊之，再拜稽首。问其族，对曰：'泠人也。'公曰：'能乐乎？'对曰：'先父之职官也，敢有二事。'使与之琴，操南音。"南音自是楚音了。

仿时仅作为一种纯装饰花纹来处理，于是转变为毫无意义的所谓"鸟纹"、"游旗纹"等等（图一七—二一）。此种"游旗纹"在各地的演变似略有不同。不过这一问题尚未有加以详细研究的。此外如"鹭"

图一七　"羽人"（晋宁铜贮贝器盖上的执羽舞人之二，M12∶1）

图十八　"鸟纹"（四川大学历史博物馆藏鼓，鼓形属于第一类型的晚期C4887）

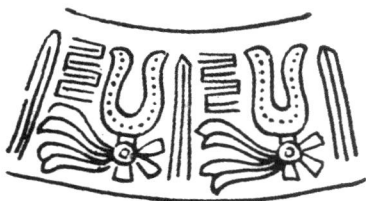

图一九　"游旗"（云南省博物馆藏鼓3459，鼓形属于第二类型，见该馆《图录》第66图）

图二〇　"游旗"（《古铜鼓图录》第40图，属于第三类型，云为贵阳一私人所藏）

图二一　"游旗"与"寿"字相结合的纹样
（云南博物馆藏鼓3487，该馆《图录》第108图）

（由上面五图的排列，其演变的痕迹是很清楚的）

和"竞渡"纹在后来各地的发展上亦有同样的变化。

铜鼓在古滇族中不仅是一种乐器，而且亦以之作陈设，如在贮贝器M12：26盖上所铸的平台，其上即陈设有铜鼓十六面，此种鼓皆以口着地如矮几，有的其上置尊、盂等饮器①。贮贝器M12：2盖面所铸饮燕舞蹈图像上亦是如此②。又如贮贝器M12：26盖上平台后两侧后之巨大铜鼓③，墓I中出土的贮贝器盖上仪式场面后之两侧铜鼓④，若以人物大小的比例例之，鼓高当有2.5米以上，阔亦如之，可谓巨大。铜鼓亦可叠置而成铜柱，如贮贝器M20：1上的场面中所示⑤。其他实用器物——除贮贝器外——亦有铸成铜鼓形者，如所出杖头饰二十余件均系如此⑥。屋宇山尖上亦饰以铜鼓形饰物⑦。总之，由此可见铜鼓概念在滇族生活习俗中的深刻影响。

（原载《文物》1974年1期）

---

① 云南省博物馆：《云南晋宁石寨山古墓群发掘报告》，北京：文物出版社，1959年，第75-76页，图版伍贰至伍伍。
② 云南省博物馆：《云南晋宁石寨山古墓群发掘报告》，北京：文物出版社，1959年，，第78页，图版壹贰叁。
③ 云南省博物馆：《云南晋宁石寨山古墓群发掘报告》，北京：文物出版社，1959年，第75-76页，图版伍贰至伍伍。
④ 云南省博物馆考古发掘工作组：《云南晋宁石寨山古遗址及墓葬》，《考古学报》1956年第1期。
⑤ 云南省博物馆：《云南晋宁石寨山古墓群发掘报告》，北京：文物出版社，1959年，第76-77页，图版伍陆至伍柒。
⑥ 云南省博物馆：《云南晋宁石寨山古墓群发掘报告》，北京：文物出版社，1959年，第94-96页。
⑦ 云南省博物馆：《云南晋宁石寨山古墓群发掘报告》，北京：文物出版社，1959年，第75-76页，图版伍贰至伍伍。

1. 女俑（为显其服饰，拍摄时卸下双手）　　　　2. 同左（背面）

3. 男俑（正面）　　　　　　4. 同左（左侧）

图版壹　晋宁石寨山出土执盖铜俑

1. 杖头俑（M14：9）
（此俑报告中未收）

2. 杖头俑背面

3. 残戈鐏上人物。乘马前立者及后一人属于"C组"民族，乘马中立者为滇族男子，梳高大之髻。最后尚有一人已脱落。马和人皆立于于大蛇之上。（此件报告未收）

图版贰　晋宁石寨山出土杖头俑及残戈鐏上人物

1. 铜扣饰（M6∶41）此为"剽牛式"，上排左边坐着均为滇族女子。

2. A组

3. B组（前一人的右足为修整时误将其涂去，可参看图三，3，B组）

图版叁　晋宁石寨山出土铜扣饰及贮贝器上铜俑

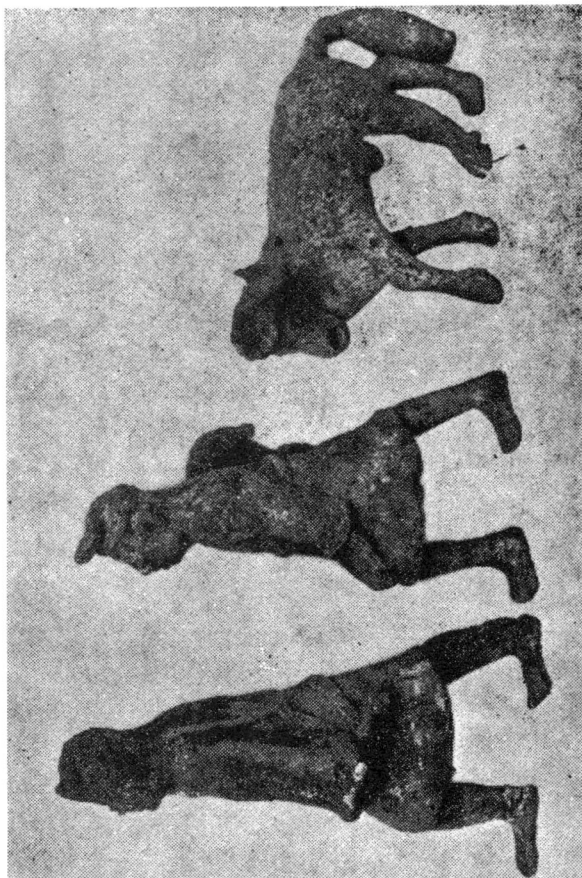

2. D组

1. C组

图版肆 晋宁石寨山出土贮贝器上铜俑

1. E组

2. F组

3. G组

图版伍　晋宁石寨山出土贮贝器上铜俑

1. 奴隶生产俑贮贝器盖, 女奴隶主正面观

2. 同上, 略自右侧观 (以上二图上的罗马字号码, 系各式妇女的符号)

图版陆 晋宁石寨山出土贮贝器

西南古奴隶王国

一、绪论

西南地区的考古主要地是一种少数民族地区的考古，因为在古代生息于这一广大地域的都是构成我们现在中华民族的一些兄弟民族。"中国是一个由多数民族结合而成的拥有广大人口的国家"（毛泽东《中国革命和中国共产党》），他们不仅都有"长久的历史"，而且对于我们祖国光辉灿烂的文化都各有他们的贡献。不过他们在历史中并没有留下文字的记载，或仅有少数的记载（主要是汉文的），绝大部分都要靠考古发掘来再现他们的过去，这是我们研究历史的任务之一。

在秦并巴蜀以前，四川境内有两个较大的奴隶王国，一为蜀，一为巴。又在西汉武帝开南中以前，在贵州西北和云南北部，亦有两个较大的奴隶王国即夜郎与滇。这些"王国"在历史中仅留下少数记载，几全无实物史料。解放以后，由于考古学的巨大发现，除了在郎以外，对于巴、蜀、滇等，均发现了大量的遗物和遗迹，丰富了祖国的历史遗产。

二、巴蜀遗物和遗迹的发现

蜀最早见于《尚书·牧誓》申所举的武王伐纣的八国中，蜀为其中之一。一九五九年彭县竹瓦街发现殷人的铜器与蜀人的铜器同出，可以证明早在殷周之际蜀人就参加中原汉族的活动了。蜀人古代活动的疆域，据《华阳国志》所载，称蜀望帝杜宇"自以功德高诸王，乃以褒斜为前门，熊耳、灵关为后户，玉垒、峨眉为城廓，江、潜、绵、洛为池泽，以汶山为畜牧，南中为园苑"。此或为妄自尊大之语，至其活动地域在今川西一带则是可以知道的。而解放以来，考古学上的发现，亦与此相合。现在已经确知为蜀人遗址的有新凡水观音，彭县的竹瓦街，广汉的中兴公社，成都近郊的羊子山和青羊宫。此中以水观音为最早，约当于殷末和周初；竹瓦街、中兴公社次之，略当于西周；羊子山、青羊宫为最晚，其时离秦并巴、蜀已不远了。文化大革命中，峨眉符溪发现的土坑墓可能还稍晚些。这样，我们对蜀的考古就有了一个时代的顺序了。

巴人见于记载较晚，其中可靠者开始于春秋。巴人的活动区域，据 《华阳国志》谓"某地东至鱼复，西至僰道，北接汉中，南极黔涪"。略当今川东川南之地。现今发现的巴人遗迹，主要为巴县冬笋坝，广元昭化公社宝轮院两处的船棺葬和1972年涪陵小田溪发现的土坑墓。到了战国晚期"巴式"的器物和兵器等，亦时出现于川西各地。

1.巴蜀文化的特征

现在在四川所发现的原始社会的遗物，尚未有能与巴、蜀相连接者，所以我们以考古学上所称的巴蜀文化，仅是一种青铜时期的文化。巴、蜀文化在大体上虽相同，但有些器物还是可以区别的，以陶器言，二者皆有罐、釜、盆等器，但蜀人的食器则为一种尖底盏，而巴人则为豆。巴人的铜釜、铜甑等器为蜀人所无。而蜀人常用的罍亦不多见于巴人地区。以兵器言，蜀人似以戈、矛为主，而剑、钺次之，巴人则以剑、钺为主，而戈、矛次之。在巴蜀地区很少有青铜工具发现，如果把釜除开的话，两者均有共同的特点，即皆无三足器（如鼎、鬲类之类）不管是陶器或铜器，此是与中原文化所不同的地方。

此时已有相当发达的农业，《华阳国志》亦说"后有王曰杜宇，教民务农，一号杜主……巴亦化其教，而力务农. 迄今巴蜀民农时，先祀杜主"。不过在考古中很少发现当时的农具，想其主要为木制所致。

蜀人似乎尚无文字，1972年在郫县独柏树土坑墓中出土了一件有铭文的铜戈，但铭文还不认识，这可不可能是蜀人使用的文字呢？还有待于研究。巴人的各种符号，似略具文字的雏形，至其内容至今尚不能释。

2.巴、蜀社会性质

以蜀而言，大概在殷、周之际即已进入了阶级社会。前面所提到的新凡水观音遗址，是现在所找到的属于蜀人最早的遗址，其中的兵器（戈、矛）与殷、周者是相似的，青铜的使用，是东方阶级社会的特征之一。至于阶级压迫，只能从考古材料间接推断，可以断言是相当残酷的，例如，蜀王死后则每立大石以志其墓。以前川西平原的方志中记载颇多，现在成都市内尚有五块石、支矶石、天涯石、石镜等为其中之仅存者。以石镜来说，直径约四米，长在十米以上。如此的巨石，将其搬运至成都而立之，在当时工具原始的情况下，是需要大量的奴隶劳动力的。在这里必须指出，帝国主义者所捏造的"中国文化西来说"亦利用所谓"大石文化"作为他们的论据之一，必须给以批判。四川的所谓"大石文化"与西方的"大石文化"的性质完全不同，而立石志墓是各民族中的普遍现象，不必假请外来之说来解释，这岂不是很明显的吗？

以羊子山的土台而言，它是属于蜀人较晚的遗迹，其时代约当春秋战国之际，这一土台约为104米见方，高约12米，台为三级，每级周围至平地起用巨大的土砖建墙，墙厚约6米余。全部约需砖一百四十万块，墙之间填以土，夯打坚实。台的四周各有踏道一道。

整个台的体积，根据复原推测，共约八万立方米，其他平整基地等工程还不在内。这样巨大的一个土台建筑，以当时人口稀少，工具原始（掘土工具主要还是土石）来看，非有大量的强迫奴隶劳动是不行的。

当春秋战国之际，中原诸国竞相筑台以为游观之所，蜀人以偏僻及文化较落后的国家，亦兴此大役以供少数奴隶主的享用，其对人民的残酷压榨是可想而知的。

巴人在社会和文化的发展上似较蜀人落后，至秦并巴、蜀时，似乎尚处在奴隶制初期，如"秦昭襄王时（公元前306—251年），白虎为害，自秦、蜀、巴、汉患之，秦王乃重募国中，有能熬（同杀）虎者，邑万家，金帛称之。于是夷朐忍廖仲药、何射虎、秦精等，乃作白竹弩，于高楼上射虎中头三节。白虎常从群虎，瞋恚，尽搏杀群虎，大哃而死。秦王嘉之，……欲如约，王嫌其夷人，乃刻石为盟要，复夷人顷田不租，十妻不算，伤人者论，杀人者雇死倓钱。盟曰：'秦犯夷输黄龙一双，夷犯秦输请酒一锺'夷人安之。"因当时巴人尚处在奴隶制之下，故不能用当时汉族的爵禄（封建剥削方式），只能从其原始的剥削方式以羁縻之。此种情况，从冬笋坝和宝轮院的巴人墓葬中，亦可看出一些。此两个墓群，似乎各表现为一个氏族的墓葬群，墓葬排列整齐密集，墓筑大小、葬具（船棺）、殉葬器物等，均大致相似，尚保存氏族组织的一点平等原则，虽然由于材料过少，不能作太多推测，但秦人之统治蜀人和巴人的方法是迥然不同的，对蜀则为封王置守，对巴则始终为"盟要"，而妻以秦女。此中亦不无反映一点社会组织的发展阶段的不同。

3.巴、蜀与中原的关系

巴、蜀与中原的关系，见诸记载者颇早。现在我们可以从考古学上来看这一问题。按巴蜀的器物，有明显的地方性，照考古学的"文化"涵义来说，是可以称之为一种"文化"的，即"巴蜀文化"。它虽然有它的显著的特征，但还是在中原汉文化范围以内的一种地方性的文化。以兵器来说，戈与剑占着重要地位。戈本来是汉族古代的一种主要兵器，而蜀人也是如此，这当然不是偶然。虽然同是勾兵，但蜀人的戈则是容易区别的，这证明蜀人虽从汉族接受了这种兵器，但有它自己的发展。剑也是自春秋战国后汉族的主要兵器之一，而巴人也相同，证明两者之间的密切关系，但巴人剑则有它独特的风格。其它兵器如矛，除了巴蜀特有纹饰而外，与中原的矛几乎没有什么区别。总的来说，蜀的文化近乎关中和黄河流域，如广汉中兴公社出土的陶器上的若干纹样，同于关中西周遗址中的陶器，竹瓦街铜器上的花纹，也是殷周时期所盛行的花纹。又如广汉中兴公社及羊子山下层所出的圭、璋、琮、璧等玉石器，也与黄河流域所出者大致相同。巴的文化则近乎楚，如巴人的矛与楚地的矛，几乎完全一样，而船棺葬中多漆器，也可能与楚有关。

三、云南的古代奴隶王国"滇国"

汉族最早知道滇国的存在，开始于汉武帝的通"西夷"，其事详《史记·西南夷传》。当时的"滇国"是有相当规模的。故滇王对汉使有"汉孰与我大？"之问，而汉王朝的使人亦"盛言滇大国，足事亲附"，自以后两千多年来，凡是言滇事者，均为转录《史记》之文而无新的资料，直到解放以后，于1954年才在晋宁石寨山发现滇王朝和王族的墓葬群，对古滇国历史的研究，揭开了新的一页。文化大革命中对江川李家山的发掘丰富了对这一问题研究的资料。

在石寨山前后共发掘四次，共得滇王族的墓葬五十座，其收获之丰富，是考古学上所罕见的，亦为新中国考古学上重要成就之一。

1.石寨山出土文物所表现的文化特征和社会性质

这一批墓葬的时代，约为自战国末到东汉初，从文化的发展阶段言，则为从青铜器向铁器的过渡阶段。在早期墓葬中，无铁器，汉族的影响也很少。到后来，铁器逐渐增多，汉文化的影响也逐渐加强了，终至于互相混合。晋宁的器物虽表现了强烈的地方色彩，但也表现了中国西南各民族在这一地区的互相影响及融合过程。

在社会性质方面，它表现了一种高度发展和极其残酷的奴隶制度。这从各墓中出土的各种活动图象中可以清楚地看出。例如在战斗图象中，它所描绘的不仅仅是战斗，而主要的是为俘捉奴隶。奴隶的买卖也很盛行，图象中戴手足枷锁的人，当是在市场出卖的奴隶。以奴隶作人牲，在各种祭祀中是必有的现象。由此种种，可见对奴隶压迫的残酷，其价值还不如牛马。

在生产方面，都是由奴隶集体劳动，大概男奴隶主要用于畜牧和手工业，女奴隶则用于农业和家庭手工业生产。女奴隶的集体农业生产的图象是很多的，特别是上仓一图象，可见其对奴隶剥削的残酷，终年所得，都归于奴隶主的仓中了。墓一出土的奴隶家庭生产图，其中有七种民族的女奴为奴隶主生产纺织品，女奴隶主高坐于上，虎视眈眈地监视着，其旁则有进食者、执巾者等侍候女奴，视其下手足不停地劳动的女奴，其劳逸真不啻天渊了。

中原地区最迟在春秋战国时已经进入封建社会，而在边疆，奴隶制则延续较长。在云南方面，到南诏奴隶王国以后方始进入封建社会。而在个别小地区，一直延续到解放初（如在彝族中）方始废除。

2.滇王国的民族关系

云南是我国少数民族最多的一个省分。在古代也是如此。《史记》言当时云南的"侯王以百数"。可想见当时民族关系的复杂。滇王族虽自言其为楚将庄蹻之后，但其统属下的民族，不一定都与楚有关。晋宁石寨山出土的许多人物活动的图象，都是描绘滇族活动的，从其头部和服装看，可以构成一个独立的民族，可谓之为"滇族"。他们接近于历史上或后代的那一种民族，现在还不太清楚。"滇"与当时劳浸、靡莫是同族。他们之间也可能是结成一种松懈的军事联盟。

从各种图象中看，在滇族统属下的，大概有七种民族，这从贮贝器（M13·2）上的图象中可以清楚地看出。其上的人物，可以分为七组，每组为首者一人盛装带剑，大概为酋长（记载中所称"王""侯"者）或"邑君"之流，其后为随从和奴隶，有如《华阳国志》所谓"牵牛负酒，赍金宝诣之之象"。他们是来向滇王"进献"的。又如女奴纺织图中所铸绘的女奴，亦恰为七种，但她们与前面七种男性之间，尚不能联系起来。不过我们统观所有出土文物的图象中的人物，很少有溢出此男、女七种之外的。其中有一种，可能是与现在彝族有关的民族。

在有些图象中，还有一种"编发"的民族，这种民族往往是滇族战斗和俘虏的对象．从他们头髻和装束来看，他们可能是司马迁所说的"昆明"族。从他们与滇族的关系（战斗）来看，也与此推断相合。

3.滇王国与巴、蜀和中原的关系

从表面看来，滇人文化的特色是非常明显的，但究其实质，还是在古代汉文化范围以内的。例如滇族的头髻和服装，虽自具特点，但细审之，亦颇有汉族的风格。自兵器言，戈、矛是重要武器之一，其戈的形式，多同于当时蜀人的戈。很可能滇地之受中原文化影响，大半关系通过巴、蜀而来的。蜀王杜宇亦曾称以"南中为园苑"，也可能早期蜀人的势力，曾达到云南的北部。庄蹻王滇之事，亦可能带来楚国的文化影响。如滇族的舞蹈，是从古代汉族舞蹈蜕化而来的，如舞者执羽或执干、戚等，都是与汉族相同的。这种影响只能通过楚而来，不能由其他方面而来。又如滇族上层阶级的女子的坐法，全为汉族古代的坐法——端坐，与西南少数民族的坐法是完全不同的。

四、小结

解放以来，西南地区的考古在党的正确领导下，与全国一样，收获是很大的，不过工作刚在开始，许多重要的历史问题，尚待进一步探索。例如，关于巴、蜀的古代历史，现在虽发现了不少的实物资料，使我们对于巴人和蜀人的活动，有了进一步的了解。但是巴、蜀与四川的原始社会之间，尚有一大段空白，不能衔接起来，又如巴人的史迹，仅找到最后一个阶段，其早期的遗迹尚待发现。又如滇族的文物，也仅找到最后的一部分，其早期的也尚待发现，若要与原始社会相连结，那就更远了。滇族属于后代的何种民族？与现在西南的兄弟民族的关系如何？等等问题，都有待于新的发现来说明。这些问题的解决，不仅对于西南若干少数民族历史的重建，有着重大的意义，并对汉族历史发展的了解，也有一定的帮助。

历史的发展是有一定的规律的，资本主义社会必定为社会主义社会所代替，这是不以人们的意志为转移的。解放初期，西南的兄弟民族，在其发展阶段上虽各不同，有的还在原始社会，有的处在奴隶社会，有的达到了封建社会，但与汉族一样，都各有其悠久的历史过程。若能再从考古学上加以联结，可以构成一部完全的社会发展史的丰富材料。现在我们讲社会发展史，绝大部分用外国材料来说明。毛主席说："有些人对于自己的东西既无知识，于是剩下了希腊和外国故事，也是可怜得很，从外国故纸堆中零星地拣来的。"外国的材料，不一定符合中国的社会发展情况，而中国的资料将更能说明中国的问题。我们在这样的丰富资料，应当根据毛主席的指示，认真地进行发掘研究。

　　　　　　此文是根据冯汉骥先生一九七三年十一月一次
　　　　专题讲课记录，一九七九年由四川省博物馆整理。

　　　　　　　　　　（原载《历史知识》1980年4期）

四川的画像砖墓及画像砖

画像砖是四川东汉时期砖室墓中一种特有的东西，是当时一部分社会生活现实的写照，它在历史科学上及艺术上的价值早已为人们所注意，但是它在墓中的位置和意义以及其出土的经过，谈及者尚少，兹就这一方面的情况，作一综合的叙述。

一、发现经过

汉画像砖的出土及为收藏家所注意，开始于清代末年，至民国初年而渐多，但当时以其上有文字者方为收藏家们收购，如无铭文，虽画面重要，亦在摒弃之列。现在存留的当时出土的画像砖，所知者仅有"桑园"和"东市"两方。"东市"砖上，有少数铭文①，"桑园"砖则本无铭文，古玩商人欲欺世以求售，在砖侧伪刻年号，因之得以为收藏家所注意而流传到现在②。其他无铭文的画像砖，据传说，不是当时被毁弃，即被凿为汉砖砚出售。而"二十四字"砖，却得到重视，流传甚广③。

　到了抗日战争期中，许多爱好文物的知识分子来到了四川，此时才开始认识到画像砖的重要，而从事收集和研究，于是收藏家亦起而效尤，互相争购。此时期中出土的画像砖为数虽不少，但大多数散失，最著称的一批，相传为成都北郊凤凰山麓赖家店附近所出，出土的数目及情况均不详，其中有车马等砖，而最有名的盐井、弋射收获等画像砖的出土，亦以此为最早。特别是弋射收获砖，画面复杂生动，其拓片传布最多，当时的期刊杂志上，也时有登载的。不过此时对于画像砖在墓中的位置以及其意义，是不明了的，因为都是由古玩商转手而来，没有经过科学发掘。实际上，在当时反动统治残酷压迫

---

① "东市"砖相传为1930年前后出土于广汉县周村附近，其上有"东市门"、"市楼"等字，图像可参见：《四川汉代画像砖艺术》图版10市集。此砖解放后归四川省博物馆，现存中国历史博物馆。

② 此砖于清光绪末年出土于广汉县的五里巷，五里巷相传为古雒城旧址。图像可参见：《四川汉代画像砖艺术》图版6。砖现藏四川省博物馆。

③ 亦称"富贵昌"砖，以其铭文的首句而得名。此砖相传于清光绪初年出土于距成都西北约20公里的新繁县东郊，一共出8方，断缺各有不同，但皆为一模所制。
1946年修《新繁县志》（卷三一）金石门载：刘德馨跋曰：吾繁出土之吉语砖文曰"富贵昌，宜公堂，意气扬，宜弟兄，长相思，毋相忘，爵禄尊，寿万年"。共二十四字，分四行，行六字，顺行有阑。横行每三字亦有阑。惟"长相思，毋相忘"两句每句字各有围。皆阳文，篆法方整。自来金石家著录汉砖，无如此砖之字多且精者，初为东郭耕者犁田所得，石止一品，厥范皆同。出甫数年，福山王文敏公懿荣游繁见之，诧为异宝，因携数品以去，此砖遂流传海内。顾其出土年岁，谈者无能详也。

之下，也无法来作科学的发掘①。

画像砖墓的科学发掘，开始于解放以后，1952年继成渝铁路通车之后，即开始兴筑宝成铁路，此时前西南文教部为了保护和征集在筑路工程中出土的文物，派遣了"宝成铁路文物征集小组"，该小组于1952年8月初在成都站东乡青杠包发现了汉墓群，其中第3号墓即为画像砖墓，此墓已残毁，但画像砖在墓中的位置尚大半保存，当时即作了清理②。随后该小组在德阳黄许镇等地发现大批画像砖，虽皆系从筑路工人和农民手中征集到的，但其出土的详细地点及情况，还可以搞清楚③。1953年成都北郊羊子山发现墓群，在羊子山以北（略偏西）约100米的小羊子山第1、2号墓，羊子山以东约70米的第10号墓及羊子山第187号墓，共四墓为画像砖墓。第1号墓为画像砖及石刻画像墓④。此四墓虽已被盗掘，但除第187号墓曾受严重破坏仅剩画像砖两方和2号墓墓壁倒塌致画像砖散乱外，1号墓及10号墓画像砖砌在墓壁上的位置则完全保存。1954—1956年中，四川省文物管理委员会在德阳、彭县等地收集了大批的画像砖⑤，并于1955年在新繁清理了一座画像砖墓⑥。此墓的建筑在四川东汉时期的砖墓中是比较复杂的

① 如抗战期中郭沫若同志在重庆江北发掘汉墓，即遭到反动统治的阻挠和迫害而被迫停止，见《今昔蒲剑》第355—363页《关于发现汉墓的经过》。

② 徐鹏章：《成都站东乡汉墓清理记》，《考古通讯》1956年1期。

③ 此批画像砖中之重要者，见《全国基本建设工程中出土文物展览图录》图版235、236、238、239、240等。

④ 于豪亮：《记成都扬子山一号墓》，《文物参考资料》1955年9期。

⑤ 四川省文管会：《在四川德阳县收集的汉画像砖》，《文物参考资料》1956年7期；陈建中：《彭县太平乡农民挖掘古墓造成死伤事故》，《文物参考资料》1956年8期。

⑥ 四川省文管会：《四川新繁清白乡东汉画像砖墓清理简报》（但报道不详），《文物参考资料》1956年6期。

一个，共有画像砖五十四块，但种类不多。值得注意的是，西王母画像砖砌于最后正中的墓壁上，价值特高，想是有特殊意义的（图1、2、3、4）。

　　近七八年经过科学发掘的画像砖墓连残破者在内，仅有以上六座。数量虽少，但各种画像砖在墓中的位置及它们的意义，才比较地弄清楚了。一般说来，画像砖墓在东汉砖室墓中是比较少的和特殊

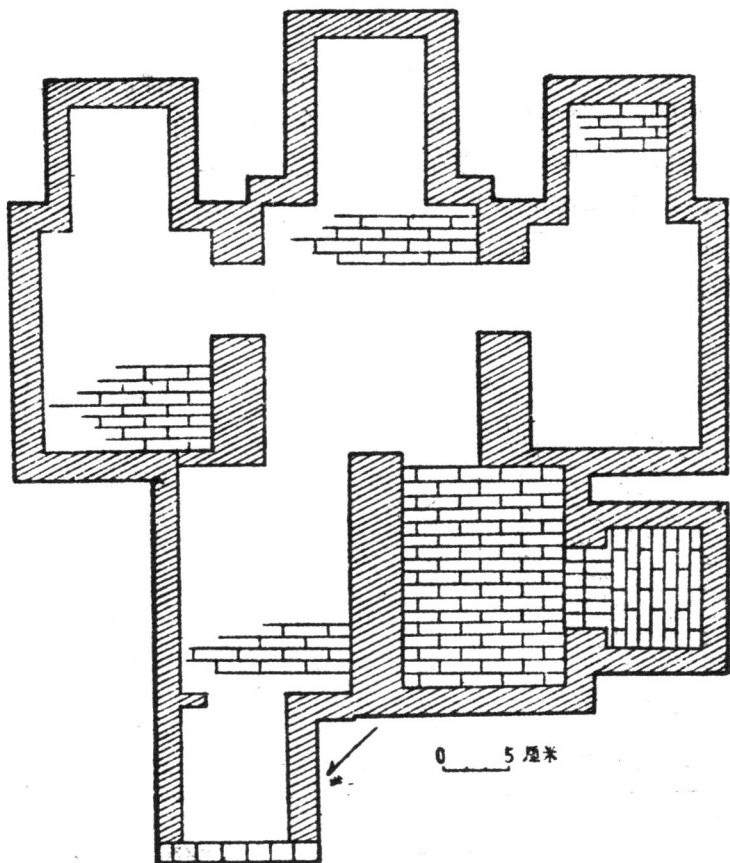

1. 新繁画像砖墓的平面图

的，例如在青杠包的二十余座砖室墓中，画像砖墓仅有一两座，在羊子山墓群的三四十座砖室墓中，画像砖墓亦只四座，大概建画像砖墓的人，在当时封建官僚地主阶级中，是官阶较高和较富有者。再者，东汉时期砖室墓虽全川皆有，但以现在所知，画像砖墓仅限于川西平原及其附近的一带，四川其他各地尚未有发现。

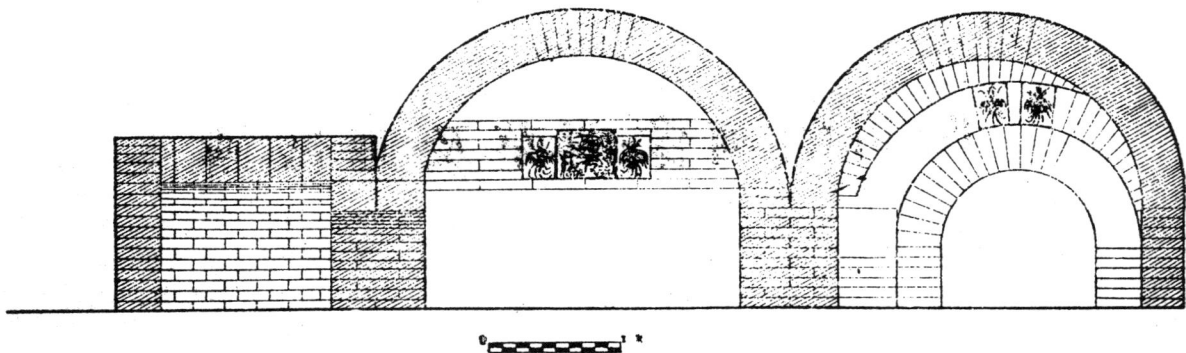

2. 新繁画像砖墓横剖面及耳室纵剖面图

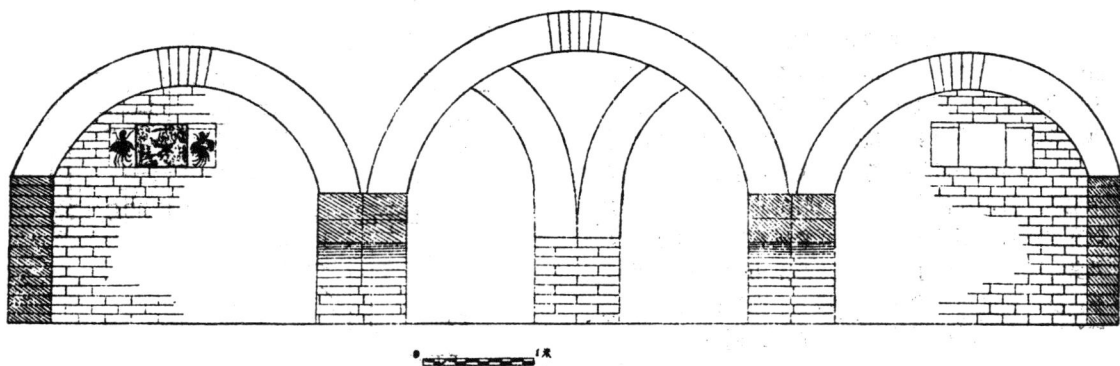

3. 新繁画像砖墓中室及东西两侧室横剖面图

二、画像砖墓的建筑

四川东汉时期的墓葬，主要的有两种，一为砖室墓，一为崖墓，而崖墓在数量上则较砖室为尤多。不过崖墓均限于丘陵地带和有红砂岩的地方，而砖室墓则多为平原地区的一种墓葬建筑。此不过仅就一般而言，丘陵地带亦间或有建砖室墓者，但为数不多。此两种墓葬中均出大量的陶器、陶俑、铜器、铁器等物，各种器物的性质、形状等亦大体相同，惟崖墓中尚未出土过画像砖。崖墓中的雕刻，大半均刻在所谓"石函"之上。石函在崖墓中的作用，相当于"椁"，因石函中往往另置瓦棺或有瓦棺的碎片，但崖墓中亦有仅置瓦棺而不用"石函"的。砖室墓中到后期则多用瓦棺，但绝少用"石函"。

砖室墓在建筑上颇为简单，形制亦不甚大。一般均为长3—4米，宽、高2米多的砖券建筑，有的较此更小，且多为丛葬，即"一塚数藏"（稍为大型的崖墓亦均为丛葬，即一墓中数棺，因崖墓中不出画像砖，故在此处从略）。砖券的建筑大体上亦可分为两种，但均使用"花砖"。花砖一般长约37厘米，宽约24厘米，厚约9厘米。花纹多用几何纹，或配以"联璧""五铢""凤鸟""瑞草"等纹，花纹均在侧面。建墓时先在地平上筑基，墓基或垫以卵石，再于基上起墙，墙砌至约1米或1.5米（视墓之大小而定）时，再用楔形砖砌券。砌砖时使砖上的几何花纹互相连续，在墓壁上构成一整个图案。砌砖时不用白垩而用泥浆合缝。墓的前后均用花砖封闭。比较大的墓葬，墓室前另建一约2米长的砖券墓道，高矮宽窄略小于墓室。墓道前有

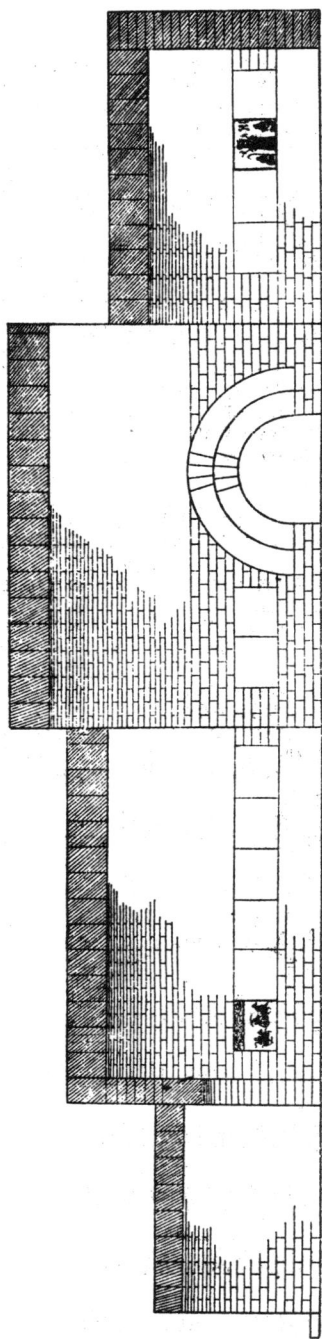

4. 新繁画像砖墓墓道、东前室、中室及中后室纵剖面图

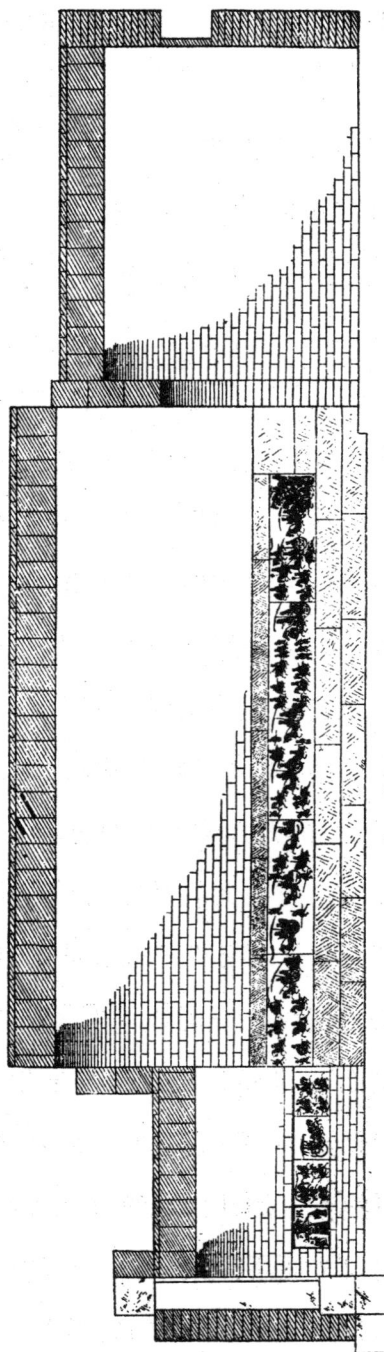

5. 成都北郊小羊子山第1号墓纵剖面图（东壁）

此墓为一砖石建筑、室前有墓道、后附后室、墓道两壁嵌画像砖、墓室壁上则为石刻。

先用石门封闭，门外再封以砖的。墓内亦间有建耳室的，但为数极少。墓室地平则横砌或斜砌砖面地平。画像砖（如有的话）均出在此类的砖室墓中（图5）。

另一种砖室墓，起券不用楔形砖，而用子母榫砖，砖亦较厚大。子母榫砖券实际上亦可分为两种，一种子母榫在砖的两端，榫面稍斜，起券时子母榫相合即成券（图6）。此种券拱比较单薄，载重力不大，故埋葬后虽不经破坏，在封土的压力下亦往往自行坍塌。再一种子母榫砖券，榫在砖的两侧，砖作楔形，砌券时亦以子母砖相合而成券（图7）。此种砖券较厚，载重力亦较大。这种子母榫砖券均仅宜于跨度不大的小型砖室墓，大型砖室墓中绝未有用此种砌法的。自时代上言，子母榫砖券墓多为西汉末年和东汉前期的墓葬，至东汉后期则绝少，亦无有画像砖者。

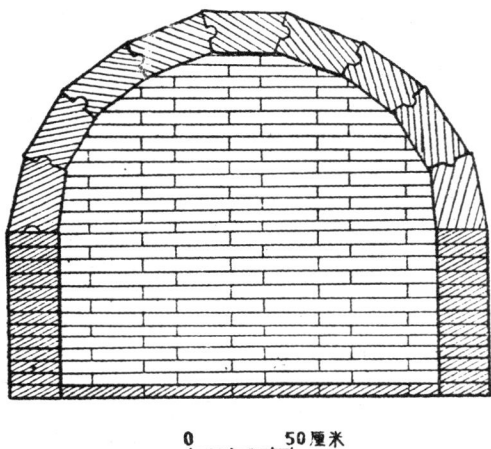

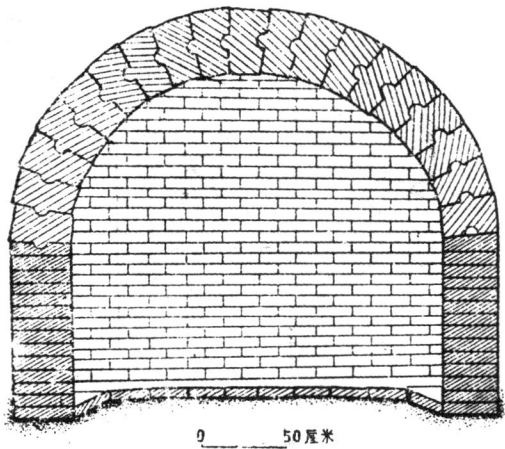

6. 羊子山第121号墓横剖面图　　　　7. 羊子山第67号墓横剖面图

三、画像砖在地域上的区别

成都地区所出的画像砖（新繁县距成都市仅10余公里，所出土画像砖亦与成都区所出者相同，故列入成都区以内）与其邻近各县所出的画像砖，在形制上是极易区别的。成都区的汉墓，均出在现成都市的北郊和西北郊，东、南、西郊汉墓甚少，亦未发现有画像砖墓[①]。成都区的画像砖均为约40厘米见方的方砖，画面比较复杂，线条亦比较遒劲。同一题材虽发现有用两种不同的版模的，但大致上则似为一家所制。成都附近各县（如广汉、德阳、彭县、新津、邛崃、彭山、宜宾等县）所出的画像砖，均为长46—47厘米，宽26—27厘米的长方形砖（有的还稍小），而绝无方形的。画面一般不及成都方面的复杂，人物也不如成都方面的生动。以砖的质料来说，砂粒比较多，故砖质较为粗糙。

此两类砖在画面的技术表现上，亦各有不同。成都区的画像砖，表现方法多采用线条，间或采用浅浮雕形式，或者用二者相接合的方法，故显得特别生动而富于变化，使主要部分鲜明突出。这是一种很高的艺术造诣。成都郊区以外的画像砖，一般都采用浅浮雕的形式，而少用线条，即使偶尔用一些线条，亦不如成都区的简练，所以

---

① 在解放前骨董商有言画像砖出在成都西郊者，但不可尽信，亦不能确指在何地，因在以前骨董商人对于古物的出土，从不告人以真实地点。自民国初年以来，在成都西北郊发现的汉墓，仅五里墩（距成都西关五里，故名）一处，现尚有该墓出土的少数花砖及铜器，存四川省博物馆。其他尚未见西郊发现有汉墓。自两汉以至唐宋，西郊、南郊为成都的住宅区，记载中许多有名的住宅（如司马相如宅、薛涛宅），均在西南郊。

在画面上略微显得粗糙呆板①。

　　以上系就画面印在砖的平面上，专作为装饰的画像砖而言；这一类的画像砖在墓中，并不起建筑上的作用。另有一种画像砖（一般称条形砖）其画面都印在砖的侧面，画面均宽不到10厘米，长不及30厘米。砖则为一般砌墓的花砖，用画像代替几何形花纹而已。因为面积很小，所以画面都比较简单，表现方法一般均用浮雕形式②。这一类的画像砖，我们认为是比较早期的作品，因为从四川汉代花纹砖演变的情况来看，早期的花砖都比较厚大，花纹也较生动复杂，到了后来，砖的体积愈变薄小，花纹则简化而愈形图案化，到了西晋时期，砖的厚度一般不超过5厘米，不仅花纹更加单调，且其上多有印造作年号的。西晋以后一般不作花砖。

四、画像砖的制作

　　所有画像砖的画面，均为模制，故往往在不同的墓葬中发现有同模的画像砖。例如弋射收获画像砖，先后出土者共有六七方之多，

---

①　以《四川汉代画像砖艺术》中所收的画像砖而言，图1、3、4、13、14、15、17、23、24、31、32、33、43、44、49、50、52、54、55、56、57、58、62、63、64、69、70等砖均为成都区域的画像砖。图2、5、6、8、9、10、11、12、20、21、22、26、27、28、30、34、35、36、37、39、40、41、42、45、46、47、48、51、53、61、65、66等均为成都区域以外的画像砖。

②　如《重庆市博物馆藏四川汉代画像砖选集》图版一三、一七；《四川汉代画像砖艺术》图版16、29、59、60、69等，均为所谓"条形砖"。

均为一模所制；又如讲学（亦有称为"传经图"者）画像砖，一出青杠包第3号墓，一出小羊子山第2号墓，但模则完全相同。其他亦有题材虽同，印模则异的。例如盐井画像砖，羊子山1号墓所出者①和四川省博物馆所藏者②，画面虽大体相同，但所突出的重点则各有不同，显系两模所制。在成都以外各县出土的画像砖，尚未发现有同模制造的，大概当时各县各自制造当地所需要的画像砖。

画像砖的制造法，系在木板（据推测如此，有的画面上偶尔留有修补木模的"细腰"痕迹）刻上画面的阴模，再用泥制成与木板同大小的方砖，趁砖泥未干时将木模印上。在羊子山第10号墓所出土的一方双阙砖上，当画面印上后，有狗踏上的足迹，且迹痕甚深③，可见当画面印上时，砖泥尚是很湿的。

砖上原来均绘有彩色。在羊子山四座画像砖墓中所出各砖，上面尚局部保存有红、绿、白三种颜色，特别以第10号墓砖上保存得最多。上颜色时是否先将整块画面涂白色后再上其他种颜色，现在尚无法确定，大概很可能是如此。各砖因在土中浸润了约两千年之久，故绝大部分的颜料均已完全脱落，只剩下用模印上去的凸出的部分或线条。所以我们现在所见的印在画像砖上的画面，在当时只不过是供绘彩色时作轮廓用的。将这种彩绘的画像砖砌在用花砖组成美丽图案的墓壁上，装饰的效果是很高的。

---

① 《四川汉画像砖选集》图版一。此砖与羊子山10号墓所出者系同模。
② 《四川汉代画像砖艺术》图版3。此砖相传为1940年新（津）、邛（崃）道上的花牌坊出土。
③ 《四川汉画像砖选集》，第81页：凤阙画像砖。

画像砖在墓壁上的嵌法，系在墓壁砌至30—40厘米处，将壁砖内收4—5厘米，恰容画像砖的厚度，再砌至画像砖的高度时，将壁砖伸出与画像砖相齐①，故画像砖在墓壁上与其他的花砖平齐，构成墓壁的整个墙面。

画像砖在墓壁上的排列，近墓门处首为"阙"画像砖（有短墓道者，则嵌于墓道近门处），两壁左右各一方，此是象征墓主人的官阶和地位的表征之一。在汉代，官阶至"二千石"以上者墓前方可立阙，例如现在尚保存的四川汉代墓前的石阙（如有名的八阙），其墓主均是做过太守以上的官吏的。画像砖上的阙，当然是代表墓主在生前门前所立的阙观。

阙砖以后的各画像砖的排列，在墓中似无一定的顺序。大体上言之，阙砖以后，则砌车马和出行等画像砖，再后砌生产及室宇等画像砖，最后则为墓主的生活及行乐等画像砖。故一个墓中的画像砖，往往是当时封建统治阶级在生时的生活写照，而画像砖中所描写的劳动生产的人民，则是统治阶级在生时的奴仆。按汉人的观念，"事死如事生"，凡生人所需者，死后亦需之。故将这些生产的画面置之墓中，以供死者继续剥削享用。

---

① 墓券低矮者，在地平一两层砖上即开始起龛，如羊子山第10号墓即是。

五、画像砖的年代

　　四川的画像砖一般均以汉画像砖称之，但严格来讲，所有的画像砖均系东汉后期和蜀汉时期的作品——条形画像砖或者稍早——大致相当于公元二世纪后半叶至三世纪前半叶。此为我们利用这一批画像砖作为历史研究资料时，所不可不知者。

　　按四川东汉时期砖室墓，其中的绝大多数均没有文字资料以资判明其绝对或相对年代，仅有少数墓葬的花砖上印有年号，如广汉太平场附近一般所称为"黑将军墓"者，其中的花砖上少数有"永元八年"（公元96年）年号①，又如羊子山第59号墓，在起券的楔形砖上印"永初三年"（公元109年）年号（图8）。这类有年号的墓在砖室墓中仅占极少数，但对四川砖室墓的相对年代的推断上，也提供了一些根据。总的说来，四川砖室墓的年

8. 羊子山第59号墓楔形砖端年号拓片

① 见《四川汉代画像砖艺术》图版二九上。

代，主要是靠墓室的建筑、葬具、陶器和陶俑等的演变来推断的。

据现在四川砖室墓发掘的材料来看，其发展大致可分为四个阶段，或者四期：

I　西汉晚期。相当于元帝以后至新莽以前，因此期墓葬中大量出宣帝以后的西汉五铢，而绝不出新莽时期的钱币。墓券用子母榫砖砌建，花砖厚大。葬具用木制。无陶俑。陶器中有扁圆、短颈、卷唇大平底罐，圆筒形井，曲突形灶，蹄形足案，小底厚唇碗等。在陶器上，与其前或与其同时的土坑墓中的陶器，大致上是相同的。

II　新莽至东汉初期。大致相当于新莽至东汉明帝年间。墓室的建筑与前一期同，棺椁仍为木制。陶器中亦有大部分与前一期相同，惟新增加了制作粗糙的小陶俑，数量亦不多，并出土大量的新莽钱币和东汉初期的"五铢"。

III　东汉中期。大约相当于章帝至桓、灵以前。此一期的砖室在结构上有了变化，起券不用子母榫砖而用楔形砖，墓室的规模仍不大，多为单室，但已有小耳室及短墓道出现。铺地砖虽仍有直铺，但已有横铺或横、直相间和斜铺。葬具虽仍有木制者，但瓦棺已成为主要的形式。前一期的陶器已不见或极少见，为一般所认为标准的东汉时期的陶器所代替，如短颈、斜肩、大腹的平底罐，方形陶井，两端小、中间大的圆柱形囷等。钱树座于此期中开始出现。陶俑的制作较前精致，形制较大，种类亦较多。莽钱完全绝迹。永元八年和永初三年的墓即属于此一期。

IV　东汉晚期。大概相当于自桓、灵以至蜀汉这一期间。此一期的墓室建筑仍如Ⅲ期，惟大型墓多有复室（如前后间、耳室等）及短墓道。葬具仍以瓦棺为主。前期的陶器仍保留，惟种类加多，且有釉陶出现。陶俑的制作不仅愈发精致、生动，且多大型俑，有高达1米以上的。四川最精美的陶俑，均出在此一期的墓葬中。镇墓俑头为此期墓葬中的特有物。钱树座的形式亦多，有的为"神山"式，高达1米左右。钱币则有"剪边"和"直百"五铢等出现。此时期墓葬中最特别的东西则为画像砖。

以上系四川东汉时期砖室墓演变的主要情况，其演变的过程仅举出墓室的建筑、陶器（包括陶俑）和葬具等方面，但在铜器（如铜镜）、铁器（如铁刀、剑）方面亦可看出同样的情形，不过因此类墓葬几已全数被盗毁，有的还不只一次，金属器存留者甚少，故此处从略。再者以上四期的分法，若从大体上言之，不过仅有两期，现在因为要说明画像砖墓的确切年代，故将其分为四期。换言之，四川画像砖均系东汉桓、灵以至蜀汉时期制作的，而精美的、大型的陶俑亦是如此。

六、画像砖的内容

画像砖所取的题材是非常丰富的，其内容主要包括封建地主阶级的剥削生活和劳动人民的生产活动。如以墓主方面而言，出则伍伯前驱，骑吏、鼓吹等前导，后有属车随拥，可谓极威武之能事。入则院宇深邃，酒肴罗列，歌舞杂陈，亦可谓极人间之奢淫。至于劳动人民，大都褐衣短袴，不是操作于田中，即是奔走于统治阶级的家庭劳役，与那些峨冠博带、不劳而食的剥削阶级，成一鲜明对比。其他如庭院的布置，田圃的形状，车马的制度，兵仗的种类，以及统治阶级与劳动人民的服装，生产工具的样式和操作的方法，杂技、舞蹈、音乐、游戏等等，都能从画像中看到，一方面可以与文献记载对照，另一方面可与出土的实物相印证。所以这些画像砖是我们研究东汉晚期生活（至少是在四川方面）最生动、最可靠的资料。

解放以来所发现的画像砖，一共不下二百余方，除重复者外，不同题材的有五十余种，按其内容可分为以下五类，由此可以窥见四川画像砖的全部内容。

第一类为生产、劳动等画像砖。其中包括播种、收割、舂米、酿造、盐井、桑园等，以及剥削阶级的家庭劳动如庖厨等画像砖。这是画像砖的最突出的部分，不仅将当时主要生产活动收入其中，也是当时人民一般生活最真实的写照。

第二类为建筑等画像砖。这一类的砖是比较少的，除庭院的建筑和室内布置外，其中主要的为"阙观"，它不仅可与四川现存石阙作比较研究，亦可与文献记载相印证，是研究汉代建筑的少有的资料。

第三类为描写社会风俗的画像砖。这一类的砖比较丰富，其中有市集、宴乐、游戏、舞蹈、杂技，以及剥削阶级的家庭生活等。从其中可以看出当时统治阶级奢侈淫佚生活的一斑，亦可与劳动生产情况作一对照。

第四类为车骑出行等画像砖。这一类画像砖所描绘的，都是统治阶级出行所谓"鲜衣怒马""以财相雄"的情景，是他们威吓人民所摆的臭架子。从其中虽可以考见当时的一些制度，而更重要的，与以前各类画像砖一起可以看出许多民间艺术家的成功的创作，因为他们随便在处理哪一类的题材上，都表现出高度的、写实的天才。

第五类为神话画像砖。四川汉墓中的神话题材，主要为"西王母"的传说和"日""月"二宫，二者在墓中或均具有压胜的作用。又汉墓中有置有所谓"秘戏"砖的及崖墓石门上刻男女生殖器者，说者亦有谓为同样的意义。此类画像可以表明当时的一些传说及迷信思想。

画像砖的种类虽可以以上的五大类统括之，但此不过系就整个画像砖的内容而言，而它们在每一个墓中，则系表现一种固定的社会生活——特别是剥削阶级的固定社会生活。从已发现的画像砖来看——以成都区出土者为例——凡是同一题材的，都系一模所制，很少有不同模的，就是有，也不超过两种模。由此可以证明在当时仅有一两家制造此种画像砖的场所，有如近代的"纸扎店"，丧家在建墓时，即可按照墓主的身份和社会地位，购买与其相合者砌在墓壁上，作为墓主在死后的享用。这种情况，从画像砖墓另一种现象中，亦可看出。因为墓有大小，墓壁有广狭的不同，在没有与墓主身份相符合的画像砖时，为了将墓壁填满，有的就只得将相同的画像砖反砌于墓壁上。成都羊子山第10号墓即是如此（图9、10）。又如羊子山第1号墓，此墓为东汉后期最大的砖室墓之一，前有墓道，后有后室。墓道两壁及进入墓室转角处共砌画像砖十方，墓室两壁则为复杂的石刻画像，以描写墓主的生活（图5）。推想其用意，大概是能购买到的画像，不能全部表现墓主的社会地位及生活，故用专刻的石刻来表现。其他几座画像砖墓，仅按砖的多寡，在墓壁上留出受砖的龛穴，墓壁并未全砌满画像砖。凡此种种现象，大约并不是无意义的。再如每个墓中均有出行的车骑导从画像砖，但各有多寡繁简的不同，这显然是与身份有关的，在当时的封建社会中有一定的制度，是不能逾越的。

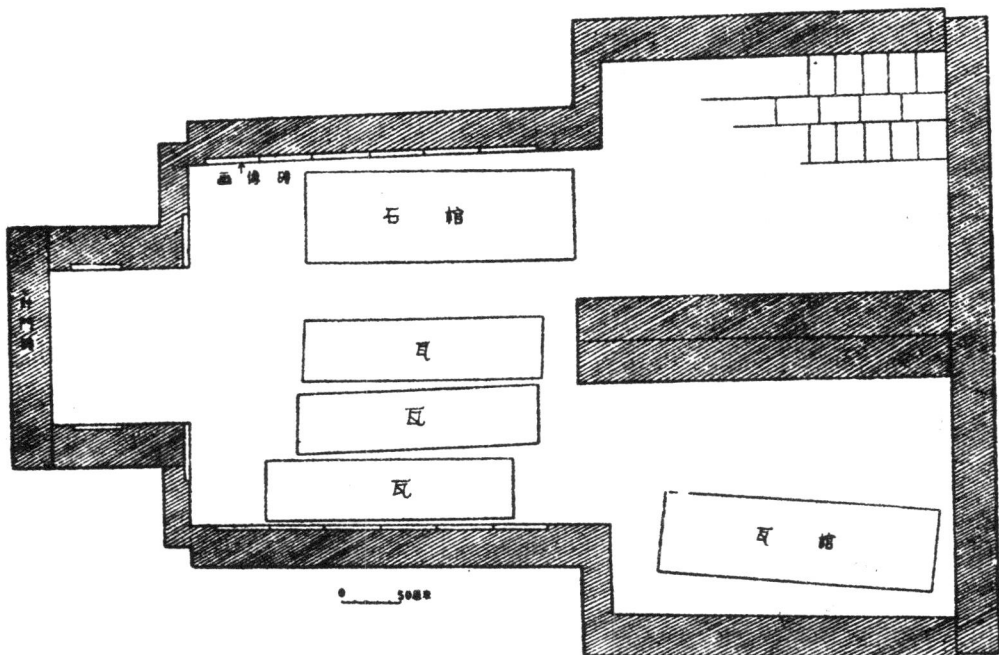

9. 羊子山第10号墓平面图

此墓"布币形"，为砖室墓中比较特殊者。其中有瓦棺四具，石棺一具。画像砖均砌于墓道前室两壁。